सावरकर पर थोपे हुए चार अभियोग

सावरकर पर थोपे हुए चार अभियोग

(नियमों के परखच्चे, न्याय की धज्जियाँ)

हरींद्र श्रीवास्तव

प्रभात प्रकाशन, दिल्ली
ISO 9001:2008 प्रकाशक

प्रकाशक • **प्रभात प्रकाशन**
4/19 आसफ अली रोड,
नई दिल्ली–110002

संस्करण • प्रथम, 2018
मूल्य • चार सौ पचास रुपए
मुद्रक • आर–टेक ऑफसेट प्रिंटर्स, दिल्ली

SAVARKAR PAR THOPE HUYE CHAAR ABHIYOG
by Harindra Srivastava ₹ 450.00
Published by Prabhat Prakashan, 4/19 Asaf Ali Road, New Delhi-2
e-mail: prabhatbooks@gmail.com ISBN 978-93-5266-965-3

सावरकर का एकमात्र रेखाचित्र

राजकोट (गुजरात) के बहुचर्चित चित्र/छायाकार
श्री रमेश ठक्कर द्वारा सावरकर को समक्ष बैठाकर बनाया गया
एकमात्र रेखाचित्र, जिन्होंने मुझे भेंट करते हुए यह लिखित वचन भी लिया
कि उनके जीते जी मैं उसका किसी भी रूप में प्रयोग नहीं करूँगा।
कुछ ऐसा ही वचन सावरकर ने उनसे भी लिया था।
अभी तीन वर्ष पूर्व 2015 में रमेशजी का निधन हो गया। अत:..........

—हरींद्र

भूमिका

हमारी यह कृति वीर विनायक दामोदर सावरकर पर लगाए गए अभियोगों का निष्पक्ष लेखा-जोखा है। वह सावरकर, जिन्हें राष्ट्र आज भी स्वातंत्र्य वीर सावरकर के नाम से जानता है और जिनके चरणों में कृतज्ञ राष्ट्र अपने श्रद्धा-सुमन अर्पित करता है। 20वीं सदी के प्रथम दशक में इंग्लैंड तथा हॉलैंड में सावरकर ने दृढ़तापूर्वक उन अभियोगों का सामना किया था, जो उन पर इसलिए थोपे गए थे, क्योंकि उन्होंने ब्रिटिश साम्राज्यवाद के जुए को उखाड़ फेंकने के लिए भारतजन का आह्वान कर स्वातंत्र्य-समर का शंखनाद किया था। मात्र इतना ही नहीं, सन् 1948 में महात्मा गांधी की हत्या का जुर्म भी उन पर मढ़ते हुए सत्तासीन कांग्रेसियों ने उन्हें व्यर्थ ही फँसाने की झोंक में उन पर गांधी-हत्या षड्यंत्र केस में मुकदमा ठोंक दिया था। प्रस्तुत कृति में इन्हीं मिथ्यारोपों का खुलासा किया गया है।

सावरकर बाल्यावस्था में ही अपने देश, अपनी मातृभूमि भारत के प्रति आत्यंतिक भाव से समर्पित एवं संवेदनशील हो उठे थे। इस बात पर यकीन कर पाना कठिन हो जाता है कि सोलह वर्ष से भी कम आयु के किशोर सावरकर भारत-माता की दुर्दशा एवं शोषण देखकर उसी तरह कुपित, पीड़ित एवं दुःखी हो उठते थे, जिस प्रकार एक माँ अपने बच्चों को निपीड़ित देखकर बुरी तरह वेदना-विगलित हो उठती है। उनके लिए उनका देश सच्चे मायनों में 'मातृभू' था, जिसे उन्होंने उसी शिद्दत के साथ जिया था, जिस भक्ति-भावना से कोई भी बालक या भक्त अपनी माता के चरणों में पूर्ण भक्तिभाव-भावित होकर स्वयं को समर्पित कर देता है। हम राष्ट्र के प्रति इस समर्पित मातृभक्ति-भावना को इसलिए मुख्य रूप से रेखांकित करना चाहते हैं, क्योंकि आजकल मातृभूमि के प्रति ऐसा समर्पण भाव

कम ही देखने को मिलता है। वस्तुतः सच्चाई यह है कि आजकल की सांस्कृतिक परिवर्तनशील वैचारिकता एवं भावप्रवणता में 'मातृभूमि', 'राष्ट्रवाद'/'राष्ट्रप्रेम' तथा 'देशभक्ति'/'राष्ट्रभक्ति' को अब भारत का जन-सामान्य, खासकर भारत का सत्तात्मक समुदाय ज्यादा भाव नहीं देता तथा इन शब्दों से उसे कोई हरारत भी नहीं होती। इन शब्दों में निहित गहन सांस्कृतिक व राष्ट्रप्रेम-बोध से उसका दिल नहीं पसीजता। न उसकी भुजाएँ फड़कती हैं, न उसकी छाती चौड़ी होती है। हाँ, जब भी सरहदों पर कभी-कभार हमारे दो-चार सैनिक/सुरक्षाकर्मी दुश्मनों की गोलियों का शिकार हो मारे जाते हैं, बस तभी देश में/संसद् में, मीडिया में थोड़ी-बहुत सुगबुगाहट देखने को मिलती है, वह भी थोड़ा-बहुत क्रोध/आक्रोश या उफान, अन्यथा अधिकांश जनता भी बस, थोड़ा-बहुत चहककर रह जाती है। नेताओं का खून जैसे पानी हो गया है, जिसमें 'मातृभू'/'पितृभू', 'राष्ट्रप्रेम' तथा 'देशभक्ति' को लेकर कोई ज्वार आता ही नहीं, पर आजादी से पहले के भारत में ऐसा नहीं था। तब सावरकर, सुभाष, भगत सिंह, आजाद, अशफाक, बिस्मिल, सुखदेव, राजगुरु, मदनलाल धींगड़ा, अनंत कन्हरे, कन्हाईलाल दत्त सरीखे हजारों युवा क्रांतिकारी थे, जो तलवारों की नंगी धार पर दौड़ते हुए हाथ में मशाल लेकर आकाश में भारतमाता का चित्र काढ़ देना जानते थे।

इस कृति की रचना का उद्‍देश्य केवल इतना ही नहीं है कि हम यह बताएँ कि इन तमाम मुकदमों में सावरकर के साथ किस तरह मनमाना साजिशाना व्यवहार किया गया, उन पर मनगढ़ंत झूठे आरोप लगाए गए तथा पहले ब्रिटिश सरकार तथा बाद में स्वतंत्र भारत की कांग्रेसी सरकार ने उन्हें हर तरह से फँसाने का षड्‍यंत्र किया, अपितु यह जताना भी है कि किस तरह किस हिम्मत तथा तर्कशीलता के साथ स्वातंत्र्यवीर सावरकर ने स्वस्थमना हो, संतुलित चित्त से इन अभियोगों का सामना किया। किस तरह की दलीलें दीं तथा उन तमाम कष्टों, बाध्यताओं एवं बंधनों को उन्होंने खुद भी भोगा तथा उनके परिजनों ने भी सहा, जो विरोधी/प्रतिरोधी सत्तापक्षीय ताकतों ने उन पर बरपा किए थे।

इस कृति के प्रणयन में हमारा एक लक्ष्य यह भी है कि वर्तमान पीढ़ी देखे, जाने, पढ़े और समझे कि इन अभियोगों का आधार भारत-राष्ट्र के सांस्कृतिक/ ऐतिहासिक/ राजनीतिक तथा सामाजिक निकष पर कितना खोखला, बेबुनियाद

एवं पूरी तरह तथ्यहीन एवं मिथ्या था। आज जरूरत आन पड़ी है कि आज की पीढ़ी ऐतिहासिक सच्चाई के आधार पर सावरकर पर थोपे गए मिथ्या अभियोगों का विश्लेषण-विवेचन करे तथा सावरकर के अवदान को समझे।

जब तक वर्तमान पीढ़ी की इसी ऐतिहासिक समझ-बूझ को सही संदर्भ में रखकर नहीं देखा जाएगा, तब तक इन मुकदमों की सार्थकता/निरर्थकता को तटस्थ न्यायिक दृष्टि से नहीं समझा जा सकता। आज यह भी आवश्यक है कि सावरकर पर थोपे गए अभियोगों को सही संदर्भों में समझा जाए। अब इन तमाम मुकदमों में निहित खोखलापन एवं उनकी तथ्यहीनता हस्तामलकवत् साफ है तथा हमें इस बात पर बल देने की जरूरत नहीं है कि अतीत का पुनर्लेखन, जिसे ऐतिहासिक विवरण अथवा इतिहास की सही व्याख्या कहा जा सकता है—वह एक विलक्षण स्वरूप ग्रहण कर लेता है, जिसके स्वरूपविधायक वे महान् इतिहास-पुरुष होते हैं, जो इतिहास को एक नए तटस्थ तथा निर्भीक तरीके से लिखने का बीड़ा उठाते हैं। सावरकर ने स्वयं ऐसा लेखन कार्य करके हम सबको जागरूक किया था, जब उन्होंने सन् 1857 की तमाम घटनाओं को एक नए एवं सही परिप्रेक्ष्य में लिखित रूप से हमारे समक्ष पेश किया। सावरकर का यह इतिहास लेखन कोरी गप्पबाजी या जन-सामान्य में फैली किंवदंतियों पर ही आधृत नहीं था, अपितु इस लेखन के पीछे तलस्पर्शी शोध एवं श्रम तथा गहन चिंतन-अध्ययन-विश्लेषण एवं तथ्यात्मक सामग्री-संचयन का स्रोत-संग्रहण भी निहित था। सावरकर ने सन् 1857 की प्रथम भारतीय जनक्रांति की घटनाओं को एक नए नजरिए से देखा-परखा, जो विरोधी/प्रतिरोधी इतिहासकारों द्वारा अपनी- अपनी क्षुद्र स्वार्थक दृष्टि एवं पूर्वग्रहों के कारण जान—बुझकर धूमिल अथवा लुप्त कर दी गई थीं, तथा पूर्वग्रह ग्रसित इतिहासकारों ने सन् 1857 को लेकर हर तरह से सामान्य जनता को विभ्रमित करके धोखे में रखने का उपक्रम किया था। जब तमाम साम्राज्यवाद-समर्थक इतिहास लेखकों ने, यहाँ तक कि उन्हीं के नक्शे-कदम पर चलने वाले कुछेक सुविधाभोगी भारतीय छुटभैय्यों (=इतिहासकारों) ने भी बिना सोचे-समझे, बगैर तर्क-वितर्क के उन्हीं की मान्यताओं/स्थापनाओं का तबला बजाना शुरू कर दिया था तथा भारत के 1857 के क्रांतिवीरों के ब्रिटिशसाम्राज्यवाद से लिये गए लोहे को यह कहकर भोथरा

सिद्ध करने की हरकतें की थीं कि वह 'संग्राम' एक 'गदर' था और उस धधकते अग्निकुंड में कूदकर अपनी आहुति देने वाली सभी हुतात्माएँ (मंगल पांडे से तात्या टोपे तक) गद्दार थीं। सावरकर वह पहले राष्ट्रधर्मी/भारतधर्मी विद्वान् तथा जुझारू, निर्भीक इतिहास-विश्लेषक एवं शब्द-पुरुष थे, जिन्होंने अनर्गल शब्दों में विदेशी/देशी इतिहासकारों द्वारा किए गए दुष्प्रचार एवं मिथ्या विवेचन का तर्कसंगत वाणी में प्रत्युत्तर दिया और 1857 की क्रांति को गदर/सिपाही-विद्रोह न कहकर उसे **भारत की पहली व्यापक 'जन-क्रांति'** कहा। उसे **'प्रथम भारतीय-स्वातंत्र्य-समर'** का नाम देकर यह घोषित कर दिया कि आजादी का यह युद्ध ब्रिटिश-सत्ता के विरुद्ध जारी है और तब तक जारी रहेगा, जब तक विदेशी सत्ता को हिंदुस्तान की सरजमीं से उखाड़कर फेंक नहीं दिया जाता।

यहाँ इस कृति में हमने आज की पीढ़ी के पाठकों को यही सच बताने का प्रयास किया है कि दुर्भाग्य से हमारे स्वाधीनता संघर्ष के सभी आयामों को केवल 'कांग्रेस के अहिंसक गांधीवादी असहयोग आंदोलन' से ही जोड़कर देखा जाता है/बताया जाता है। गांधी/नेहरू की भूमिका को हकीकत से परे बहुत अधिक बढ़ा-चढ़ाकर पेश कर दिया जाता है। हमारा अभिमत है कि इस तरह का एकांगी दृष्टिकोण ले लेने से भारत के स्वाधीनता-संग्राम के उस पक्ष की अनदेखी कर दी जाती है, जिसने ब्रिटिश-भारत के सत्ताधीशों की नाक में दम कर दिया था तथा भारत में जमे हुए अंग्रेज अधिकारी जिनकी शक्ति, क्षमता एवं जुझारूपन से इतना भयभीत हो उठे थे कि उन्हें अपनी टाँगों पर सीधा खड़े हो पाना भी मुश्किल लग रहा था। वास्तविकता यह है कि गांधी-नेहरू के राजनीतिक मंच पर आने से बहुत पहले अपना सिर अपनी हथेली पर रखकर देश की आजादी एवं भारत के पुनरुत्थान के लिए लड़ने वाले क्रांतिवीरों ने सीधे-सीधे अंग्रेजों की माँद में जाकर शार्दूल की तरह ब्रिटिश-सत्ता को ललकारा था। वे भारत-भूमि पर ही नहीं, अपितु पश्चिमी जगत् में गोरों की भूमि पर भी अपने शस्त्र-बल एवं शास्त्र-बल के माध्यम से भारत विरोधी यूरोपीय सत्ताधीशों से टक्कर ले रहे थे। कांग्रेस के जन्म से भी काफी पहले सारा संसार भारत के सशक्त क्रांतिवीरों की अद्भुत संघर्ष-क्षमता को देखकर एकदम हतप्रभ और चकित था। यही सन् 1857 के समर का सच है, जिसे सावरकर ने अपनी लौह-लेखनी से चित्रित किया है

और यह लेखन उस समय तक पूर्ण कर दिया गया था, जब गांधी–नेहरू भारत के राजनीतिक उत्क्रांत–मंच पर प्रकट भी नहीं हुए थे। इसे देश का दुर्भाग्य ही कहेंगे कि कुछेक पाजी किस्म के इतिहासकारों ने जान–बूझकर सावरकर के अवदान से मुँह मोड़ते हुए उन चरित्रों को भास्वर करने का प्रयास किया है, जिनका योगदान विवादास्पद भी है और संदेहास्पद भी और जिनकी नीति–रीतियों का खामियाजा आज भी देश भुगत रहा है। काश! देश सावरकर को समझ पाता तो आज हिंदुस्तान का नक्शा कुछ और ही होता। जब गांधी–नेहरू राजनीति के क्षितिज पर उभरे भी नहीं थे, तब सावरकर ने अंग्रेजों की माँद में जाकर धमाल मचा दिया था। अंग्रेजों को उन्हीं की जमीं पर चुनौती देते हुए उनका जीना मुहाल कर दिया था। ऐसे अदम्य साहस और राष्ट्रप्रेम के धनी सावरकर की तर्क शक्ति एवं संघर्ष शक्ति के विवेचन का लघु प्रयास इस पुस्तिका में किया गया है।

भारत के स्वाधीनता–संघर्ष के विवेचन में एक निहायत संकुचित दृष्टि अपनाए जाने के दुष्परिणाम स्वरूप ही हमारी कृति के श्लाका पुरुष स्वातंत्र्यवीर विनायक दामोदर सावरकर एवं उनके सहयोगियों को देश के इतिहास में उस स्थान से साजिशाना तौर पर निरंतर वंचित रखा जाता रहा है, जो नहीं होना चाहिए था। अपितु सावरकर तो वह गौरवशाली प्रखर–पुरुष है, जो देश की स्वाधीनता के लिए लड़े गए परवर्ती स्वातंत्र्य–समरयुग में सर्वोपरि स्थान पाने की योग्यता रखता है। यहाँ हम यह भी बताना चाहते हैं कि इस कृति में हमारा उद्देश्य केवल अपनी विचारधारा/मान्यता का सतही अभिज्ञापन करना ही नहीं है अपितु उन लोगों, विद्वानों–इतिहासकारों के मतों/अभिमतों का खुलासा करना भी है, जिन्होंने हमीं पर दो–सौ वर्षों तक शासन भी किया था और जो संभवत: सावरकर से टकराए भी थे, जो सावरकर की जुझारू प्रवृत्ति से दो–चार होकर हतप्रभ और अचंभित भी हुए थे, जो सावरकर की तर्कशीलता के प्रशंसक भी थे और जो अंतत: सावरकर के 'राष्ट्रवाद' की तर्कणापूर्ण समर–ध्वनि से ही अभिभूत होकर सन् 1947 में भारत को स्वतंत्र छोड़कर अपना बोरिया–बिस्तरा समेट भारत से खिसक लिये अर्थात् सावरकर के घोर विरोधी/प्रतिरोधी–प्रतिद्वंद्वी अंग्रेज अधिकारियों के दृष्टिकोण को भी इस कृति में बतौर उपजीव्य सामग्री ग्रहण किया गया है।

प्रमाणस्वरूप प्रस्तुत कृति में हमने एक जगह बताया है कि किस तरह सन्

1947 में भारत के उच्चतम न्यायालय (सुप्रीम कोर्ट) के सर्वोच्च न्यायाधीश कलकत्ता शहर में (किसी समय ब्रिटेन के प्रधानमंत्री रहे) 'लॉर्ड ऐटली' से मिले तो लॉर्ड ऐटली ने उनसे कहा था, जिसका लिखित कथन चक्रवर्ती के शब्दों में ही इस तरह है—"जब मैं कुछ समय के लिए बंगाल का प्रभारी राज्यपाल था, लॉर्ड ऐटली ने, जिन्होंने भारत से ब्रिटिश राज को समेटकर भारत को स्वतंत्रता प्रदान की थी और जो कलकत्ता में दो दिनों के लिए बतौर अतिथि राज्यपाल के आवासीय भवन में ठहरे थे। ऐटली भारत के बुलावे पर बतौर पर्यटक भारत आए थे। उस दौरान मैंने लॉर्ड ऐटली से विस्तारपूर्वक बातचीत करते हुए यह जानना चाहा कि वे कौन-कौन से कारण थे, जिनकी वजह से बतौर ब्रिटिश प्रधानमंत्री उन्होंने भारत को आजाद करने तथा भारत से सदियों पुराने ब्रिटिश राज को समेट लेने का फैसला लिया? उनसे मेरा सीधा सवाल था कि जब गांधीजी का 'अंग्रेजो, भारत छोड़ो' का नारा कुछ वक्त पूर्व ही कतिपय कारणों से भोथरा हो चुका था तथा 1947 में ऐसा कोई माहौल भारत में नहीं बना था, जो अंग्रेजों को भारत से छोड़कर चले जाने के लिए कोई अविलंब कारकीय जरूरत बनता, तब अंग्रेजी सत्ता ने भारत छोड़ देने में इतनी जल्दबाजी क्यों की? ऐटली महोदय ने मेरे प्रश्न के प्रत्युत्तर-स्वरूप अनेक कारण गिनाए। उनमें एक मुख्य कारण यह भी बताया कि ब्रिटिश सरकार के तहत भारतीय सैनिक तथा भारतीय जल-सेना के तमाम फौजी ब्रिटिश सिंहासन के प्रति अपनी स्वामीभक्ति एवं समर्पण-भावना को पूरी तरह खो चुके थे। नेताजी सुभाषचंद्र बोस की राष्ट्र-भक्ति एवं सैनिक-कार्रवाईयों के प्रति ब्रिटिश-राज की भारतीय सेना के फौजियों में बगावत का जुनून पूरी तरह हावी हो चुका था। अपनी बातचीत के अंत में मैंने ऐटली महोदय से यह भी जानना चाहा कि 'अंग्रेजो, भारत छोड़ो' (क्विट इंडिया मूवमेंट) के सरताज 'महात्मा गांधी' जी के आह्वान का तत्कालीन ब्रिटिश-क्राउन पर कितना असर पड़ा था? मेरा सवाल सुनकर ऐटली महोदय के होठों पर एक कुटिलता भरी मुसकान खचित हो गई और बुद्बुदाहट भरे स्वर में मिमियाती-सी आवाज में बस इतना ही कहा कि 'मि.मि. मिनिमल' अर्थात् बराय-नाम 'बहुत कम' यानी बिल्कुल 'न' के बराबर। अर्थात् **ब्रिटिश क्राउन ने गांधीजी के कारण भारत से चले जाने का फैसला कतई नहीं किया** अपितु (सावरकर जैसे असरदार शस्त्रज्ञों एवं

शास्त्रज्ञों के भय एवं हिंदुस्तान के जनसमाज में उनके अभूतपूर्व प्रभाव की वजह से) हिंदुस्तानी फौज की गरम-मिजाजी से भयभीत होकर शीघ्रातिशीघ्र भारत छोड़ देने में ही ब्रिटेन की भलाई समझी थी और इसीलिए आनन-फानन में उन्होंने भारत को स्वतंत्र करने का निर्णय ले लिया था। (इसका एक अर्थ यह भी निकलता है कि 1947 में ब्रिटिश क्राउन को भय था कि कहीं सन् 1857 पुनः पुनरावृत्त न हो जाए। ब्रिटेन जानता था कि अगर एक बार फिर 1857 की पुनरावृत्ति हो गई, तो इस बार वे भारत को सँभाल नहीं पाएँगे तथा भारत में आए उनके हमजोली अंग्रेजों के प्राणों के लाले पड़ जाएँगे। अतः भलाई इसी में है कि जितनी जल्दी हो सके, भारत से खिसक लिया जाए।) अब भारत को आनन-फानन में आजादी दे देने का कारण किसी सामान्य राजनीतिक विश्लेषक या इतिहासकार अथवा घटना-निदर्शक की जुबाँ से न निकलकर उस वक्त के जिम्मेदार ब्रिटिश प्रधानमंत्री सर ऐटली की जुबाँ से निकला है, तो इस कथन के महत्त्व को कम करके नहीं आँका जा सकता तथा ब्रिटिश प्रधानमंत्री की जुबाँ से निःसृत यह विवरण इस बात की ताकीद करता है कि भारत की स्वतंत्रता को लेकर गांधी-नेहरू के अवदान पर जो इतना कुछ बका गया है, लिखा गया है और अभी भी संसद् में, मीडिया में जो हद दर्जे तक गाया जा रहा है, महिमा मंडित किया जा रहा है, उस पर नए सिरे से चिंतन-मनन की आवश्यकता है।

ब्रिटिश प्रधानमंत्री ऐटली के अभिमत पर गहराई से गौर करने पर दो अंतर्भुक्त तथ्य उभरकर सामने आते हैं। एक, कि भारत छोड़कर चले जाने का ब्रिटिश क्राउन का निर्णय गांधीजी के 'अंग्रेजो, भारत छोड़ो' के नारे से कतई प्रभावित नहीं था तथा दूसरे, ब्रिटिश-साम्राज्यवाद को यह आभास हो चला था कि नेताजी सुभाषचंद्र बोस की युद्ध की नीति के कारण अब उनकी नियंत्रण-क्षमता बहुत दूर तक भोथरी हो चुकी है तथा शस्त्र-बल/पुलिस-बल एवं भारतीय सैनिकों के बल पर वे हिंदुस्तान को अब आगे अपने वश में और अधिक देर तक नहीं रख पाएँगे। इसीलिए हिंदुस्तान छोड़कर हिंद की जमीं से भाग लेना ही बेहतर है।

अगर ऐटली का यह मत मान भी लिया जाए कि नेताजी सुभाषचंद्र बोस की सरगर्मियों तथा 'भारतीय राष्ट्रीय सैन्य-वाहिनी' (आई.एन.ए.) तथा जल-सेना की भारतीय स्वतंत्रता-संग्राम में कोई अत्यंत प्रभावी भूमिका रही है तो यह जाँचना-

परखना और भी जरूरी हो जाता है कि नेताजी सुभाषचंद्र बोस ने जो कुछ भी अदम्य साहसिक शौर्य-प्रदर्शन किया, उसका प्रेरणा-स्रोत कहाँ था? वे कौन सी विभूतियाँ थीं, जिन्होंने नेताजी को शक्तिशाली ब्रिटिश-राज से सैन्य स्तर पर भिड़ जाने के लिए प्रेरित किया था? आपको यह जानकर ताज्जुब होगा कि अंग्रेजी सत्ता से युद्ध के स्तर पर लोहा लेने की प्रेरणा नेताजी को अपने बालपन में ही स्वातंत्र्यवीर सावरकार से ही प्राप्त हुई थी, जिसका प्रामाणिक विवरण आप इस पुस्तक के प्रथम अध्याय में पढ़ेंगे। बहरहाल, इस वक्त तो हम केवल इतना ही कहना चाहेंगे कि हिंदुस्तान की ब्रिटिश-भारतीय सेना के सैनिकों में अपने आका ब्रिटिश क्राउन के प्रति स्वामीभक्ति की भावना जिस तरह छूमंतर हुई थी, उसका एक प्रमुख कारण वीर सावरकर द्वारा साम्राज्यवादी ब्रिटिश ताकतों का उत्कट विरोध तथा उनका लेखन/वक्तव्य एवं उनकी तमाम गतिविधियों का अनुकूल प्रभाव ही था, और वह भी ऐसे समय में, जब नरम-दल के दोनों नुमाइंदे—गांधी और नेहरू अंग्रेजी सत्ता के सामने खीसें काढ़ रहे थे तथा 'सविनय अवज्ञा-आंदोलन' का तमाशाई झुनझुना हिलाते हुए ब्रिटिश सत्ताधीशों के समक्ष बच्चों की तरह रेंक रहे थे कि उन्हें तथा उनके मुल्क को आजादी दे दी जाए और यह सब गांधी नेहरू उस क्षेत्र में, यानी कि लंदन में, अर्थात् दुश्मनों की मांद में (इंग्लैंड) में जाकर कर रहे थे, जिस माँद में घुसकर वीर सावरकर ने शार्दूल की तरह आततायी 'गोरिल्ला' (अंग्रेज) को ललकारा था। लेकिन आइए, पहले 'बोस-सावरकर' अंतर्संबंधों पर कुछ चर्चा कर ली जाए।

जब सुभाषचंद्र बोस ने इंग्लैंड में आई.सी.एस. की परीक्षा को पास कर लिया, तब आई.सी.एस. हो जाने पर भी उन्होंने निर्णय लिया कि वह किसी भी सूरते-हाल में हिंदुस्तान की सिविल सेवा में भर्ती नहीं होंगे अर्थात् हिंदुस्तान वापस पहुँचकर भारत में ब्रिटिश सरकार की नौकरी नहीं करेंगे। कारण, भारतीय सिविल सेवा के तहत नौकरी करने का सीधा-सीधा अर्थ होगा कि वह भी ब्रिटिश-सत्ताधीशों द्वारा भारत की आम जनता पर ढाए जा रहे राजनीतिक,. आर्थिक, सांस्कृतिक व प्रशासनिक एवं पुलिसिया जुल्मों में अंग्रेजों का साथ दें तथा अंग्रेजी-सत्ता के साथ मिलकर अपने ही देशवासियों, भाई-बाँधवों पर जुल्म ढाएँ। वीर सावरकर ने भी इंग्लैंड में अपनी शिक्षा पूरी करने के पश्चात् सुभाष बोस से भी काफी

पहले ब्रिटिश भारत सरकार की नौकरी न करने का फैसला लिया था अपितु हकीकत तो यह भी है कि इसी फैसले की शर्त पर ही सावरकर ने अपनी कानून की पढ़ाई के लिए लंदन में वजीफा लेना मंजूर किया था। कारण, लंदन स्थित ब्रिटिश सरकार को हिंदुस्तान में सक्रिय ब्रिटिश सरकारी एजेंटों ने आगाह कर दिया था कि वे उस जन्मजात 'अग्निपुंज' (भारतीय युवक) सावरकर पर पैनी निगाह रखें, जो उनकी निगाहों में भारत में ब्रिटिश-राज विरोधी गतिविधियों में लिप्त होने के कारण, ब्रिटिश-भारत के हुक्मरानों की आँख की किरकिरी बना हुआ है तथा अंततः ब्रिटिश सरकार ने इसी चेतावनी से व्यथित होकर सावरकर द्वारा अर्जित कानून की डिग्री मुहैया कराने पर गैर-कानूनी ढंग से रोक लगा दी थी, जो आज 108 वर्ष बाद भी हटाई नहीं गई है। ब्रिटिश सरकार को भय था कि अगर सावरकर को कानून की मान्य डिग्री प्रदान कर दी गई तो वे अपनी गजब की तर्कशक्ति व विश्लेषण क्षमता एवं गवेषणा के बल पर भारत में ब्रिटिश सरकार की तमाम गैर-वैधानिक कारगुजारियों को कानून की बिसात पर नंगा कर देंगे, तब अंतर्राष्ट्रीय बिरादरी में अंग्रेजों का वैधानिक स्तर पर भारत में टिके रहना फिर मुश्किल ही नहीं, अपितु असंभव हो जाएगा। ऐसे में ब्रिटिश-हित में भला यही होगा कि सावरकर को कानून की डिग्री हासिल न होने दी जाए और ऐसा ही उन्होंने किया भी।

सुभाषचंद्र बोस 22 जून, सन् 1941 को मुंबई में 'सावरकर-सदन' (सावरकर के आवास) पर उस समय उनसे मिलने तथा उनसे सलाह-मशविरा करने पहुँचे थे, जब सुभाष बाबू का अत्यंत तीव्र गति से बढ़ते मतभेदों के कारण कांग्रेस पार्टी में बतौर अध्यक्ष बने रहना लगभग असंभव-सा हो गया था तथा गांधीजी इस बात पर तुल गए थे कि जैसे भी हो, सुभाष बाबू कांग्रेस के अध्यक्ष पद से इस्तीफा दे दें। उस मुलाकात में सावरकर ने ही सुभाष बाबू को समझाया कि कांग्रेस में रहकर अपनी तमाम रचनात्मक शक्तियों को बेकार में ही झोंकते रहने से कोई फायदा नहीं है, क्योंकि कांग्रेस की नीतियों के हिसाब से चलते रहने पर केवल जेल की सलाखों के अलावा और कुछ नहीं मिलेगा। गांधी-नेहरू की नीतियों के चलते तो मुल्क को अखंड आजादी मिलने से रही। अतः बेहतर यही होगा कि वे येन-केन-प्रकारेण किसी तरह छुपते-छुपाते हिंदुस्तान की सरहदों अर्थात् ब्रिटिश

सरकार की पकड़ से बाहर निकल जाएँ तथा जर्मनी अथवा जापान पहुँचकर भारतीय युद्धबंदी सैनिकों को साथ लेकर भारत के बाहर हजारों भारतीय सैनिकों की एक 'आजाद हिंद फौज' भारत की 'राष्ट्रीय स्वतंत्रता सेना' संगठित करें तथा युद्धस्थल में ब्रिटिश फौज को चुनौती दें। सुभाष बाबू ने सावरकर की इसी सलाह को गाँठ बाँध लिया और फिर देखते-ही-देखते सुभाष हिंदुस्तान से उड़न-छू हो गए। वे जर्मनी जा पहुँचे और फिर किस तरह उन्होंने 'आजाद हिंद फौज' का गठन कर ब्रिटिश सत्ता को नाकों चने चबा दिए, यह सारा माजरा इतिहास में दर्ज है। बस, सावरकर का संप्रेरक प्रसंग ही इतिहासकारों ने जान-बुझकर छुपाने की कोशिश की है, जिसका खुलासा यहाँ इस पुस्तक में हमने कर दिया है।

एक और विचारणीय खुलासा—हम यहाँ कहना चाहते हैं कि जब 30 दिसंबर, सन् 1943 को सुभाष बाबू 'आजाद हिंद फौज' के सदर कमांडर की हैसियत से अंग्रेजों को खदेड़ते हुए अंदमान-निकोबार द्वीप में जा पहुँचे तो सबसे पहले उन्होंने पूरी श्रद्धा के साथ उन तमाम भारतीय क्रांतिवीरों की स्मृति में अपनी भावांजलि प्रस्तुत की, जिन्हें अंदमान-निकोबार द्वीप की बदनाम जेल (सैल्युलर जेल) में 'काला पानी' की सजा के नाम पर ला-लाकर ठूँसा गया था, तथा जिन पर पशुओं से भी बदतर जुल्म ढाए गए थे। तदुपरांत सुभाष बाबू ने सावरकर प्रणीत महाग्रंथ 'इंडियन वॉर ऑफ इंडिपेंडेंस 1857' के तमिल भाषी संस्करण के मुद्रण, प्रकाशन एवं वितरण का प्रबंध किया था और एक पवित्र धार्मिक पुस्तक का रुतबा देते हुए उस ग्रंथ को अपने आजाद हिंद फौज के तमाम सैनिकों के बीच मुफ्त बँटवा दिया था, जिससे वे 1857 के प्रथम स्वाधीनता-संग्राम से प्रेरणा ले सकें। सावरकर प्रणीत यह ग्रंथ आज 'गीता' और 'पृथ्वीराज रासो' या 'शिवराज भूषण' की तरह भारत की पुस्तक संपदा का महनीय कोष बन चुका है।

25 जून, सन् 1944 को कैथी-पैसिफिक से प्रसारित होनेवाले 'आजाद-हिंद-रेडियो, सिंगापुर' से अपने संबोधन में सुभाष बाबू ने खास तौर से स्वातंत्र्य वीर सावरकर की दूरदृष्टि का जिक्र करते हुए सावरकर के प्रति अपना सम्मानभाव प्रकट किया था और स्पष्ट किया था कि सावरकर अपने समय से बहुत आगे का सोच रहे थे, जब उन्होंने भारत के युवाओं को बाकायदा फौजी प्रशिक्षण लेने के लिए संप्रेरित किया था, क्योंकि सावरकर जानते थे कि आगामी समय में ब्रिटिश

सरकार से जूझने तथा ब्रिटिश फौजी ताकत को मात दे देने के लिए प्रशिक्षित भारतीय युवा लड़ाकों की भारी तादाद में जरूरत पड़ेगी और ऐसा तभी हो सकेगा, जब भारत के तरुण भी उच्च कोटि का आधुनिक फौजी प्रशिक्षण प्राप्त करें। इस दूरदृष्टि के लिए सुभाष बाबू सावरकर के कायल हो चुके थे। सुभाष बाबू के शब्द हैं—"जब अपने राजनीतिक घोंचूपन तथा अदूरदर्शिता एवं सांगठनिक मूर्खता की वजह से कांग्रेस पार्टी के तमाम छोटे/बड़े नेतागण, उनके छुटभैये ब्रिटिश-भारत की कमांड में सक्रिय भारतीय फौजियों को 'मिशनरी' हो जाने की घुट्टी पिला रहे थे, तब वीर सावरकर ने ही देश के युवकों को भारी तादाद में सेना में भर्ती हो जाने के लिए प्रेरित किया था। सावरकर जानते थे कि ये भारतीय युवक/तरुण ही सेना में भर्ती होकर युद्ध का तीक्ष्ण प्रशिक्षण प्राप्त कर लेने के बाद अधिक क्षमतापूर्वक ब्रिटिश फौजों को ही चुनौती दे पाने में समर्थ हो सकेंगे और यही हुआ भी। ब्रिटिश भारतीय सेना के प्रशिक्षित भारतीय सैनिक ही हमारी 'आजाद हिंद फौज' के लड़ाकू रणबाँकुरे बनकर आज मातृभूमि को साम्राज्यवादी ब्रिटेन की कारा से मुक्त कराने के लिए प्राणार्पण से जूझते हुए दुश्मन को हर फ्रंट पर धूल चटा रहे हैं। इस दूरद र्शितापूर्ण नीति के लिए हम सब वीर सावरकर के ऋणी हैं।"

संक्षेप में, हम इसी बिंदु को उभारना चाहते हैं कि अगर सुभाषचंद्र बोस तथा उनकी 'आजाद हिंद फौज' से भारत की ब्रिटिश सत्ता इतनी बुरी तरह चिहुँक उठी थी तथा अपनी फौजों में अपने प्रति समर्पित स्वामीभक्ति की भावना को शून्य होते हुए देखकर भयभीत हो उठी थी, तो उसका सारा श्रेय सावरकर की सोच और उनके द्वारा उठाए गए उन तमाम नीतिपूर्ण कदमों को ही जाता है, जिनका सुभाष बाबू ने खुले मन से इजहार किया है। सावरकर ने भी बढ़-चढ़कर सुभाष बाबू के प्रति अपने श्रद्धा-सुमन अर्पित किए थे, जब सन् 1952 में उन्होंने अपने द्वारा लंदन में स्थापित अपनी जुझारू युवा संस्था 'अभिनव-भारत' को बंद कर देने का एक सम्मेलन (अंतिम जमावड़ा) मुंबई में किया था (सनद रहे, 'अभिनव-भारत' को निष्क्रिय कर देने के इस सम्मेलन में तब के अनेक हिंदुत्ववादी नेतागण खुले मन से सम्मिलित हुए थे)।

सावरकर की तमाम उपलब्धियों को सही तरीके से आँकने के लिए यह जानना भी जरूरी होगा कि जब सावरकर स्वयं लंदन (इंग्लैंड) में भारत की

स्वतंत्रता का शंख फूँक रहे थे, तब गांधी और नेहरू लंदन में शिक्षादि प्राप्त करते हुए क्या-क्या कर रहे थे तथा ब्रिटिश सरकार एवं बर्तानियावासियों के बारे में वे क्या-क्या सोचते थे? एक ओर युवक सावरकर थे, जो अपनी भरी जवानी में लंदन में रहकर कानून की पढ़ाई करते हुए भी लंदन स्थित कुछेक जागरूक भारतीय हमजोलियों को साथ लेकर ब्रिटिश-राज की भारत विरोधी नीतियों के खिलाफ अपनी आवाज बुलंद कर रहे थे। पूरे लंदन में जगह-जगह बैठकें/सभाएँ करके, जुलूस निकालते हुए हिंदुस्तानी युवकों के समूहों को ब्रिटिश सत्ता के प्रतीकों/चिह्नों को नष्ट करने के लिए उकसा रहे थे तथा देश की खातिर प्राणों का मोह छोड़कर सत्ता से भिड़ जाने के लिए उत्प्रेरित कर रहे थे तथा यूरोप के लगभग तमाम अन्य देशों में साम्राज्यवादी ब्रिटेन के विरुद्ध एक जनमत तैयार कर रहे थे, तो दूसरी ओर गांधी/नेहरू थे, जो लंदन में रहकर ब्रिटिश सरकार की पीपनी बजा रहे थे। ऐसे में सोचने की बात है कि उस दौर में भी सावरकर कितने प्रभावशाली बने हुए थे तथा गांधी/नेहरू का तो किसी भी क्षेत्र में कहीं नामोनिशाँ तक नहीं था। तब भारत के स्वाधीनता संग्राम के इतिहास में सावरकर के अवदान को उचित स्थान और महत्त्व क्यों न दिया जाए? सावरकर के नाम से आज वे बहुत से कांग्रेसी एवं साम्यवादी मनोवृत्ति के इतिहास लेखक परहेज क्यों करते रहे हैं और आज भी सावरकर को खारिज करने से नहीं चूकते, यह बात भारत के इतिहास के किसी भी तटस्थ शोधार्थी अथवा पाठक को समझ में नहीं आती। न तो आज सावरकर हमारे बीच हैं, न ही साम्राज्यवादी ब्रिटिश सरकार ही भारत पर हावी है, फिर भी सावरकर-दर्शन से हर कोई भयभीत है। यह सब क्यों है, सबकुछ समझते हुए भी इसे समझा पाना हमारे बूते के बाहर है।

आइए, पहले जरा हम गांधी के व्यवहार को देखें/परखें और समझें। जब 1880 के दशक में गांधीजी लंदन में विद्याध्ययन के लिए गए, तो पहले तो वहाँ वह एक अभिजात (एरिस्ट्रोक्रेट) की तरह रहे तथा उन्होंने एक उच्च कुलीन-वंशीय युवक की तरह ही सोचा और व्यवहार किया। डॉ. सच्चिदानंद, जो उन दिनों लंदन में ही थे, लिखते हैं कि जब वह गांधी से पहली बार मिले तब उसने उन्हें बहुत ही ठसकेदार पोशाक (कपड़े) पहने देखा, बाकायदा सूट/टाई-कोट आदि में जो उन दिनों ब्रिटेनवासी अंग्रेजों में लोकप्रिय चलित फैशन था तथा गांधी से बात करने पर

उन्हें एहसास हुआ कि युवा गांधी ब्रिटिशवासियों के फैशन तथा उनकी अय्याशी एवं फैशनपरस्ती से बहुत ज्यादा प्रभावित हैं और ज्ञानप्राप्ति के प्रति उसका रुझान कम है, लगभग 'न' के बराबर। गांधी एक 'चित्त-चोर/'रंगीला-रसिया' तथा 'छैल-छबीला'/ 'शोकीन-मिजाज' युवक है। गांधी के बारे में सच्चिदानंद के द्वारा दिया गया यह विवरण यहाँ उद्धृत करने लायक है—(जब मैं गांधी से मिला, उसे देखा तो)—"गांधी ने एक ऊँचा रेशमी साफा सिर पर बाँधा हुआ था, जो काफी दूधिया किस्म का, चमकदार रंग का था। गांधी का कॉलर एकदम कड़ा/खड़ा तथा कलफदार था, जो उन दिनों ब्रिटेन में 'ग्लैडस्टोन-कॉलर' के नाम से जाना जाता था। गले में एक खूबसूरत रंग-बिरंगी चमकदार टाई बँधी हुई थी, जो इंद्रधनुषी रंगों में काफी फब रही थी तथा गांधी के जिस्म पर एक खूबसूरत धारीदार विलायती कमीज फब रही थी। वह सुनहरी-सर्दी से बचने के लिए सुबह-सुबह पहना जानेवाला चैस्टरनुमा कोट पहने हुए थे। उसके नीचे डबल ब्रेस्ट अर्थात् दुपल्ली सीना ढकाऊ स्टाइल में सिली हुई जॉकेट (बड़ी) तथा गहरे रंग की धारीदार पतलून पहने हुए थे, जो पैरों में पहने हुए अफसरशाही जूतों तथा मोजों के रंग से तालमेल लिए हुए थी। गांधी ने हाथों में ऊनी दस्ताने पहने हुए थे तथा चाँदी की मूठ वाली एक छड़ी बतौर अभिजात फैशन थामी हुई थी।" अब गांधीजी के बारे में दिया गया यह साक्षात् अनुभव महात्मा गांधी के अभिजात्य (ऐस्टोक्रेटिक) रहन-सहन, जीवन-दर्शन तथा उनकी अंग्रेज-परस्ती को दिखाता है या नहीं?

लेकिन सावरकर के रहन-सहन, वेश-भूषा एवं जीवनयापन व जीवन-दृष्टि की शैली को महात्मा गांधीजी से तुलना करने पर हम पाते हैं कि उस दौर में सावरकर लंदन के 'इंडिया हाउस' में एक 'स्पार्टन-युवा' (सैनिक)* की तरह रह रहे थे। अतः सावरकर को 'स्पार्टन-वीर' कहना ही उचित होगा।

---

*होमर ने अपने महाकाव्यों 'ईलियड' तथा 'ऑडेसी' में पूर्व रोमन युग के 'स्पार्टा' के जुझारू रणबाँकुरों का भव्य वर्णन किया है, जो अपने उद्देश्यों की पूर्ति के लिए इस तरह कमर कसकर, ऐसा ताना-बाना धारण करके रहते थे कि तुरंत ही कमांडर से आदेश मिलने पर अपना शीश हथेली पर लेकर फौरन दुश्मन से रणक्षेत्र में जूझ जाने के लिए उन्मत्तभावेन सक्रिय हो उठें। ऐसे बहादुर सर्वत्यागी रणबाँकुरों के लिए 'स्पार्टन-वीर' शब्द का प्रयोग किया जाता रहा है, जो 'स्पार्टा' की लड़ाई में जूझ गए थे।)

इस तरह सावरकर लंदन में रहते हुए अपनी कानून की पढ़ाई भी कर रहे थे तथा साथ-ही-साथ छुपते-छुपाते लंदन में ही अपने देश की आजादी के लिए जंग छेड़ देने की नीयत से क्रांतिकारियों को इकट्ठा कर जनसभाएँ/बैठकें तथा गुप्तसभाएँ भी कर रहे थे जबकि गांधी ऐसा कुछ भी नहीं कर रहे थे। गांधी थोड़ी-बहुत अलमस्ती, थोड़ी-बहुत पढ़ाई तथा अपनी मालकिन की छोकरियों के साथ थोड़े-बहुत मन बहलावन में ही डूबे हुए थे।

जब गांधीजी सन् 1906 में लंदन गए, तब तक वे लंबे समय से दक्षिण अफ्रीका में ही रहते आए थे—उनकी भेंट लंदन स्थित 'इंडियाहाउस' में सावरकर से हुई। 24 अक्तूबर, 1906 का दिन था। अवसर था विजयादशमी (दशहरे) के पर्व को मनाने का। 'इंडिया हाउस' के बाशिंदों ने उस अवसर पर युवक सावरकर को एक प्रीतिभोज में अध्यक्षता करने के लिए आमंत्रित किया था। उस अवसर पर वीर सावरकर ने एक ओजस्वी वक्तव्य दिया, जिसमें गांधी भी उपस्थित थे। युवा सावरकर के वक्तव्य को सुनकर गांधीजी गद्गद हो उठे। गांधी ने स्वयं लिखा है कि महामानव प्रभु-सम राम पर ऐसा ओजस्वी भाषण उन्होंने कभी भी नहीं सुना था। उस समय गांधीजी सावरकर की भाषण कला, उनके विचार-दर्शन एवं देशभक्ति की भावना के कायल हो गए थे।

गांधी तथा सावरकर में मतभेद उस समय उभरकर सामने आए, जब मदनलाल धींगड़ा ने कर्जन-वायली का उसकी भारत विरोधी हरकतों के कारण वध कर दिया। उस हत्याकांड को लेकर गांधी अंग्रेजों के पक्ष में खड़े हो गए। तब गांधीजी दक्षिण अफ्रीका से गए एकशिष्टमंडल के सदस्य के रूप में लंदन में ही उपस्थित थे तथा उन्होंने इस मौके पर जो प्रतिक्रिया व्यक्त की थी, वह निहायत ही नामुनासिब थी। गांधीजी ने ऐसे शब्दों का प्रयोग किया था, जिसकी उम्मीद उस व्यक्ति से नहीं की जा सकती, जो 'अहिंसा' का परचम लहरा रहा हो। गांधीजी ने कर्जन-वायली की मौत पर आँसू बहाए तथा मदनलाल धींगड़ा को बहुत बुरा-भला कहते हुए धींगड़ा पर लानत-मलानत भेजी। धींगड़ा की प्रतिक्रिया को बचकाना/कायराना कहा। इतना ही नहीं, गांधीजी ने अप्रत्यक्ष रूपेण सावरकर पर भी दोष मढ़ दिया। गांधी ने कहा, "मेरे विचार से उसने (धींगड़ा ने) एक कायर की तरह बर्ताव किया है। उसे इस कार्य के लिए (सावरकर द्वारा लिखे गए) बेकार के

लेखों/दस्तावेजों ने ऐसा कुकर्म करने के लिए उकसाया है।" कहना न होगा कि उस दौर में गांधीजी अंग्रेजों का पक्ष लेते हुए प्रकारांतर से सावरकर की सोच और नीति-रीति का खुलेआम विरोध कर रहे थे, क्योंकि जिन लेखों/वक्तव्यों को वे एकदम बेकार तथा निरर्थक ठहराने की कोशिश कर रहे थे, वे लंदन में सावरकर द्वारा ही लिखी एवं प्रसारित की जा रही थीं। निस्संदेह सावरकर द्वारा प्रसारित/प्रायोजित वे रचनाएँ/बैठकें-सभाएँ ही थीं, जो उस दौर के युवा-भारतीयों के हृदय में हिंदुस्तान की सरजमीं पर घुस गए तथा राज कर रहे ब्रिटिश शासकों/प्रशासकों को हिंदुस्तान से उखाड़ फेंकने के लिए उत्तेजित/संप्रेरित कर रही थीं। सावरकर के लेख लंदन स्थित भारतीय युवकों के दिलों में आग भर रहे थे, उनके दिलो-दिमाग को सुलगा रहे थे कि वे अपने देश के बारे में कुछ सोचें, कुछ करें—गुलामी की कारा से खुद भी बाहर आएँ तथा अपने मुल्क के सर्वहारा समुदाय को भी बाहर लाएँ। इन रचनाओं में सावरकर द्वारा (इटली के क्रांतिनायक) मैजिनी पर लिखी गई किताब तथा सन् 1857 के प्रथम भारतीय स्वतंत्रता-संग्राम के महानायकों पर लिखे गए/दिए गए लेख/वक्तव्य तथा महाग्रंथ भी थे, जो भास्वर रूप में पाठकों को/श्रोताओं को उद्वेलित एवं उत्तेजित कर रहे थे।

जब मदनलाल धींगड़ा ने लंदन की अदालत में अपने बचाव तथा अपने कृत्य के औचित्य को सिद्ध करने के लिए संभ्रांत भाषा/शैली में अपने तर्क दिए, तब गांधीजी बुरी तरह बौखला गए। गांधीजी ने तब धींगड़ा के तमाम तर्कों को काटते हुए बहुत ही भद्दी भाषा में पूरे गाली-गलौज की शैली में धींगड़ा का विरोध किया था। मजा यह है कि जब धींगड़ा के तर्कों को सुन/पढ़कर धींगड़ा के ही दुश्मन—(उस दौर के लंदन स्थित ब्रिटिश नेतागण) लॉयड-जॉर्ज, विंस्टन चर्चिल जैसे लोग धींगड़ा की प्रशंसा कर रहे थे तथा उसे 'प्लूटार्क के अमर महावीरों/महानायकों' की श्रेणी में परिगणित कर रहे थे—तब गांधीजी धींगड़ा की लानत-मलानत करते हुए अपना सिर धुन रहे थे। गांधीजी ने पूरी उपेक्षा के साथ अत्यंत तिरस्कृत और बदहवास शैली में कहा था—"उसके (धींगड़ा के) द्वारा अपने बचाव में दिए गए तमाम तर्क केवल तोता-रटंत की भाषा में दिमागी/कुलाचें भर हैं। उसके द्वारा प्रयुक्त किए जानेवाले शब्द निहायत बचकाना हैं तथा उसके मानसिक विक्षोभ को ही प्रस्तुत करते हैं।"

वस्तुतः हकीकत यह थी कि गांधीजी स्वयं को एक शांतिदूत के रूप में पेश करना चाहते थे और कुछ समय बाद उन्होंने ऐसा ही किया भी, जब वे भारत में दक्षिण अफ्रीका से वापस लौटे तथा कांग्रेस के नुमाइंदे बनकर हिंदुस्तान के लोगों को समझाने लगे कि वे अंग्रेजी शासन का प्रतिकार करते समय अहिंसक, सविनयपूर्ण, असहयोगात्मक रवैया अपनाएँ। गुस्सा और विरोध भले ही जाहिर करें, किंतु अपने आकाओं—अंग्रेजों को मारे-पीटें नहीं, आक्रोशित भले ही हों, किंतु उत्तेजित होकर हमला न करें और 'भारतीय राष्ट्रीय कांग्रेस' के झंडे के तले देश के अधिकांश लोगों ने गांधीजी के सुझाव को कालांतर में अपनाया भी। हमारा अभिमत है कि गांधीजी की इसी मुहिम का खामियाजा भी देश को तब भुगतना पड़ा, जब हिंदुस्तान दो-फाड़ कर दिया गया तथा हिंदुस्तान की छाती पर पाकिस्तान जैसा दुश्मन देश बैठा दिया गया। यह सब गांधीजी की ही सोच तथा जिद्‍द के कारण हुआ, जिसका खामियाजा अभी तक हम सब भुगत रहे हैं। कांग्रेस दल के अनेक नेता गांधीजी की हठ/जिद्‍द के आगे झुक गए और अगर किसी ने भी गांधी का उत्कट विरोध किया तो गांधी ने उसे दल में टिके ही नहीं रहने दिया। अपने हर विरोधी का कांग्रेस दल में बने रहना गांधीजी मुहाल (असंभव) कर देते थे। हम सब जानते हैं कि यह गांधीजी ही थे, जो सुभाष बाबू के अध्यक्षपदीय चयन को बरदाश्त नहीं कर पाए थे। उन्होंने कहा था—पट्टाभि सीतारमैय्या की हार मेरी हार है। जब सुभाष बाबू ने गांधीजी की रीति-नीति के विरुद्ध कांग्रेस दल को नेतृत्व देने का उपक्रम किया, तब उनको बतौर अध्यक्ष काम करते रहना कठिन कर दिया। गांधीजी ने नेहरू को आगे करके सुभाष बाबू के रास्ते में पहाड़ जैसी मुश्किलात खड़ी कर दी थीं। ऐसे में सावरकर ही थे, जिन्होंने सुभाष बाबू को सही रास्ता दिखाते हुए उन्हें देश के लिए 'अभिनव-पथ' पर अग्रसर हो जाने के लिए संप्रेरित किया था। सुभाष बाबू के अग्रज शरतचंद्र ने (जो नीरद चौधरी के निजी सचिव भी रहे थे) तो गांधी को हिटलर से भी बड़ा तानाशाह कहा था।

गांधीजी की इसी एकाधिकारवादी प्रवृत्ति तथा झगड़ालू एवं व्यक्तिवादी अहमन्यता के कारण ही 'भारतीय स्वाधीनता संग्राम' के अनेक सूक्ष्मदर्शी/तलस्पर्शी विश्लेषकों/विद्वानों इतिहासकारों ने तटस्थभावेन बहुत कुछ कहा/लिखा है, जिसे गांधीजी के अंध-भक्त तथा कांग्रेस के अनेक पिछलग्गू आज भी पचा नहीं पाते

हैं। लंदन के एक कद्दावर नेता तथा विद्वान्-विश्लेषक वयोवृद्ध 'गाई-ए-एल्ड्रेड' ने तो उदाहरणत:, यहाँ तक कहा है कि "कर्जन वायली कांड के समय 'वायली' (यानी अंग्रेजों) के साथ खड़े होकर गांधीजी ने साबित कर दिया था कि वह भारतीय-स्वाधीनता-संघर्ष के विरोध में प्रतिपक्ष में खड़े हुए हैं।" अर्थात् गांधीजी हिंदुस्तान की आजादी के दुश्मनों के साथ हैं, आजादी के दीवानों के साथ नहीं। वस्तुत: हकीकत यह है कि गांधीजी कोई शांति दूत नहीं थे। न ही वे कोई संत (या महात्मा) थे। गांधीजी एक धूर्त्त राजनीतिज्ञ थे। एक जिद्दी और अड़ियल पेशेवर 'राजकाजी'। गांधीजी ही भारत-विभाजन के लिए पूरी तरह उत्तरदायी थे तथा उस विभाजन के प्रतिफलस्वरूप हुई भयंकर त्रासदी, मार-काट, लूट-पाट तथा शरणार्थी समस्या के सार्थवाह थे।'' ये शब्द हमारे नहीं, अपितु गांधीयुग से लेकर भारत की स्वतंत्रता-प्राप्ति के समय तक हुई तमाम राजनीतिक गतिविधियों के साक्षात् समीक्षक/विश्लेषक-संरक्षक ब्रिटेन के एक विद्वान् वयोवृद्ध राजनेता तथा लेखक 'गाई-ए-एल्ड्रेड' के हैं। यहाँ, इस बिंदु पर सोचने की बात है कि दुश्मन/प्रतिरोधी-पक्ष का एक विद्वान् भी गांधीजी की असलियत किस तरह खोलता है ? 'एल्ड्रेड' जैसा ब्रिटिश-विद्वान् एवं राजनेता गांधीजी के द्वारा झूठ-मूठ फैलाए जानेवाले (अहिंसक) शांतिदूतपने की भर्त्सना करता है, गांधीजी की समझौतापरस्ती का मजाक उड़ाता है। गांधीजी की हर हरकत को केवल एक ढोंग बताता है, केवल एक दिखावा, एक बहरूपियापना, जिसे पश्चिमी जगत् के अनेक विद्वानों/इतिहासज्ञों तथा आम लोगों ने इसीलिए स्वीकार कर लिया, क्योंकि वे गांधीजी की असलियत को नहीं पहचान सके। वे हिंदुस्तान की जमीनी हकीकत से वाकिफ नहीं थे। एल्ड्रेड कहता है—गांधीजी वह नहीं थे/वैसे नहीं थे, जैसा कि वह दूसरों को दिखाने का स्वाँग करते थे। एल्ड्रेड के शब्द हैं—"मैं जुलूयुद्ध में गांधीजी के पक्षपातपूर्ण रवैए को देखकर हैरान हूँ, जब वे 'जुलू-युद्ध' का समर्थन करते हैं। (सनद रहे, दक्षिण अफ्रीका के अश्वेतों का सिर कुचलने के लिए अंग्रेज सत्ताधीशों ने सन् 1879 में एक जुलूस/बोअर युद्ध में भयंकर जुल्म ढाए थे तथा दक्षिण अफ्रीका के स्वतंत्रता सेनानियों पर गजब के अत्याचार किए थे) गांधीजी सत्तापक्षीय अंग्रेजों के पक्ष में तकरीर देते हैं। गांधीजी प्रथम विश्वयुद्ध का भी समर्थन करते हैं (जिसमें लाखों लोग मारे गए थे)। इतना ही नहीं, वे दूसरे विश्वयुद्ध का समर्थन करते हुए भी

साम्राज्यवादी ताकतों के हितों का समर्थन करते नजर आते हैं। क्या युद्ध के ऐसे समर्थक को एक होनहार/अहिंसादूत कहा जा सकता है? हिंदुस्तान की आजादी को लेकर जो बातचीत की गई, जो समझौते किए गए, जो सौदेबाजी की गई, भारत–विभाजन को लेकर जो रवैया गांधीजी ने अख्तियार किया था, उसके विस्तार में न जाकर मैं बस इतना ही कहना चाहूँगा कि गांधीजी के जिद्दीपन/हठधर्मिता का परिणाम ही था, महात्मा कहलाने को उनकी अपनी हौंस थी, जिसके चलते पाकिस्तान बन गया—अर्थात् पाकिस्तान के बनने का पूरा उत्तरदायित्व गांधीजी कंधों पर है (सावरकर आदि अन्य नेताओं पर तो कदापि नहीं)।

यहाँ हमने महात्मा गांधी के संतई जीवन की दो निहायत भद्दी एवं शर्मनाक घटनाओं का जिक्र करने से जान–बुझकर परहेज किया है। एक है, जिस दिन उनके (गांधीजी के) पिता का देहावसान हुआ था, उस दिन बेचारी कस्तूरबा गांधी के साथ उनका वहशियाना व्यवहार; और दूसरी घटना है, साउथ अफ्रीका में अपने मित्र हर्मेन कॉलेन बैक से एक अजीबोगरीब किस्म की शारीरिक अंतरंगता, जिसका जिक्र स्वयं गांधी तथा कॉलेनबैक ने अपने संस्मरणों में खुलकर किया है।

गांधी ने स्वयं यह स्वीकारोक्ति दी है कि बतौर महात्मा वह एक नाकामयाब/नामुराद शख्सियत साबित हुए थे। 15 सितंबर, सन् 1919 को महादेव देसाई को लिखे गए अपने एक खत में गांधीजी ने लिखा था—"आसमानी भाषा में अनुगूँज करनेवाली 'तपस्या' (तापस जीवन) एवं 'ब्रह्मचर्य' (परिपालन) की मेरी सारी लनतरानियाँ एकदम खोखली और निष्फल होकर रह गई हैं...मैं एक ऐसा शख्स बनकर रह गया हूँ, जो अपनी 15 साल की उम्र से ही अपनी बीवी के साथ संभोगरत रहा है तथा वासना एवं भोग का कीट बना हुआ दुनियावी जीवन जीता रहा है और आज 30 वर्ष का लंबा अरसा गुजरने को आ गया, अभी भी इसी वासना विगलित क्रियाओं में संलग्न है। भला ऐसे में 'ब्रह्मचर्य' की बात करनेवाला किस तरह दुनिया के तमाम दूसरे भोगवादियों की प्रशंसा का पात्र बन सकता है? अपने बारे में ब्रह्मचर्य तथा तापस/त्यागी जीवन की बातों को सुनकर मुझे ऐसा लगता है कि मेरे द्वारा इन मुद्दों पर कुछ कहना ऐसा ही है, जैसे कि नौ सौ चूहे खाए के बिल्ली हज को जाए अर्थात् 'तपस्वी जीवन' और 'ब्रह्मचर्य–व्रत' को लेकर गांधीजी स्वयं भी आश्वस्त नहीं थे।

और अब गांधीजी की आँख के तारे युवक नेहरूजी के बारे में भी चंद अलफाज!!! जिन दिनों सावरकर लंदन में थे और साम्राज्यवादी ब्रिटेन की तमाम औपनिवेशिक-कारस्तानियों पर जमकर कुठाराघात कर रहे थे, लंदन स्थित अंग्रेज सियासतदां की नाक में दम किए हुए थे तथा सारे संसार को चेता रहे थे कि किस तरह हिंदुस्तान में ब्रिटिश सत्ताधीशों ने कहर बरपा रखा है, कोहराम मचाया हुआ है, तब उन दिनों युवा नेहरू लंदन में गुलछर्रे उड़ा रहे थे। लंदन के स्कूल-कॉलेज में पढ़ाई करनेवाले युवक नेहरू को उनके पिताश्री मोतीलाल नेहरू का आदेश था कि वे भूलकर भी लंदन में 'इंडिया-हाउस' का रुख न करें, क्योंकि 'इंडिया-हाउस' उन दिनों हिंदुस्तान से गए भारत भक्त युवा विचारविदों/कर्मठ स्वतंत्रचेता क्रांतिवीरों का संरक्षण-गृह बना हुआ था, जिसे लंदन शहर के अंग्रेज अधिकारी 'भुतहा गृह' कहते थे, तथा जिससे भयभीत रहकर उससे परे रहने में ही अपनी कुशल समझते थे। नेहरूजी के जीवनी-लेखकों ने नेहरूजी के लंदन-निवास तथा उस दौर में युवा नेहरू की तमाम अच्छी/बुरी गतिविधियों पर समुचित प्रकाश डाला है। नेहरूजी की खर्चीली/अय्याशी भरी आदतों का खुलासा किया है, जिससे नेहरूजी के पिता मोतीलाल नेहरू भी अपने बेटे की आदतों से आजिज आकर खफा हो गए थे और नेहरूजी की करनियाँ कहीं थमने का नाम नहीं ले रही थीं। नेहरू की रंगीन-मिजाजी तथा अंग्रेज परस्ती दिन-दूनी रात-चौगुनी अयाँ हो रही थी। यहाँ तक कि नेहरूजी से हर तरह की सहानुभूति जताने वाले नेहरूजी के परम सहयोगी एवं हितैषी नेहरूजी के जीवनी लेखक सर्वपल्ली गोपाल तक ने लिखा है कि "नेहरूजी अपने युवा जीवन में लंदन रहवास के दौरान लंदन के फैशन-जगत में तमाम लंदनवासी अंग्रेज युवक/युवतियों की चाहत का तारा बने हुए थे। लंदन के तमाम स्त्री-पुरुष नेहरूजी के लिबास, उनकी तर्जे-अदा, बातचीत का लहजा, उनकी अंग्रेजीयत तथा उनकी यूरोपीय तबीयत को देखकर उन पर फिदा थे। नेहरूजी की मिजाजपुर्सी करने के लिए वे हर वक्त तैयार रहते थे। लंदन में रात-दिन होनेवाले संगीत समारोहों/ नाट्यों-बैलेड नृत्यों में, 'क्रोबोरग' के गोल्फ क्लब में, गोल्फ क्रीड़ांगण में; क्वींस क्लब में, टेनिस के खेल में, 'लॉर्ड' के क्रिकेट मैदान पर क्रिकेट के खेल का मजा लेने में तथा बर्फ के रिंक पर आइस-स्केटिंग करने में वह पूरी तरह मशगूल रहते थे तथा जिंदगानी का

भरपूर मजा लूटते रहते थे। उस दौर में युवा नेहरू का अपनी पढ़ाई-लिखाई की तरफ रुझान न के बराबर था। एल.एस.ई. में होनेवाली अपनी शैक्षणिक कक्षाओं में वह कम ही जाते थे। अपने शिक्षकों की कक्षाओं में कभी-कभार ही अपनी उपस्थिति पूरे मनोयोग से दर्ज करते थे। कानून की पढ़ाई की तरफ कतई गंभीर नहीं थे। अपनी ही बेध्यानी तथा गांभीर्य शून्यता की वजह से वह एक फिसड्डी छात्र थे। इतना ही नहीं, बाप से मिलने वाले पैसों की वजह से इस हद दर्जे तक शाही खर्चों में मशगूल हो गए कि बहुधा कर्ज से (देनदारी) घिरे रहने लगे और यहाँ तक नौबत आ पहुँची कि वह अपनी घड़ी तक गिरवी रखने को मजबूर हो गए। कभी-कभी तो नेहरू की जेब में बस या ट्यूब-रेलवे से सफर करने के लिए टिकट खरीदने के वास्ते पैसे तक नहीं होते थे। ऐसी दशा में मुफलिसी का जामा ओढ़े युवा नेहरू अपने बाप मोतीलाल से बराबर पैसा भेजने का तकाजा करते रहते थे और पिता मोतीलाल अपने इकलौते बेटे की इस आदत से बुरी तरह तंग आ चुके थे, पर बेचारे कर कुछ नहीं पाते थे क्योंकि आखिर बेटा तो उन्हीं का था। जैसा भी था, अच्छा या बुरा, खर्चीला, अय्याश; था तो उन्हीं का खून, उन्हीं का वारिस। तो नेहरूजी अपने युवाकाल में लंदन रहवास के दौरान ऐसे थे। अब जरा सावरकर के रहन-सहन से आप नेहरूजी के रहन-सहन की तुलना करके स्वयं देख लें, दूध का दूध और पानी का पानी हो जाएगा। आपको स्वयं ज्ञात हो जाएगा कि क्या थे सावरकर और कैसे थे नेहरू!!!

नेहरूजी के जीवनी लेखक गोपाल ने तो यह भी लिखा है कि सन् 1911 में नेहरूजी ने 800 पाउंड (आज के हिसाब से लगभग 70 हजार रुपए) अपने ऊपर खर्च किए थे, जबकि यह राशि उस दौर में भारतीय छात्र अपने लंदन रहवास में अपनी कुल शिक्षा, खान-पान और रहन-सहन पर पूरे तीन वर्षों में ही खर्च करते थे। अर्थात् जितना नेहरू एक वर्ष तथा उससे भी कम कुछेक महीनों में ही खर्च कर रहे थे, अपनी अय्याशी पर लुटा रहे थे, उतना उनके वक्त में उनके सहपाठी तीन सालों में खर्च कर रहे थे। यह थी नेहरूजी की शाहखर्च तबीयत। अपने बेटे की इन्हीं आदतों को लेकर पिता मोतीलाल ने अत्यंत व्यंग्यपूर्ण शैली में अपने बेटे पर तंज कसा था तथा अपनी नाराजगी भी जाहिर की थी। इतना ही नहीं, गोपाल ने तो खुलासा करते हुए यहाँ तक लिखा है कि एक बार नॉर्वे की किसी नदी में

तैरते वक्त नेहरू एक तेज भँवर में फँस गए थे। तब उन्हें डूबने से बचाने के लिए उनके एक दोस्त ने उन्हें बचाया था। उस दोस्त तथा प्राणरक्षक मित्र के बारे में 'स्टेन-ले-वालपोर्ट' ने मजाकिया लहजे में नेहरू पर तंज कसते हुए कहा है कि नेहरू का वह दोस्त कोई और नहीं, अपितु ऐसा व्यक्ति था, जिसके साथ नेहरू शारीरिक संबंध बनाकर व्यभिचार तथा कामाचार का मजा लूटते थे अर्थात् आज की भाषा में कहें तो नेहरूजी समलैंगिक (होमोसेक्सुअल) थे। इसका प्रमाण यह भी है कि नेहरूजी ने स्वयं भी इस तरह के रुझान का संकेत दिया है।

इस तरह हम देखते हैं कि गांधी और नेहरू, दोनों उन्नीसवीं सदी के पहले दशक में जब लंदन (इंग्लैंड) में थे, तब उनके पास अपने देश के लिए कुछ कर गुजरने के लिए न तो कोई विचार था, न ही कोई प्रयास तथा ऐसा भी कोई प्रमाण नहीं मिलता कि वे दोनों महानुभाव सावरकर तथा उनके समर्पित भारत वीर क्रांतिकारियों की उन तमाम गतिविधियों से मुतमईन थे, जो साम्राज्यवादी ब्रिटिश राज-सत्ता के हथकंडों का खुलासा कर रही थीं और उनसे लोहा ले रही थीं। सावरकर ने जो कुछ कार्य हिंदुस्तान में शुरू किया था और अपना कार्यक्षेत्र जिस तरह लंदन ले गए थे, जिसका लक्ष्य अपनी मातृभूमि को बर्तानिया जुल्मी गुलाम जंजीरों से मुक्त कराना था, जिसके लिए उन्होंने अपने परिवार की पूज्या देवी 'भवानी' के मंदिर में मातृ-प्रतिमा के समक्ष 'भारत माँ' को स्वतंत्र कराने की शपथ ली थी, वह अपना रंग दिखा रहा था। यह रास्ता काफी कंटकाकीर्ण था। इस पथ पर हर तरह का जानलेवा खतरा भी था। इस मार्ग पर ब्रिटिश प्रशासकों/पुलिस तथा कानूनविदों द्वारा हर तरह से प्रताड़ित होना पड़ता था। इस पथ पर संघर्षरत स्वतंत्रता-सेनानियों को कोड़ों की मार सहनी पड़ती थी। लाठी-गोली तथा जेल की हवा खानी पड़ती थी तथा और भी तरह-तरह के अमानुषिक दंड भुगतने पड़ते थे। कोड़ों की मार के अलावा बामशक्कत जेल तथा तमाम शारीरिक दंड एवं शोषण भुगतना पड़ता था। बाद में गांधी/नेहरू ने जिस आंदोलन का नेतृत्व किया उस आंदोलन के प्रतिफलस्वरूप जेल की सजाएँ बहुत नरम कर दी गई थीं। कालांतर में गांधी/नेहरू के नेतृत्व में लड़े गए स्वाधीनता संघर्ष के दौरान, जो स्वतंत्रता-सेनानी जेलों में ठूँस दिए जाते थे, उन्हें उस स्तर की यातनाएँ नहीं दी जाती थीं, जिस प्रकार की यातनाएँ वीर सावरकर तथा उनके सहयोगियों को

कालापानी के दौरान दी गई थीं। उसका पासंग भर भी गांधी/नेहरू तथा परवर्ती कांग्रेसी स्वतंत्रता-सेनानियों ने कभी नहीं झेला था। गांधी/नेहरू युग के कैदी स्वतंत्रता-सेनानी तो स्वप्नों में भी कल्पना नहीं कर सकते थे/हैं कि अंदमान की सेल्युलर जेल की यातनाएँ कितनी कड़ी और खौफनाक होती थीं। कहा जा सकता है कि स्वाधीनता संघर्ष के परवर्ती समय में स्वाधीनता सेनानियों को जेलों में दी जानेवाली सजा/यातना में जो नरमी बरती जाने लगी, उसका भी श्रेय बहुत हद तक सावरकर और उनके संगी-साथियों द्वारा सेल्युलर जेल में दी जा रही यातनाओं के विरुद्ध जोरदार ढंग से अपनी आवाज बुलंद करने तथा अपना प्रतिरोध जताने की सफल मुहिम को ही जाता है। मानवाधिकारों तथा 'राजबंदियों' के साथ किए जानेवाले व्यवहार को लेकर सावरकर तथा उनके संबंधियों ने जिस तरह अपनी आवाज बुलंद की थी, उसी के प्रतिफलस्वरूप ब्रिटिश सरकार अपने ही समुदायों में मीडिया तथा मानवाधिकार-समर्थकों का दबाव पड़ने पर 'राजबंदियों' से नरमी से पेश आने को विवश हुई थी। अर्थात् **यह सावरकर ही थे, जिन्होंने पूरी निर्भीकता के साथ मानवाधिकारों का परचम लहराया था** और इस पर तुर्रा यह कि आज हममें से बीसियों कृतघ्न प्रवृत्ति के लोग स्वातंत्र्यवीर विनायक दामोदर सावरकर के इस अवदान को भूलकर गांधी/नेहरू तथा आज के दौर के गांधी/नेहरूनुमा बौनों की आवाज में आवाज मिलाकर सावरकर को खारिज करने की हिमाकत करते हुए शर्म भी महसूस नहीं करते। कारण सावरकर ने कैद से छूटने के बाद कांग्रेस पार्टी में सम्मिलित होने से इनकार जो कर दिया था।

सावरकर के भव्य जीवनादिक अवदान को महत्त्व न देने तथा पूरी तरह भुला देने का कारण यही है कि सावरकर का कांग्रेस की विचारधारा से छत्तीस का आँकड़ा था। सावरकर कांग्रेस की नीति-रीति पर चल नहीं सकते थे और कांग्रेस थी कि वह ब्रिटिश-भारत के सत्ताधीशों के लिए 'सेफ्टी-वॉल्व' बनी हुई थी। संयोग से, आजादी से पहले और आजादी के बाद भी कांग्रेस ही एक राजनीतिक दल के रूप में देश के जन-सामान्य के दिलो-दिमाग पर छाई रही। उधर, अंग्रेज भी कांग्रेस को ही भाव देते रहे। आजादी के बाद भी जनता से प्राप्त बहुमत के आधार पर लंबे समय तक स्वतंत्र भारत के सरकारी-तंत्र पर कांग्रेस ही काबिज रही तथा स्वातंत्र्योत्तर भारत की राजनीति में साजिशाना तरीके

से सावरकर के दर्शन तथा कृत्यों को हाशिए पर धकेला जाता रहा तथा गांधी/नेहरू को ज्यादा अहमियत दी जाती रही, जिसके प्रतिफलस्वरूप एक के बाद एक लगातार आनेवाली कांग्रेस-सरकारों की धूर्त-दृष्टि के कारण सावरकर को बराबर खारिज किया जाता रहा। दुर्भाग्य से यह सिलसिला अभी भी जारी है। 'हिंदुत्व' तथा 'हिंदू-राष्ट्रीयता' को लेकर सावरकर के विचार-दर्शन को अभी भी विवादास्पद एवं संभ्रमपूर्ण बनाए रखा जा रहा है।

जब-जब 'सावरकर' को नीचा दिखाने तथा उनकी राजनीतिक/राष्ट्रीय विचारधारा को कमतर आँकने का अवसर मिला। कांग्रेस ने, खासकर नेहरू ने कभी भी कोई मौका हाथ से जाने नहीं दिया, इस बारे में सावरकर की ही एक तकरीर गौर करने लायक है—"मुझ पर ब्रिटिश-सत्ताधीशों ने 'मार्सेलीज' (समुंदर में छलाँग लगाने के बाद, फ्रांस के द्वीप-तटीय क्षेत्र से गिरफ्तार करने) तथा अंदमान में (अर्थात् मौत के कुएँ में मुझे धकेलकर) जो जुल्म ढाए, जो अत्याचार किया, जो शारीरिक और मानसिक उत्पीड़न किया, मुझे उसका कतई मलाल नहीं है, क्योंकि इस तरह के व्यवहार की संभावनाओं को तो मैं तभी अपनी 15 वर्ष की आयु में ही हृदयंगम कर चुका था, जब मैंने अपनी कुलदेवी 'माँ अष्टभुजा' के मंदिर में उनके चरणों में नत होकर 'भारत माँ' को मुक्त करने के लिए प्राणपण से संघर्ष करने का संकल्प लिया था। अपितु **मेरा आक्रोश तो उन हमराहियों पर है, जिनके कहने पर, जिनके हाथों मुझे स्वतंत्र-भारत में भी अपमान, अवमानना, भर्त्सना और सरकारी तंत्र के कोप-प्रकोप तथा फौजदारी का झूठा आरोप सहना/भुगतना पड़ा। गांधी-वध के बाद मेरे अपने ही मेरे खिलाफ खड़े हो गए, जबकि इस कांड से मेरा कुछ भी लेना-देना नहीं था।**"

गांधी-वध के उपरांत नेहरू झल्लाते हुए चीखा था—"गांधी-वध में सावरकर को पूरी तरह फँसा दो। चाहे कुछ भी करना पड़े, मुझे सावरकर के प्राण चाहिए।" अर्थात् गांधी-वध के लिए जैसे भी हो, सावरकर को जिम्मेदार ठहरा दिया जाए। दो-चार दिन बाद नेहरू ने पुनः यही बात जोर-शोर से आँखों में आग भरते हुए दोहराई, तब बाबासाहेब भीमराव अंबेडकर ने बड़ी शांत, शालीन और दृढ़ आवाज में नेहरू से कहा था—"नेहरूजी, आप किसी मुगालते में न रहें। आपकी बात सुनकर मैं कतई खुश नहीं हूँ। मैं आपको आगाह करना चाहता हूँ कि आप सावरकर

को छू भी नहीं सकते। सावरकर का बाल बाँका भी नहीं कर सकते। सावरकर ने इस तरह की आँख-मिचौली का खेल लंदन में रहते हुए, ब्रिटेन की स्कॉटलैंड यार्ड की पुलिस से कानूनी लुका-छिपी के रूप में बरसों खेला है और आप भी बखूबी जानते हैं कि लंदन की ब्रिटिश पुलिस भी लाख चाहने/कोशिशें करने के बाद भी सावरकर का कुछ नहीं बिगाड़ सकी थी। स्कॉटलैंड यार्ड की पुलिस बुरी तरह नाकामयाब रहकर इस हद तक हतोत्साहित हो गई थी कि ब्रिटेन के काबीना मंत्री विंस्टन चर्चिल को अंततः हारकर इस महारथी को हिंदुस्तान वापस भेजना पड़ा था। किसी-न-किसी दिन यहाँ हिंदुस्तान में भी अदालती-आदेश पर वह एकदम बेदाग छूट जाएगा और आप कुछ नहीं कर पाएँगे क्योंकि कानून आपकी बपौती नहीं है।" इसके तुरंत बाद बाबा साहेब अंबेडकर ने 'अखिल भारतीय हिंदू महासभा' के तत्कालीन अध्यक्ष तथा पुणे के प्रख्यात वकील एल.वी. भोपटकर से संपर्क स्थापित किया। उन्हें दिल्ली बुलाया तथा उनसे दक्षिणी दिल्ली में एक निर्जन स्थान पर मिलने के लिए कहा, जहाँ अंबेडकर ने नेहरूजी की साजिशाना प्रतिशोधात्मक सावरकर विरोधी योजना के बारे में वकील भोपटकर को स्पष्ट रूप से जानकारी दी।

कालांतर में जब नेहरू की पहल पर गांधी-वध के मामले में सावरकर को फँसाने की कुचेष्टा की गई तो वकील भोपटकर एवं मद्रास, कलकत्ता तथा दिल्ली के तमाम अन्य गण्यमान्य वकीलों ने मिलकर सावरकर के पक्ष में उन्हें नेहरू द्वारा लगाए गए मिथ्यारोपों से बचाने के लिए अदालत में जोरदार ढंग से पैरवी की थी। 10 फरवरी, 1949 को अंबेडकर के शब्द सही साबित हुए, जब सावरकर को अदालत से बाइज्जत बरी कर दिया गया तथा न्यायाधीश आत्माचरण ने पूरे वाकयात पर तंज कसते हुए कहा कि **यह सारा तमाशा निहायत 'शर्मनाक तथा दुर्भाग्यपूर्ण' था।**

अब जरा तुलना कीजिए कि एक ओर तो भारत है, जिसने सावरकर को उनके जीवनकाल में भी स्वतंत्रता प्राप्ति के पश्चात् बराबर गालियाँ दीं और आज भी दे रहे हैं, जो सब गांधी/नेहरू की कांग्रेस का किया-धरा है और दूसरी ओर इंग्लैंड (ग्रेट ब्रिटेन) जैसा दुश्मन देश, जिससे सावरकर बराबर जूझते रहे, उसने सन् 1983 में सावरकर की सार्वदेशिक स्तर पर जन्म शताब्दी मनाए जाने के

अवसर पर सावरकर को अपने श्रद्धा-सुमन अर्पित करते हुए भावपूर्ण शब्दों में श्रद्धांजलि दी। 'ग्रेटर लंदन काउंसिल' (दिल्ली की मेट्रोपॉलिटन काउंसिल की तरह) ने सावरकर की जन्मशती पर आयोजित समारोह में भाग लेते हुए उनकी राजनीतिक सूझ-बूझ, उनके सांस्कृतिक-ऐतिहासिक ज्ञान, उनकी भारत-विद्या तथा उनकी देशभक्ति-भावना एवं राष्ट्रीय सोच-समझ तथा प्रतिभा का भूरि-भूरि बखान करते हुए उनके प्रति अपनी भावांजलि समर्पित की। भारत की कांग्रेस सरकार तथा उनके सहयोगी जहाँ सावरकर को लेकर ऊटपटांग बातें करते रहे हैं, वहीं एक ऐसा विरोधी देश भी रहा है, जो सावरकर का घोर प्रतिरोधी, प्रतिद्वंद्वी होने के बावजूद भी उनके अवदान की प्रशंसा कर रहा है। ब्रिटिश तथा भारतीय राजनेताओं के चरित्र का यह फर्क गौर करने लायक है। इतना ही नहीं, जन्मशती के इसी पर्वोत्सव पर ब्रिटिश-संसद् के अधिवेशन कक्ष में हुई एक छोटी-सी श्रद्धांजलि सभा के पश्चात् ब्रिटिश-संसद् के अनेक सांसदों ने सावरकर की प्रतिमा के आगे अपनी भाव-भीनी श्रद्धांजलि दी।

इस समारोह के बाद एक और समारोह भी इसी दिन किया गया, जिसके तहत लंदन की 'ग्रेटर लंदन काउंसिल' ने लंदन स्थित 'इंडिया हाउस' की इमारत पर एक नीली पट्टिका लगाकर, जिसे लंदन शहर का सर्वोच्च सम्मानजनक प्रतीक कहा जाता है—सावरकर को श्रद्धांजलि दी तथा उन्हें एक 'महान् राष्ट्रभक्त/देशभक्त एवं राजनीति विशारद व दार्शनिक' करार दिया। इस समारोह में अनेक राजपुरुषों/प्रज्ञापुरुषों, राजदूतों तथा समाजविदों/श्रीमंतों-नागरजनों ने शिरकत की थी। इस समारोह की अध्यक्षता तब अर्थात् सन् 1983 में लंदन के 97 वर्षीय वृद्ध सांसद/राजनेता रहे प्रज्ञापुरुष लॉर्ड फैनर ब्रोकवे ने की थी। इस आयु में भी ब्रोकवे कई कदम चढ़कर ऊँचाई पर रखे गए एक सावरकर संबंधित स्मृति बिंब (प्रतीक) तक गए तथा वहाँ खड़े होकर 15 मिनट तक सावरकर की महानता, उनके ज्ञान, उनकी राष्ट्र-दृष्टि और लंदन आवास के दौरान उनके द्वारा किए गए कार्यों पर बोलते रहे। सावरकर के साक्षात् अनुभवों को श्रोताओं से साझा करते रहे और इस प्रकार उस वृद्ध ब्रितानी ने सावरकर के प्रति अपना कृतज्ञता-ज्ञापन प्रस्तुत कर सावरकर की राष्ट्रीय चेतना को प्रणाम किया। अपने वक्तव्य के अंत में लॉर्ड फेनर ब्रोकवे ने भर्राए हुए स्वर में कहा, "लोकमान्य तिलक से मेरी भेंट सन्

1920 में हुई थी, जब मैं स्वागत समिति का एक सदस्य था। यद्यपि मैं सावरकर से कभी मिला नहीं, लेकिन जब-जब मैंने सावरकर के बारे में पढ़ा/सुना तो मैं इतना तो अवश्य कहना चाहूँगा कि **जब सावरकर यहाँ लंदन में हिंदुस्तान की आजादी के लिए ब्रिटिश सत्ता से पूरी तरह जूझ रहे थे, अपनी मातृभूमि की स्वतंत्रता का परचम लहरा रहे थे, तब पूरे ब्रिटेन में 'भारतीय-राष्ट्रीय कांग्रेस' अर्थात् भारत की कांग्रेस पार्टी का नामो-निशान तक नहीं था। तब लंदन में कोई नहीं जानता था कि हिंदुस्तान में कोई 'कांग्रेसपार्टी' भी है, जो अपने देश की आजादी को लेकर गंभीर है या किसी भी रूप में सक्रिय है।"** (सनद रहे, लॉर्ड ब्रोकवे की इस स्पीच का वीडियोटेप इस पुस्तक के लेखक के पास सुरक्षित है।)

अपने आप में यह कितनी बड़ी व्यंग्यपूर्ण स्थिति है कि एक ऐसा देश जिसके विरुद्ध सावरकर ने प्राणपण से अभियान छेड़ा था, वह तो सावरकर को एक महान् देशभक्त तथा (राष्ट्रीय/राजनीतिक) दार्शनिक मानता है तथा सावरकर की प्रशंसा करता है, लेकिन सावरकर के अपने ही मुल्क में कुछ ऐसे भी लोग हैं, जो सावरकर को देशद्रोही करार देते हुए अघाते नहीं हैं। ये लोग इस सच्चाई से आँखें मूँद लेते हैं कि सावरकर ने स्वयं ही नहीं, अपितु उस रणबाँकुरे के पूरे परिवार ने एकचित्त भाव से बिना किसी हील-हुज्जत के अपना सर्वस्व देश को स्वतंत्र कराने की लड़ाई में झोंक दिया था। इस पारिवारिक त्याग की कोई दूसरी मिसाल भारत के इतिहास में मिलना दुष्कर है। इसी हकीकत के **मद्देनजर विद्यासागर आनंद** ने सावरकर पर लिखी गई अपनी पुस्तक में उन स्वतंत्रता सेनानियों के बारे में लिखते हुए, जिन्होंने राष्ट्रहित के लिए राष्ट्रवाद के नाम पर बड़ी-बड़ी कुरबानियाँ दीं, कहा है कि **"सावरकर तथा उन जैसे स्वतंत्रता-सेनानियों के अवदान से आँखें मूँद लेना भारत के राष्ट्रीय अभिलेखागार के स्वर्णिम पृष्ठों को जान-बूझकर नकारना है।"** दुर्भाग्य से अभी तक ऐसा ही किया जा रहा है। भारत के स्वाधीनता-संग्राम के इतिहास का यह स्वर्णिम पृष्ठ जान-बूझकर नकारा जा रहा है तथा वर्तमान पीढ़ी को इसे जानने, इस पर चर्चा/विचर्चा करने से वंचित किया जा रहा है।

इस पुस्तक को आकार देने में विशेष सहयोग हेतु प्रो. नवदीप व प्रो. वीरेंद्र अग्रवाल का आभार।

INDIAN PATRIOT HONOURED

Vinayak Damodar Savarkar, the prominent revolutionary leader in London, who was sentenced to transportation of life for 50 years in the Andaman Islands by the British Government in 1910 will be honoured by the Greater London Council. Savarkar Centenary Celebration Committee in London has achieved its goal of creating a permanent monument of Savarkar in London from where he initiated his revolutionary aspect of struggle for Indian freedom. Greater London Council has been active in restoring the historic values of London for the past many years. GLC approved Savarkar Committee's proposal and a Commemorative Plaque in the name of Savarkar will be fixed on the house at 65 Cromwell Avenue, Highgate, London N6. Savarkar lived at this house from June 1906 to July 1909. It was known as "India House" then and was owned by Shyamji Krishnavarma, a graduate from Oxford and Cambridge. (Mr Krishnavarma himself lived with his wife in another house, not very far from "India House"). "India House" was used as a students hostel and many Indian revolutionaries lived there. Among the famous Indian leaders, Mahatma Gandhi, Bipinchandra Pal, Lala Lajpatrai, Madam Cama, Bhai Parmananda, Virendranath Chattopadhyaya, Sardar Singji Rana and Sikandar Hayat Khan stayed at this house for a few days and participated in the discussions about the Indian freedom movement. Thus the house became very famous during this time.

To remember Savarkar on the eve of the Plaque unveiling means recognising the value of Freedom: National, political and social. To think of him as a reformist means to be aware of the Social problems throughout the world. His sufferings will morally support thousands of oppressed people even today. No doubt his writings will inspire several readers for decades to come.

SAVARKAR Centenary Celebration Committee
16 The Drive Wembley Park Middlesex HA9 9EG U.K. Tel: 01-904 2427

Patrons: Lord Brockway Rt. Hon. Reginald Freeson, MP Cllr. Peter Pendsay, Richard A Balfe MEP
Committee: Cllr. Madan Mohan Kalia (Chairman), Bhaskar R. Gadre (Treasurer), Mukund Sonpatki (Secretary), Praveen Ruparelia, Vasudev Godbole, P.R.O. Kartar Singh Lalvani, Naresh Arora, Vidya Sagar Anand, Dr. B. D. Sarmah, Dharmendra Gautam, S. B. Deshkar, Narayan Swaroop Sharma

The members of Savarkar Committee request the pleasure of your company at the Commemorative meetings.

PLAQUE UNVEILING CEREMONY – Saturday 8 June 1985, 11.00am.

at 65 Cromwell Avenue, Highgate, London N6.
Unveiling by Lord Fenner Brockway.

COMMEMORATIVE MEETING – Friday 7 June 1985. Commencing 6.30pm.

at the Greater London Council, County Hall, Conference Room, York Road, London SE1.
Chairman – Cllr. Norman Howard (GLC Historic Building Committee)

Cllr. Madan Mohan Kalia
Chairman
01-737 2634

Mukund Sonpatki
Secretary
01-904 2427

(ब्ल्यू प्लाक)

नीली सम्मान पट्टिका समारोह, लंदन पूरा निमंत्रण पत्र (जिसमें लेखक भी आमंत्रित था)

क्रामवेल एवेन्यू पर स्थित इस भवन पर अब 'वृहत लंदन परिषद्' ने सावरकर के नाम की 'नीली सम्मान पट्टिका' भी लगा दी है। यह दुर्लभ सम्मान अब तक केवल 4 भारतीयों को प्राप्त हुआ है।

समारोह में कई अन्य देशों के राजनैतिक प्रतिनिधि भी उपस्थित थे अध्यक्ष थे बिटिश राजनीति के वरिष्ठतम सांसद (ऊपर देखते हुए) लॉर्ड फैनर ब्राकवे, जिसके शब्द थे 'भारतीय स्वातंत्र्य का उद्घोष सावरकर ने कांग्रेस से भी बहुत पहले किया था।' (लेखक के पास उनके भाषणों का वीडियों भी उपलब्ध है)

अनुक्रम

अध्याय-1

आत्मोत्कर्ष से आत्मार्पण तक

(एक वृत्तांत)

भारत जैसे महान् राष्ट्र के एक राज्य का नाम है 'महाराष्ट्र'। इसी वीर भूमि महाराष्ट्र में गोदावरी के तट पर एक अत्यंत प्राचीन नगर है—नासिक। नासिक जनपद में ही नगर से लगभग दस किलोमीटर दूर एक छोटा सा गाँव है—भगूर। इसी गाँव के किनारे तेज प्रवाह से मचलती-इठलाती नदी 'दारणा' है, जिसे तैरकर पार कर पाना अत्यंत दुष्कर व जोखिम भरा है। शायद यही कारण है कि आसपास के क्षेत्रों की तैराकी प्रतियोगिताएँ यहीं आयोजित की जाती हैं।

सन् 1888 ई. के श्रावण मास में जब, यही वेगवती 'दारणा' कुछ अधिक उफान पर थी और एक विशाल तैराकी प्रतियोगिता की तैयारी चल रही थी कि तभी वहाँ पहुँचे लोगों को एक विचित्र दृश्य दृष्टिगोचर हुआ। पाँच-छह वर्ष की कच्ची आयु का एक बालक कहीं से चलकर आया, बिना हिचकिचाहट के उसने दारणा के उफनते बहाव में मेंढक की तरह छलाँग लगाई और मछली की तरह लहरों को चीरता हुआ, उस पार निकल गया; और फिर, बिना इधर-उधर देखे भगूर ग्राम की ओर आगे बढ़ गया। अन्य ग्रामों से आए अधिकांश दर्शक भौंचक्के थे, पर तभी आस-पास के कुछ स्थानीय लोगों ने बताया कि यह 'जल-पुत्र' इसी ग्राम के एक चितपावन ब्राह्मण वंश की संतान है और यह गाँव से बाहर आने-जाने के लिए प्राय: यही मार्ग अपनाता है। जल और अग्नि से हँसते-हँसते खेलने वाले इस बालक का प्यार से बुलाने का नाम था 'तात्या'; लिखने का पूरा नाम विनायक राव दामोदर सावरकर और इतिहास में सदा के लिए अमर हो जानेवाला नाम **राष्ट्रपुत्र क्रांतिसूर्य स्वातंत्र्य वीर विनायक दामोदर सावरकर**"! उच्चारण मात्र से ही

वाक्-तंत्र को पवित्रता का आभास देने वाले गायत्री महामंत्र जैसी गूँज से भरपूर।

आगे चलकर यही बालक भारतीय स्वाधीनता संग्राम का अदम्य योद्धा, कट्टर देशभक्त, क्रांतिकारी समाज-सुधारक, चिंतक, विचारक, दूरदृष्टा, दार्शनिक, लेखक, कथाकार, निबंधकार, नाटककार, आलोचक, पत्रकार, वक्ता, कूटनीतिज्ञ व अन्य कितनी ही विलक्षण प्रतिभाओं से सुसंपन्न होकर अनेक क्षितिजों पर उभरा और उसने लगभग हर विधा में ही अपना अनूठा स्थान बनाया।

28 मई, 1883 ई. को प्रात: दस बजे जन्मे इस मेधावी बालक के पिता, जो विद्वान् एवं प्रतिभाशाली कवि थे, का नाम था—दामोदर राव पंत और माता का नाम राधा बाई सावरकर। अन्य संतानों में सबसे बड़ा पुत्र 'बाबा' गणेश राव सावरकर (जन्म 13 जून, 1879), दूसरा स्वयं 'तात्या', तीसरी बहन 'मैना बाई' (जन्म 1885) और फिर सबसे छोटा 'बाल' नारायण राव सावरकर (जन्म : 25 मई, 1889)। सभी संतानों को अपने पिता से धार्मिक संस्कार और राष्ट्रीय आचरण विपुल मात्रा में मिले। परिवार में जहाँ एक ओर राम-विजय, हरि-विजय, महाभारत, बखर आदि का पाठ होता, वहीं दूसरी ओर चाणक्य, चंद्रगुप्त, प्रताप और वीर शिवाजी के पराक्रम की कथाएँ चलतीं और तीसरी ओर समर्थ गुरु रामदास के पद, संत ज्ञानेश्वर और तुकाराम के अभंग भी गूँजते। साहित्य, इतिहास और धर्म की इसी अद्‌भुत त्रिवेणी के तट पर सभी संतानों का लालन-पालन हुआ, पर जो प्रेरणा और प्रतिक्रिया तात्या के मुख-मंडल पर दिखाई देती, वह सभी को चौंका देती; कथाएँ सुनते-सुनते कभी गर्व से तो कभी रोष और जोश से उसकी मुट्ठियाँ बँध जातीं और चेहरा तमतमा उठता। कभी-कभी तो उसके मुँह से कुछ ऐसे शब्द भी निकल पड़ते—**मैं भी वीर शिवाजी महाराज की तरह विदेशी शासकों का तख्ता चकनाचूर कर 'हिंदू पद-पादशाही' की स्थापना करूँगा**। ज्यों-ज्यों बालक में राष्ट्रीयता का यह अंकुर फूटने लगा, उसके मन में इतिहास के प्रति भी एक विचित्र-सा कौतुहल जागने लगा। इसी लगन और ललक ने आगे चलकर विनायक को एक मौलिक इतिहासकार बनाने में बहुत सहायता की। विनायक ने कम-से-कम पाँच मौलिक ऐतिहासिक ग्रंथों की रचना करके भारतीय इतिहास लेखन को न केवल एक नई दिशा दी, अपितु एक नई भाषा और परिभाषा भी। पाँचों कालजयी ऐतिहासिक ग्रंथों के शीर्षक हैं—'भारत

का प्रथम स्वातंत्र्य-समर', 'भारतीय इतिहास के छह स्वर्णिम पृष्ठ', 'हिंदू पद पादशाही', 'मोपला' तथा 'प्रतिशोध'।

सुंदर, सुडौल और साहसी विनायक ने छह वर्ष की आयु में भगूर की 'मराठी मंडल पाठशाला' में प्रवेश लिया, और कुछ ही दिनों में अपने अद्‌भुत अक्षर-ज्ञान-बोध से भाषा के अध्यापक को हतप्रभ कर दिया। अपना नाम सीखने के बाद जब उससे, श्यामपट पर 'स' अक्षर से पाँच अन्य शब्द लिखने को कहा गया, तो उसने सहज आत्मविश्वास से जो शब्द लिखे, वह कुछ इस प्रकार थे—साहस, संगठन, संघर्ष, सफलता तथा स्वाधीनता। पाठशाला के अतिरिक्त तात्या की अन्य गतिविधियाँ थीं—व्यायाम, कुश्ती, लाठी, भाला, बल्लम, तलवारबाजी, पटेबाजी, मल्लयुद्ध, तैराकी और घुड़सवारी। पाठशाला के वाचनालय में तिलक के 'केसरी', 'गुराखी', 'जगद्धितेच्छु' आदि अखबार नियमित रूप से पढ़ना भी तात्या की दिनचर्या का अनिवार्य अंग था।

वीरव्रती की महाशपथ

साहसी और राष्ट्रप्रेम के संस्कारों में पले हुए इस वीर बालक के अंतर्मन में सुलगते हुए प्रतिशोध के ज्वालामुखी का विस्फोट तब हुआ, जब उसने मई 1899* की एक शाम को तिलक के 'केसरी' में चापेकर बंधुओं की फाँसी का समाचार पढ़ा।

*सन् 1897 में पूना में भयंकर प्लेग फैला। बाल गंगाधर ने व्यक्तिगत जीवन की परवाह न करते हुए अदम्य साहस से ओत-प्रोत होकर समाजसेवा की उत्कट अभिलाषा के साथ प्लेग चिकित्सालय को संगठित और संचालित किया। भयंकर महामारी और अभूतपूर्व दुर्भिक्ष की उस घड़ी में शासन की ओर से प्लेग जैसी महामारी को नियंत्रित करने के लिए प्लेग कमिश्नर मि. रैंड और लेफ्टिनेंट आर्येस्ट को नियुक्त किया गया था, परंतु उनकी अंग्रेज सिपाहियों की टोलियों ने दुःखी निवासियों की संपत्ति को नष्ट करना और इज्जत-आबरू से खेलना ही अपना लक्ष्य बना लिया था। ऐसे में महारानी विक्टोरिया के राज्याभिषेक की जयंती, जो बड़े धूमधाम से मनाई जा रही थी, के दिन, 22 जून, 1897 को मि. रैंड और लेफ्टिनेंट आर्येस्ट को गोली मारकर मौत के घाट उतार दिया गया था। 26 वर्षीय दामोदर चापेकर को 18 अप्रैल, 1898 को फाँसी पर लटका दिया गया, बाद में दस मुखबिरों में से दो की हत्या के जुर्म में दो छोटे भाइयों—23 वर्षीय बालकृष्ण चापेकर और 19 वर्षीय वासुदेव चापेकर को भी 8 व 10 मई, 1899 मृत्यु-दंड दिया गया।

तीव्र ज्वर से पीड़ित 16 वर्षीय यह बालक अपनी कुलदेवी-अष्टभुजा के चरणों में जा बैठा, भिंची हुई मुट्ठियाँ, काँपते होंठ और थरथराते हुए स्वर में उसने शपथ ली—

"हे सिंहवाहिनी, महिषासुर-मर्दिनी माँ दुर्गे! मैं तेरे पावन चरणों में बैठकर शपथ लेता हूँ कि जीवन के अंतिम क्षण तक सशस्त्र क्रांति का ध्वज लेकर इन नृशंस विदेशियों से जूझते हुए तब तक चैन से नहीं बैठूँगा, जब तक इन पापी पिशाचों को अपनी पवित्र मातृभूमि से खदेड़ न दूँ। भले ही इस मुक्ति-संग्राम में हम तीनों भाइयों की भी वही नियति क्यों न हो, जो तीनों चापेकर बंधुओं की हुई।"

बाल-विनायक की इस शपथ को 'महाशपथ' (The Epic Oath) के नाम से जाना जाता है, क्योंकि पूरे विश्व में अपनी मातृभूमि की मुक्ति के लिए यह शपथ सबसे अल्प आयु में ली गई थी; बाल शिवाजी ने भी रोहिणेश्वर के मंदिर में जब ऐसा ही संकल्प लिया था, तब उस वीर शिवा की आयु भी 16 वर्ष से अधिक थी।

कहते हैं, उसी रात, मध्य रात्रि के सन्नाटे में बैठकर विनायक ने हुतात्मा चाफेकर बंधुओं की स्मृति में एक पवाड़ा भी लिखा था। वीर रस, वेदना, बलिदान, आक्रोश और प्रतिशोध से ओत-प्रोत यह ओजस्वी रचना आज भी जब पूरी लगन और तन्मयता से गाई जाती है तो गायक और श्रोताओं के खून में उबाल आने लगता है और नसें फटने-सी लगती हैं।

मित्र-मेला

मई 1899 में रोपे गए महासंकल्प के इस बीज में शीघ्र ही कोंपलें फूटने लगीं। वर्ष के अंत से पूर्व ही नासिक में 'राष्ट्र-भक्त समूह' नामक एक गुप्त संस्था का गठन किया गया, जो शीघ्र ही विकसित होकर 'मित्र-मेला' के नाम से प्रचलित हुई और आधार शिला बनी उसी विराट् देश-विदेश व्यापी संस्था अथवा संगठन की, जिसे इतिहास में 'अभिनव-भारत' के नाम से जाना गया।

सन् 1901 में स्थापित 'मित्र-मेला' संस्था के तत्त्वावधान में विनायक ने 'गणेशोत्सव', 'शिवाजी महोत्सव' आदि आयोजित करके सशस्त्र क्रांति के माध्यम

से भारत-मुक्ति के लिए योजनाएँ बनानी आरंभ कीं। समय-समय पर गुप्त बैठकें और गोष्ठियाँ भी होने लगीं। निरंतर जनाधार बढ़ाने के लिए नए-नए सदस्यों को भी सम्मिलित किया जाने लगा।

विनायक के नासिक प्रवास की एक विचित्र बात यह थी कि वह अंग्रेजों और अंग्रेजी सरकार को जितना कोसते और ललकारते, घर पर अंग्रेजी भाषा और साहित्य का उतना ही डटकर अध्ययन करते, ताकि समय आने पर उनको उन्हीं की भाषा में लिख-बोल कर जवाब दिया जा सके। इस कार्य में बड़े भाई बाबा राव ने बहुत सहायता की, और यही कूटनीति सावरकर के लंदन जाने का भी मूल कारण बनी। उनका अमर वाक्य था, **'शेर को ललकारना हो तो उसकी माँद में घुस कर ललकारो।'** अंग्रेजों के दाँव-पेंच और हथकंडें समझने के लिए उन्हें लंदन जाना अनिवार्य लगा। विधि-अध्ययन तो मात्र एक बहाना था··· एक मुखौटा, उनकी आँखों में धूल झोंकने का।

दो महत्त्वपूर्ण घटनाएँ

जैसे पुण्य नासिक धाम को वीर सावरकर की जन्मभूमि कहा जाता है, ठीक वैसे ही शास्त्र और शस्त्र प्रवीणों की नगरी, पुणे को सावरकर की कर्मभूमि कहना भी उतना ही उपयुक्त होगा। दो महत्त्वपूर्ण घटनाएँ यहाँ उल्लेखनीय हैं। इसी वर्ष (सन् 1901 ई. में) मैट्रिक (दसवीं) की परीक्षा उत्तीर्ण करके मात्र अट्ठारह वर्ष की अल्पायु में विनायक ने गृहस्थाश्रम के साथ-साथ फर्ग्युसन कॉलेज पूना में प्रवेश किया, ये दोनों बातें एक साथ बताना इसलिए भी आवश्यक हो जाता है कि यदि विनायक विवाह के बंधन में न बँधते तो संभवत: उनकी कॉलेज की पढ़ाई भी खटाई में पड़ जाती। एक तो पहले से ही परिवार की आर्थिक स्थिति बस काम-चलाऊ भर थी, जो माता-पिता के निधन के बाद और भी चरमरा गई। तभी घर में हुई एक चोरी में सबकुछ चला गया, पर वाह रे वीर और साहसी बाबा राव! अब सारा भार आ पड़ा सबसे बड़े बेटे बाबा राव के कंधों पर! विनायक को उत्तम और उच्चतम शिक्षा दिलाने को वचनबद्ध, बाबा राव टस से मस न हुए। वह निरंतर किसी युक्ति की खोज में लगे रहते, यद्यपि विनायक स्वयं अपनी योग्यता के आधार पर 'जन सेवा आयोग' की प्रवेश परीक्षा में सफल हो

गए। अब वह सहजता से सरकारी नौकरी पा सकते थे। तभी आशा की एक किरण फूटी। चिपलूण राज्य के त्र्यंबक रामचंद्र उर्फ भाऊ राव चिपलूणकर ने, जो विनायक को बचपन से ही भलीभाँति जानते थे, अपनी बड़ी बेटी यमुनाबाई का विवाह विनायक से कर दिया। सभ्य एवं कुलीन परिवार के भाऊजी स्वयं भी बड़े ही सुंदर, स्वस्थ, सुडौल और संपन्न व्यक्ति थे। निकटवर्ती जवाहर राज्य के अधिकारी होने के नाते आस-पास के क्षेत्रों में उनका खासा दबदबा था। अत: पुणे के प्रतिष्ठित फर्ग्युसन कॉलिज के बी.ए. में प्रवेश पाने में विनायक को किसी प्रकार की कोई कठिनाई नहीं हुई।

पुणे के साहित्यिक, सांस्कृतिक, राजनीतिक तथा शिक्षा क्षेत्रों में विनायक ने शीघ्र ही एक सशक्त लेखक एवं कवि, ओजस्वी वक्ता, कुशल संगठनकर्ता, कट्टर देशभक्त और अदम्य क्रांतिकारी के रूप में अपनी पहचान बना ली। यह वह समय था, जब पुणे के महारथी, **महादेव गोविंद रानाडे** का देहांत हो चुका था, शिक्षाविद् **आर.पी. परांजपे** इंग्लैंड से पढ़ाई पूरी करके और 'रैंगलर' की उपाधि लेकर लौटे थे; **गोपालकृष्ण गोखले** शिक्षा जगत् छोड़कर राजनीति में प्रवेश कर रहे थे; **शिवराम पंत परांजपे** की लेखनी और वाणी का नगर लोहा मान रहा था और **बाल गंगाधर तिलक** 'स्वराज्य' और 'स्वदेश' की सुलगती चट्टान के रूप में उभर रहे थे।

महाराष्ट्र के 'हैरो' कहे जानेवाले फर्ग्युसन कॉलेज में विनायक ने ठीक से पाँव भी नहीं पसारे थे कि किशोरावस्था में परिवार की कुलदेवी अष्टभुजा के समक्ष ली गई राष्ट्रमुक्ति की शपथ उन्हें कचोटने लगी। साथ ही, याद आया वह वचन भी जो उन्होंने नासिक से विदा होते समय अपने 'मित्र-मेला' के सदस्यों को दिया था…"बड़े नगर में जाकर मेरा कार्य-क्षेत्र और दायित्व और भी अधिक व्यापक हो जाएगा'। हुआ भी ठीक वैसा ही। विश्व इतिहास और साहित्य में रसे-बसे और राष्ट्र को समर्पित विनायक को अपनी धाक जमाते देर न लगी। छात्रावास के कक्ष संख्या तेरह में प्राय: देर शाम तक बैठकें चलतीं, गर्मागर्म चर्चाएँ होतीं और भविष्य के लिए नई-नई रणनीतियाँ रखी जातीं। 'मित्र-मेला' नामक संस्था अब 'अभिनव भारत' के रूप में विकसित हो चुकी थी, जिसकी प्रेरणा विनायक को इटली के प्रसिद्ध क्रांतिकारी—जोजेफ मैजिनी के 'यंग इटली' से मिली थी।

जनवरी 1902 में प्रवेश पाने के बाद, मार्च में आई पहली होली पर ही कुछ गोरे अधिकारियों के पुतले जलाए गए और यह चेतावनी भी दी गई कि शीघ्र ही शत्रुओं से खून की होली खेलने का समय आ गया है। इस समाचार से कॉलेज के अधिकारी और खुफिया विभाग के लोग भी सावधान हो गए। अब 'अभिनव भारत' की बैठकें भी गुप्त रूप से जगह बदल-बदलकर होने लगीं···कभी पार्कों की झाड़ियों में, कभी मंदिरों में तो कभी आसपास की पहाड़ियों की गुफाओं में।

'अभिनव भारत' के सदस्यों की संख्या भी तेजी से बढ़ने लगी। हर नए सदस्य को छत्रपति महाराज शिवाजी तथा मातृभूमि के नाम पर जो शपथ लेनी पड़ती थी, वह कुछ इस प्रकार थी—

"छत्रपति शिवाजी के नाम पर, अपने-अपने पवित्र धर्म के नाम पर और अपने प्यारे देश के लिए, पूर्वजों की शपथ लेते हुए मैं यह शपथ लेता हूँ कि मेरा राष्ट्र तभी समृद्धिशाली हो सकता है, जब उसे पूर्ण स्वतंत्रता मिले। इसी विश्वास से मैं तन-मन-धन से देश की स्वतंत्रता और उसके समस्त कल्याण के लिए प्रतिज्ञा करता हूँ। इसके लिए मैं अपनी अंतिम साँस तक जी-तोड़ संघर्ष करता रहूँगा। मैं न तो आलस्य करूँगा और न कभी भी उद्देश्य से पीछे हटूँगा। मैं 'अभिनव-भारत' के नियमों का पालन करूँगा और संस्था की सभी योजनाएँ सर्वथा गुप्त रखूँगा।"

क्रांतिकारियों की इस टोली ने शीघ्र ही 'एरियन टाइम्स' नामक हस्तलिखित साप्ताहिक पत्रिका भी निकाली, जिसमें देश-प्रेम और राष्ट्रीयता से परिपूर्ण रचनाओं का समावेश होता था। सावरकर की कुछ रचनाएँ तो इतनी प्रबल और प्रेरक होती थीं कि महाराष्ट्र के अन्य पत्र-पत्रिकाएँ भी उन्हें पुनः प्रकाशित करते। हिंदू-क्रांति-केसरी लाला हरदयाल की जीवनीकार अमेरिका महिला एमिली ब्राउन के शब्दों में—**"सावरकर के कई लेख तो इतने ओजस्वी होते थे कि न केवल भारत, वरन् विश्व के सभी देश-भक्तों को उनसे प्रेरणा मिलती।"**

इसी फर्ग्युसन कॉलेज में विनायक की बहुमुखी प्रतिभा से उनके कई गुरुजन भी हतप्रभ थे, जैसे प्रोफेसर आर.के. पटवर्धन और जी.जी. मजूमदार। एक बार तो सावरकर ने इटली के क्रांतिकारियों पर ऐसा भाषण दिया कि प्रिंसीपल वी.के. रजवाड़े भी सावरकर की पीठ थपथपाए बिना न रह सके। यद्यपि उन्होंने यह भी

कहा कि वह विनायक के राजनीतिक-दर्शन से सहमत नहीं थे। 'अभिनव-भारत' की यह टोली सदा एक-सी स्वदेशी वेश-भूषा में निरंतर ठिकाने बदल-बदलकर मिलती और बर्बर फिरंगी साम्राज्य को उखाड़ फेंकने की तरकीबें और तदबीरें खोजती रहती कि, तभी एक धमाका हुआ।

गोरे रावण का दहन
(भारत में विदेशी-वस्त्रों का प्रथम होली-दहन)

अक्तूबर 1905 में विजयादशमी पर्व को विनायक ने एक अभूतपूर्व ढंग से मनाने की योजना बनाई। इसके लिए उन्हें 'केसरी' के संपादक बाल गंगाधर तिलक और 'काल' के संपादक शिवराम पंत परांजपे सरीखे दिग्गजों का भी सहयोग व आशीर्वाद प्राप्त हुआ। पहली अक्तूबर से ही विनायक और उनके साथियों ने पहले कॉलेज में फिर नगर में जगह-जगह जाकर लोगों को स्वदेशी का महत्त्व समझाया और तमाम विदेशी वस्तुओं के बहिष्कार के साथ-साथ विजयादशमी पर विदेशी वस्त्रों की होली जलाने के कार्यक्रम से अवगत कराया। योजनानुसार सात अक्तूबर को कुछ विदेशी वस्त्रों को लेकर एक बैलगाड़ी आगे बढ़ी। नगर के प्रमुख मार्गों से होती हुई, जिसमें हजारों व्यक्तियों के विदेशी वस्त्र लदते गए, यह गाड़ी अंततः 'लकड़ी पुल' तक पहुँची। असंख्य दर्शकों के समक्ष इसे प्रचंड अग्नि के हवाले कर दिया गया। धू-धू करती इस ज्वाला को सावरकर ने **'गोरे रावण का दहन'** की संज्ञा दी और अपने ज्वलंत भाषण से यही आग दर्शकों के हृदय में भी लगा दी। कार्यक्रम में तिलक और परांजपे के भी भाषण हुए। तिलक ने तो सावरकर के साहसपूर्ण आयोजन की प्रशंसा के साथ-साथ उनकी तुलना शिवाजी महाराज से भी कर डाली। समारोह इतना भव्य और सफल रहा कि केवल महाराष्ट्र में ही नहीं, अपितु देश के प्रमुख पत्रों में भी इसकी चर्चा हुई।

यहाँ पाठकों को यह बताना प्रासंगिक होगा कि भारत में पहली बार विदेशी वस्त्रों के दहन का श्रेय विनायक सावरकर को ही जाता है। इतिहास की पुस्तकों में प्रायः यह श्रेय गांधीजी को दिया जाता है, जो कदापि उचित नहीं है। गांधी ने तो दक्षिण अफ्रीका के अपने पत्र 'इंडियन ओपीनियन' में इस दहन की भरपूर भर्त्सना की थी और फिर 16 वर्ष बाद 11 जुलाई, 1921 को परेल, मुंबई में स्वयं भी कुछ

ऐसा ही करके खूब वाह-वाही लूटी थी। मालूम नहीं, इन दब्बू इतिहासकारों को पुष्ट और प्रामाणिक सत्य लिखने में कष्ट क्यों होता है ?

घटना तो विस्फोटक थी। हाँ, पर इसके परिणाम इससे भी कई गुना अधिक विस्फोटक साबित हुए। सबसे पहले तो कॉलेज के अधिकारी और फिर नगर का गोरा प्रशासन मानो बौखला उठा; कॉलेज के प्रिंसिपल आर.पी. परांजपे ने तुरंत एक आपातकालीन बैठक बुलाई और सावरकर के 'धूर्त्त और राष्ट्रविरोधी' व्यवहार के लिए पहले उनकी निंदा की और साथ ही उस जमाने के दस रुपयों का जुर्माना डालकर उन्हें छात्रावास से निष्कासित कर दिया। पर सावरकर के समर्थकों और प्रशंसकों की भी भला कहाँ कमी थी ? कहा जाता है कि देखते-ही-देखते सावरकर के लिए दस रुपए की व्यवस्था हो गई और फिर ऐसा जनरोष उमड़ा कि कॉलेज में तो हड़ताल हुई। हाँ, नगर में भी हड़कंप-सा मंच गया। स्वयं तिलक ने अपने पत्र 'केसरी' में विद्यालय के अधिकारियों को आड़े हाथों लेते हुए एक ऐसा आक्रोशपूर्ण संपादकीय लिखा—'ये हमारे गुरु कहलाने योग्य नहीं हैं।' लेख के आगे यह भी लिखा था कि यह अन्याय उन व्यक्तियों के हाथों हुआ है, जिनमें न देश-प्रेम है न स्वाभिमान। विनायक के साहस की प्रशंसा करते हुए उन्होंने उसे **शिवाजी का पुनरावतार** कहने में भी संकोच नहीं किया। **विनायक अब केवल पुणे ही नहीं, संपूर्ण महाराष्ट्र के राजनीतिक एवं साहित्यिक क्षितिज पर एक नवोदित अग्निपिंड के रूप में स्थापित हो चुके थे।**

दहन प्रकरण के बाद भी कॉलेज अधिकारियों का क्रोध ठंडा न हुआ था। मुंबई विश्वविद्यालय ने भी विनायक को राजद्रोही एवं राजनीतिक अपराधी मानते हुए, उसके लिए भविष्य के सारे द्वार बंद कर दिए; यहाँ तक कि उनकी स्नातक की डिग्री भी जब्त कर ली गई, जो कई दशक बाद उन्हें लौटाई गई; यद्यपि उनके निवास पर आकर यह डिग्री लौटाने वाले सज्जन कोई और नहीं, वरन् वही प्रिंसिपल डॉ. परांजपे ही थे।

एक और प्रसंग। लंदन के 'ग्रेज इन' नामक विधि-विद्यालय से सावरकर ने सन् 1909 में जो परीक्षा उत्तीर्ण की थी, उसका प्रमाण-पत्र उन्हें आज तक प्राप्त नहीं हो पाया। कारण यह कि उपाधि ग्रहण करते समय एक शपथ-पत्र पर हस्ताक्षर करना अनिवार्य होता था, जिसमें ब्रिटिश नियम, अधिनियम व ब्रिटेन के

ही संविधान के प्रति स्वामिभक्ति का वचन देना होता था। स्पष्ट है, सावरकर ने ऐसा करने से साफ मना कर दिया। कहना अप्रासंगिक न होगा कि मोती लाल नेहरू, जवाहरलाल नेहरू, स्वयं तिलक, कैलाश नाथ काटजू, भूला भाई देसाई, सर तेज बहादुर सप्रू, जिन्ना और गांधी जैसे दिग्गज भी यह शपथ लेने के बाद ही अपनी वकालत शुरू कर पाए थे। **शपथ न लेकर इस उपाधि से आज तक वंचित रहनेवाला एक मात्र अपवाद विनायक सावरकर है और विडंबना यह कि उस पर ही अंग्रेजों से क्षमा-याचना का आरोप लगाया जाता है।**

पर इन सभी अधिकारियों की क्रियाओं-प्रतिक्रियाओं से सर्वथा बेखबर और बेअसर विनायक भविष्य के गर्भ में आँख गड़ाए अपना चक्रव्यूह रच रहा था। उन्होंने विधि कीशिक्षा प्राप्त करने हेतु लंदन जाने की योजना बनाई। संयोग से तभी लंदन स्थित 'इंडिया-हाउस' के संस्थापक एवं संरक्षक पं. श्यामजी कृष्णजी वर्मा ने अपने मासिक पत्र 'इंडियन-सोश्यालॉजिस्ट' के फरवरी 1906 के अंक में कुछ समर्पित देशभक्त युवकों को लंदन आकर उच्च शिक्षा प्राप्त करने हेतु छात्रवृत्तियों की घोषणा की, जिसकी प्रमुख शर्त यह थी कि कोई भी आवेदनकर्ता शिक्षा समाप्त होने के बाद अंग्रेज सरकार के किसी पद पर कार्य नहीं करेगा। विनायक को तो मानो, ऐसे ही अवसर की खोज थी। तनिक भी समय गँवाए बिना विनायक ने तुरंत अपना आवेदन-पत्र भेज दिया। जिन दो व्यक्तियों ने विनायक की सिफारिश की थी, वे थे स्वयं बाल गंगाधर तिलक और शिवराम पंत परांजपे।

श्यामजी को सावरकर का परिचय देते हुए तिलक ने लिखा था—**"एक-एक छात्रवृत्ति के लिए जहाँ इतनी आपाधापी मची हो, वहाँ किसी विशेष व्यक्ति की सिफारिश करना व्यर्थ है। फिर भी इन आवेदकों में से बंबई के एक विनायक सावरकर हैं, जिन्होंने पिछले वर्ष स्नातक की परीक्षा उत्तीर्ण की है और जिन्हें मैंने देश की स्वतंत्रता-प्राप्ति के लिए बहुत उत्साहित पाया है। इसके लिए इस युवक को फर्ग्युसन कॉलेज के अधिकारियों का कोप-भाजन भी बनना पड़ा; उसका सरकारी नौकरी करने का कोई विचार नहीं है और उसका आचरण भी अति उत्तम है।"**

तिलक एवं पराजंपे के परिचय-पत्रों के साथ जो पत्र स्वयं विनायक ने आवेदन-पत्र के साथ भेजा था, वह कुछ इस प्रकार था—

"किसी भी देश की धड़कन उसकी स्वतंत्रता होती है और अपने देश की स्वाधीनता ही मेरे रोम-रोम में बसी है। मैंने बचपन से आज तक हर पल इसी का चिंतन किया है और हर रात इसी के सपने संजोए हैं। आपकी वह शर्त, जिसके अनुसार छात्रवृत्ति लेकर आनेवाला कोई विद्यार्थी सरकारी नौकरी नहीं कर सकता, मेरे लिए कोई अर्थ नहीं रखती। मेरे इस वचन के पीछे मात्र छात्रवृत्ति का मोह नहीं, वरन् अपने देश का प्रेम है। मैं ऐसा जघन्य पाप कभी नहीं करूँगा।"

31 मार्च, 1906 तक लंदन पहुँचने वाले इस आवेदन-पत्र को प्रेषित करने के बाद विनायक पुनः नासिक गए और अपने परिवारजनों से मिले। उन्होंने पुणे जाकर अपने गुरु तिलकजी और परांजपेजी का आशीर्वाद प्राप्त किया और लंदन जाने की तैयारी में जुट गए। कौन जानता था कि साक्षात् रूप में तिलक से यह उनकी अंतिम भेंट होगी? भाइयों, पत्नी, चार वर्ष के पुत्र प्रभाकर तथा अपने साथियों से विदा लेकर यह तेजस्वी तरुण नए-नए सपने और संकल्प लेकर 9 जून, 1906 को बंबई (अब मुंबई) बंदरगाह से 'पर्शिया' नामक जलपोत पर इंग्लैंड के लिए रवाना हो गए।

लंदन : संघर्ष की कर्मस्थली

जब 3 जुलाई, 1906 को सावरकर लंदन पहुँचे तो वहाँ भरपूर बसंत था। यह दूसरी बात है कि उनके लिए यह सतरंगी ऋतु आमोद-प्रमोद का अवसर न होकर उत्सर्ग का ऐसा पर्व था, जिसमें देश-प्रेमी हथेली पर सिर और सिर पर कफन बाँधकर माँ के हाथों रँगा हुआ बसंती चोला पहनकर 'वंदे मातरम्' गाते हुए बलिदान की वेदी पर चढ़कर अमरत्व का पान करते हैं।

1906 से 1911 तक के पाँच वर्ष जो सावरकर ने लंदन और फ्रांस में बिताए, उनके जीवन-दर्शन के निर्माण की दृष्टि से सर्वाधिक महत्त्वपूर्ण थे। यहाँ रहकर उन्होंने न केवल अंग्रेजी समाज, साहित्य, संस्कृति एवं सभ्यता का, वरन् आंग्ल राजनीति एवं कूटनीति का भी निकट से अध्ययन किया। अपने लंदन प्रवास के मूल उद्देश्य की स्पष्ट अभिव्यक्ति उनके उस भाषण से मिलती है, जो उन्होंने 18 नवंबर, 1958 को बंबई में दिया था। दादर (मुंबई) के सागर तट पर

विद्यार्थियों के समक्ष अपनी अमर रचना '**सागरास**' पर बोलते हुए उन्होंने स्पष्ट किया था—उनके लंदन जाने का एक परोक्ष कारण यह भी था कि वह वहाँ जाकर बम बनाने का ज्ञान प्राप्त करें और समय आने पर अंग्रेजों के विरुद्ध ही उनका प्रयोग हो सके। 'शठे शाठ्यम् समाचरेत्' में अटूट आस्था रखनेवाले सावरकर का युद्ध-दर्शन, बुद्ध-दर्शन के सर्वथा विपरीत तो था ही, साथ ही उसमें अद्‌भुत दूरद र्शिता भी निहित थी। यह बात दूसरे विश्व युद्ध में '**हिंदुओं का सैनिकीकरण**' के उदाहरण से प्रमाणित होती है। यहाँ यह बता देना भी प्रासंगिक होगा कि यही प्रेरणा और आशीर्वाद लेकर 21 जून, 1940 को नेताजी सुभाष बंबई (मुंबई) में सावरकर से मिले थे और 2 जुलाई, 1943 को सिंगापुर पहुँचकर उन्होंने 'आजाद हिंद फौज' का गठन किया था। भारत के भूतपूर्व सेनाध्यक्ष जनरल करिअप्पा और जनरल मानिकशॉ ने भी कई स्थानों पर सावरकर के युद्ध-दर्शन को सराहा था। 1983 में पूना में आयोजित सावरकर जन्म-शताब्दी समारोह में सावरकर की प्रतिमा पर माल्यार्पण करते हुए जनरल मानिकशॉ ने तो यहाँ तक कह डाला था—"यदि 1965 के युद्ध के समय सावरकर प्रधानमंत्री होते तो संभवत: युद्ध-विराम के बाद वे हमसे पूछते, 'तुम जीता हुआ लाहौर छोड़ क्यों आए?' और हमारा उत्तर यह है कि यदि सावरकरजी प्रधानमंत्री होते तो हम उन्हें यह पूछने का अवसर ही नहीं देते।"

अंग्रेजों की पेचीदा कूटनीति को भलीभाँति समझने के लिए यह आवश्यक था कि सावरकर उस समय लंदन स्थित सभी विदेशियों से भी संपर्क स्थापित करें। इसके लिए उन्होंने आयरलैंड, फ्रांस, रूस व तुर्की के क्रांतिकारियों के विषय में हरसंभव जानकारी प्राप्त की और उनसे संपर्क भी स्थापित किया, विशेषकर उन भारतीय राष्ट्रवादियों से, जो 1905 में जापान के हाथों रूस की करारी हार पर हतप्रभ थे। इस चमत्कारी, ऐतिहासिक घटना से कम-से-कम एक बात तो सिद्ध हो गई थी कि यूरोपियन शक्तियाँ अजेय नहीं हैं। ठीक इसी समय इंग्लैंड में उदारवादी दल की अभूतपूर्व विजय हुई। तेजी से बदलते इस घटना-चक्र से भारतीयों में, विशेषकर सावरकर में नई आशा और स्फूर्ति का संचार हुआ।

सावरकर के लंदन प्रवास को समग्र रूप में समझने के लिए यह आवश्यक है कि उस समय के समस्त परिवेश को भी पूरी तरह समझा जाए अर्थात् वह

स्थान जहाँ वे रहे; वे व्यक्ति, संगठन और संस्थाएँ, जो उनके संपर्क में आए; वे भाषण जो उन्होंने विभिन्न अवसरों पर यहाँ-वहाँ दिए; वे लेख और कविताएँ जो अनेक पत्र-पत्रिकाओं में प्रकाशित हुईं; और इसी प्रकार उनकी अन्य गतिविधियाँ, जो अंग्रेजी सरकार की छाती पर मूँग दलती रहीं।

इंडिया हाउस

लंदन आते ही सावरकर पर सबसे अमिट छाप उन व्यक्तियों की पड़ी, जिनके संपर्क में वह 'इंडिया-हाउस' के माध्यम से आए। 1 जुलाई, 1905 को स्थापित 65-क्रामवेल एवेन्यू, उत्तरी लंदन में स्थित यह विशाल भवन साम्राज्य-विरोधी गतिविधियों के लिए विख्यात था। भूरे, बिस्कुटी रंग की यह तीन मंजिली इमारत (जिसे सावरकर रक्तिम-क्रांति अथवा सूर्योदय की आभा का मिश्रित रंग कहते थे) आज भी ज्यों-की-त्यों विद्यमान है।

अखरोट के घने जंगली वृक्षों, कँटीली झाड़ियों और छोटी चहारदीवार से घिरा यह भवन अब भी कुछ रहस्यमय सा लगता है। शायद इसलिए अंग्रेज गुप्तचर एवं पत्रकार इसे 'तिलिस्मी महल', 'मधुमक्खियों का छत्ता', 'भूतों का डेरा' और 'चंडाल चौकड़ी का चकला' जैसे ऊटपटांग नामों से पुकारते थे। इसके संस्थापक थे—गुजराती विद्वान्, क्रांतिकारी, कवि और विचारक श्यामजी कृष्ण वर्मा, जिन्होंने 1905 में लंदन में 'इंडिया होम रूल सोसाइटी' तथा एक मासिक पत्रिका 'इंडियन सोश्यालॉजिस्ट' का आरंभ किया था।

8 अक्तूबर, 1857 को मांडवी (कच्छ) के एक साधारण परिवार में जनमे श्यामजी ने बंबई में शिक्षा प्राप्त की और स्वामी दयानंद सरस्वती के कट्टर अनुयायी बन गए। जर्मन संस्कृत-विद्वान् मैक्समूलर भी उनके संस्कृत पांडित्य का घोर प्रशंसक था। उसी ने प्रोफेसर मोनियर विलियम्स के द्वारा श्यामजी को 'बोदीन' फेलोशिप देकर लंदन बुलाया और ऑक्सफोर्ड में संस्कृत अध्यापन का कार्यभार सौंपा। यहाँ यह बता देना भी प्रासंगिक लगता है कि **श्यामजी ऑक्सफोर्ड सरीखे विश्वविद्यालय से संस्कृत में स्नातकोत्तर होनेवाले प्रथम भारतीय थे।**

इसी 'इंडिया-हाउस' में सावरकर और श्यामजी के अतिरिक्त जो अन्य

कर्मठ क्रांतिकारी रहते थे या आते-जाते रहते थे, उनमें विशेष उल्लेखनीय हैं—भाई परमानंद, लाला हरदयाल, लाला लाजपत राय, सेनापति बापट, वीरेंद्र नाथ चट्टोपाध्याय, सरदार सिंह राणा, जे.सी. मुखर्जी, ज्ञानचंद वर्मा, मैडम कामा, एम.पी.टी. आचार्य, हरनाम सिंह और मदनलाल धींगड़ा। कहने को गांधीजी भी दक्षिण अफ्रीका से लंदन जाते रहते थे, पर भारत भवन में वह केवल एक ही बार ठहरे। कहा जाता है कि इन क्रांतिकारियों के मध्य व्याप्त ज्वलंत जलवायु उन्हें रास नहीं आई।

लंदन में सावरकर की बहुमुखी व्यस्तताओं का उल्लेख उनके प्रथम जीवनीकार चित्रगुप्त (जो वास्तव में सी. राजगोपालाचार्य के नाम से जाना जाता है) ने इस प्रकार किया है—"**भारत-भवन में सावरकर की गतिविधियाँ सचमुच विलक्षण थीं और अंग्रेज सरकार के लिए निरंतर सिरदर्द**"**पर मजे की बात यह है कि इन नाना प्रकार की व्यस्तताओं से उनके मूल उद्देश्य एवं साहित्यिक योगदान में कभी कोई व्यवधान नहीं आया।**"

लंदन पहुँचते ही सावरकर ने विधि-अध्ययन के लिए 26 जुलाई को 'ग्रेज-इन' में प्रवेश प्राप्त किया,पर वास्तव में इस अध्ययन की ओट के पीछे क्या छिपा था, यह इस बात से स्पष्ट हो जाता है कि उन्होंने लंदन आते ही वहाँ घूमने-फिरने या रंगरेलियाँ मनाने के बजाय 20 जुलाई से 'हाउस ऑफ कामंस' में होनेवाले भारतीय बजट भाषण को सुनने के लिए राज्य सचिव को पत्र लिखा, जिसकी अनुमति छानबीन करने के बाद शासन ने दे दी।

फ्री-इंडिया सोसाइटी

लंदन में सावरकर की अन्य गतिविधियों में प्रमुख थी 'फ्री इंडिया सोसाइटी' का गठन। वास्तव में यह संस्था भी 'अभिनव-भारत' समाज का ही नया रूप और नाम था।

लंदन में इस नए रूप की नियमित बैठकें होतीं। सभी सदस्य 'वंदे मातरम्' के उद्बोधन से एक-दूसरे से मिलते और बहुत उत्साह से हिंदुस्तान के सभी तीज-त्योहार मनाते। देश के महापुरुषों, देशभक्तों, संतों एवं शूरवीरों की जयंतियाँ एवं पुण्य-तिथियाँ मनाई जातीं और जोशो-खरोश के साथ उन्हें श्रद्धांजलि अर्पित

की जाती, पर इन सबके पीछे वही राजनीतिक चिंतन होता कि देश को बर्बर गोरों की हुकूमत से कैसे मुक्त कराया जाए।

सभी सभाओं में विश्व राजनीति पर जितनी चर्चाएँ होतीं (जैसे इटली, फ्रांस और अमेरिका की राजनीतिक क्रांतियाँ)—उन सभी में सावरकर का ही बोलबाला होता। उनकी भाषा-शैली, ज्ञान-विस्तार, विद्वत्ता, शब्द-शक्ति एवं उच्चारण श्रोताओं को मंत्र-मुग्ध कर देते। शीघ्र ही इस संस्था में नए-नए सदस्य भर्ती होने लगे। इनमें से कुछ अधिक सक्रिय और विश्वसनीय युवकों को दायित्वपूर्ण कार्य सौंप दिया जाता। इनमें अधिकांश विद्यार्थी या तो कैंब्रिज अथवा ऑक्सफोर्ड विश्वविद्यालयों के होते अथवा वे जो एडिनबरा या मैनचेस्टर में शिक्षा प्राप्त कर रहे होते।

रविवासरीय सभाओं में भाग लेने वालों की संख्या प्राय: 100 से भी अधिक हो जाती थी। संस्था के काम और नाम ने एक वर्ष होते न होते ऐसी ख्याति अर्जित कर ली थी कि इसके आगे श्यामजी की 'इंडिया होम रूल सोसाइटी' हल्की पड़ने लगी। परिस्थिति को भाँप श्यामजी ने स्वयं ही एक सार्वजनिक घोषणा द्वारा अपनी सोसाइटी को सावरकर की संस्था में विलय कर दिया। निरंतर अंग्रेजों की पड़ती हुई पैनी गिद्ध दृष्टि से 1907 में 'इंडिया-हाउस' का सारा कार्यभार सावरकर के कंधों पर छोड़कर जब श्यामजी ने पेरिस जाने का मन बना लिया, तो उन्हें पूरा विश्वास था कि सावरकर इस भवन और संस्था का संचालन अधिक कुशलता से कर सकेंगे और हुआ भी वही।

सावरकर को 'भारत-भवन' पर छा जाने में देर न लगी। इसी भवन के एक सदस्य एम.पी.टी. आचार्य ने तो यह भी कहा, "मालूम नहीं, इसके व्यक्तित्व में क्या चुंबक या चमत्कार है कि हरदयाल और वी.वी.एस. अय्यर जैसे महान् मनीषी भी सावरकर से हाथ मिलाते ही उसके भक्त हो गए।" वी.वी.एस. अय्यर के जीवनी-लेखक पद्मनाभन के शब्दों में—"सावरकर से मिलने से पहले अय्यर को क्या मालूम था कि एक ही नजर में उसके जीवन-दर्शन में आमूल परिवर्तन हो जाएगा?"

सावरकर के तत्कालीन व्यक्तित्व का सबसे सुंदर वर्णन सावरकर के प्रशंसक और प्रसिद्ध अंग्रेजी उपन्यासकार डेविड गार्नेट की आत्मकथा में मिलता

है। हिंदू धर्म एवं शास्त्रों का समर्थक तथा भारतीय क्रांतिकारियों का सहयोगी डेविड जब पहली बार एक रविवासरीय बैठक में 'इंडिया-हाउस' गया तो सावरकर की तेजस्वी आकृति एवं ओजस्वी वाक्शक्ति का उस पर क्या प्रभाव पड़ा, यह उसी के शब्दों में देखिए—

"पहले-पहले तो मुझे देखकर श्रोतागण थोड़े सतर्क हो गए। फिर नानू (विपिनचंद्र पाल का पुत्र निरंजन पाल) ने आगे बढ़कर मेरा स्वागत किया और विनायक दामोदर सावरकर नामक एक युवक से मेरा परिचय करवाया। छोटा कद, इकहरा शरीर, संवेगशील चेहरा, गालों की उभरी हुई हड्डियाँ और चौड़े माथे वाले इस युवक का वर्ण कुछ-कुछ सफेद चाँदनी-सा लगता था। इस युवक ने पहले हिंदी में कुछ संबोधन किया और फिर खड़े होकर ऊँचे स्वर में एक पुस्तक का कुछ अंश पढ़ने लगा। वास्तव में यह '1857 का भारतीय स्वातंत्र्य समर' नामक बहुचर्चित पुस्तक ही थी, जिसे प्रकाशन से पूर्व ही अंग्रेज सरकार ने जब्त घोषित कर दिया था। देखकर स्पष्ट लगता था कि उस कक्ष में सर्वाधिक सजग एवं संवेदनशील यही युवक था।"

इसी प्रकार 'द संडे क्रॉनिकल' के पत्रकार कैंपबैल ग्रीन जब एक अवसर पर सावरकर से मिलने 'इंडिया-हाउस' पहुँचे, तो उन्होंने अगले ही अंक के संपादकीय में लिखा—"हो सकता है मेरी दृष्टि कमजोर हो, पर निश्चित रूप से यह एक 'तिलिस्मी घर' है, जिसमें कुछ रहस्यमयी छायाएँ, मँडराती रहती हैं। वहाँ मुझे वी.डी. सावरकर से लंबी बातचीत का अवसर भी मिला। **इसके छरहरे-से बदन में बिजली की कौंध है,** जो सभी विद्यार्थियों की लगन को परिलक्षित करती है। मुझे पूरा विश्वास है कि यह तरुण बहुत शीघ्र ही बहुत दूर तक जाएगा।"

मैजिनी का जीवन-चरित्र

कहा जाता है कि पीडमांट के एक क्रांतिकारी ने मैजिनी से इटली के क्रांतिकारियों के लिए एक वर माँगा और मैजिनी ने उसी क्षण इटली की स्वतंत्रता के लिए अपना सर्वस्व न्योछावर करने का संकल्प ले लिया। आगे चलकर इटली का यही स्वतंत्रता सेनानी जोजफ मैजिनी (1805-72) सावरकर

का जीवनादर्श एवं प्रेरणा-स्रोत बना। वास्तव में इंग्लैंड जाने से बहुत पहले से ही मैजिनी का जीवन-दर्शन सावरकर के मन-मस्तिष्क पर पूरी तरह से छा चुका था। देशभक्ति की जो चिनगारी वह भारत से लेकर चले थे, लंदन में मैजिनी के आदर्शों ने उसे और भी भड़का दिया। 'इंडिया-हाउस' में दिए गए सावरकर के अधिकांश भाषण इटली के इसी कर्मठ देशभक्त की विचारधारा से ओत-प्रोत होते थे। लंदन में सावरकर की पहली पुस्तक भी 'मैजिनी की आत्मकथा' का मराठी रूपांतर ही था। नासिक में बड़े भाई बाबाराव सावरकर के प्रयास एवं तिलक की आर्थिक सहायता से छपी इस पुस्तक ने महाराष्ट्र भर में तहलका मचा दिया।

चित्रगुप्त के शब्दों में—"शिक्षक अपने विद्यार्थियों से तथा माता-पिता अपनी संतानों से इस पुस्तक के पच्चीस पृष्ठों के 'प्राक्कथन' को कंठस्थ करने का परामर्श देते थे।" प्रस्तुत है एक अंश—"...नहीं नहीं! राष्ट्र कदापि नहीं मरता, परमात्मा ने मानव को स्वतंत्र रहने के लिए ही उत्पन्न किया है। यह तथ्य अटल है कि जब तुम दृढ़ संकल्प कर लोगे, तभी तुम्हारा देश भी स्वतंत्र हो जाएगा। इससे अधिक प्रेरक राष्ट्रमंत्र भला और क्या हो सकता है?"

वैलेंटाइन जैसे 'इंडिया-हाउस' के कटु आलोचक ने भी सावरकर की इस पुस्तक को सबसे अधिक लोकप्रिय राष्ट्रीय-ग्रंथ माना है। नासिक व पुणे जैसे नगरों में तो इस पुस्तक का ऐतिहासिक अभिनंदन हुआ। मखमल के वस्त्र में लपेटकर इसे छोटी-सी सुसज्जित पालकी में रखकर किसी पवित्र-ग्रंथ की तरह इसकी शोभा-यात्रा निकाली गई, ठीक वैसे ही जैसे सिख भाई 'श्री गुरु ग्रंथ साहिबजी' को आदर के साथ ले जाते हैं।

'मैजिनी का जीवन-चरित्र' पुस्तक की इस धुआँधार लोकप्रियता से अंग्रेज सरकार बौखला उठी। अधिकारियों ने न जाने कहाँ-कहाँ से और कैसे-कैसे, चुन-चुनकर इसकी प्रतियाँ ढूँढ़ निकालीं और उन्हें नष्ट कर दिया, पर बेचारे इतनी सी बात नहीं समझ पाए कि जितनी क्रूरता से किसी बात का दमन किया जाता है, विशेष कर पुस्तक का, वह उतनी ही अधिक चर्चित होती है। हजारों प्रतियाँ नष्ट कर देने के बाद भी इसकी सैकड़ों प्रतियाँ यहाँ-वहाँ सुरक्षित रहीं।

1907—भारतीय स्वातंत्र्य-समर की स्वर्ण-जयंती

पहली मई को यूरोप में, विशेषकर इंग्लैंड में, यह दिन वसंतागमन का प्रतीक माना गया है। स्थान-स्थान पर रंगारंग कार्यक्रमों, लोकनृत्यों एवं सौंदर्य प्रतियोगिताओं द्वारा इसका स्वागत होता है। सन् 1857 की तथाकथित विफल क्रांति के बाद लंदन में यह दिन भारतीय क्रांतिकारियों पर अंग्रेजों की महान् विजय के रूप में भी मनाया जाने लगा था। 1907 की पहली मई कुछ ऐसा ही खूनी रंग लेकर आई। अंग्रेजों के एक विशिष्ट वर्ग ने इसे तथाकथित 'गदर' के पचास वर्ष पूर्ण होने पर 'भारतीय विप्लवियों पर अंग्रेजों की महान् विजय' के रूप में 'विशेष धन्यवाद समारोह' के तौर पर मनाने की योजना बनाई। केवल लंदन की प्रमुख पत्र-पत्रिकाओं में ही नहीं, अपितु भारत में भी अंग्रेजों के पिछलग्गू समाचार-पत्रों में एक-से-एक सज-धज के साथ 'विजय-विशेषांक' निकालने की होड़-सी लग गई। इनमें छपे लेख-अग्रलेख व अन्य स्तंभों ने पत्रकारिता के सारे नैतिक मूल्यों को मानो ताक पर रख दिया। कई स्थानों पर तो अशिष्ट नाटक भी खेले गए। दिल्ली के कश्मीरी गेट पर हुए भारतीय हमले को अत्यंत विकृत रूप में मंचित किया गया। खुले मैदान में खेले गए एक अन्य नाटक में भी कुछ ऐसी झलकियाँ प्रस्तुत की गईं, जिनमें तात्या टोपे, नाना साहब व झाँसी की रानी को लुच्चे-लफंगों और डाकुओं के रूप में दिखाया गया। अपमान और व्यंग्य का एक-एक शब्द 'भारत-भवन' नामक मधुमक्खी के छत्ते में पत्थर की तरह चोट करता रहा, जहाँ का हर सदस्य चाणक्य की इस कूटनीति का प्रबल समर्थक था कि साम, दाम, दंड अथवा भेद—जैसे भी हो 'दुश्मन का दमन करो।'

अब गेंद आई 'इंडिया-हाउस' के पाले में। वैसे उस समय भी जब यह अंग्रेज अपनी खिल्ली-लीला में रत थे, 'भारत-भवन' की वह 'चंडाल-चौकड़ी' हाथ पर हाथ धरे किसी स्वप्नलोक में नहीं विचर रही थी। हर तरह से चुस्त-चौकन्ने होकर वे किसी उचित अवसर की तलाश में थे और 10 मई को वह दिन भी आ ही गया। प्रतिशोध के इस महानाटक की पटकथा, संवाद, पात्र-चयन, वेश-भूषा, अभिनय आदि सबकुछ निश्चित हो चुके थे। देर थी तो बस परदा उठने की।

नाटक का श्रीगणेश हुआ एक सभा से, जिसका आयोजन भी 'इंडिया-हाउस' में ही क्रांति की स्वर्ण-जयंती मनाने के लिए किया गया था। भवन को

अत्यंत सुरुचिपूर्ण ढंग से फूलों, वंदनवारों एवं तोरण द्वारों से सजाया गया, मंच पर क्रांति के योद्धाओं व हुतात्माओं के मानवाकार चित्र रखे गए। 'भारत-भवन' मानो पूरे भारत की झाँकी-सा बन गया था। यूरोप के कोने-कोने से आए दो सौ से भी अधिक भारतीयों ने इस समारोह में पूरे जोश से भाग लिया। स्वयं सावरकर ने इस समारोह का वर्णन इस प्रकार किया है—

"बर्तानिया में रहनेवाले भारतीयों ने इतना विशाल समारोह पहले कभी नहीं किया था। बहुत दिनों से लोग इस समारोह की प्रतीक्षा कर रहे थे। मई आरंभ से ही जगह-जगह जाकर हर भारतीय को 1857 की क्रांति का महत्त्व समझाते हुए धीरे-धीरे लंदन के सारे भारतीयों का जोश भड़क उठा। फलस्वरूप 10 मई को 'भारत भवन' के आस-पास बस भारतीय ही भारतीय दिखाई दे रहे थे। असल में यह समारोह तो एक बहाना था, जिसकी आड़ में तरुण क्रांतिकारी भावी रणनीति का प्रचार करना चाहते थे। सारा 'इंडिया-हाउस' लाल पर्दों, फूल-मालाओं व झंडियों से सजा हुआ था। स्वर्ण अक्षरों में नाना साहब, रानी लक्ष्मीबाई, राजा कुँवर सिंह व मौलवी अहमदशाह के नाम लिखे गए थे। फूलों और धूप-दीपों से मानो एक मंदिर का-सा वातावरण बन गया था, जिसे देख भारतीयों को स्वतः मातृभूमि की याद आ गई।

"**समारोह का शुभारंभ राष्ट्रीय गान 'वंदे मातरम्' से हुआ।** साढ़े चार बजे समारोह के अध्यक्ष राणा साहब कुछ अन्य नेताओं के साथ पेरिस से पधारे। वे अपने साथ मैडम कामा की शुभकामनाएँ और उत्साहवर्धक संदेश भी लेकर आए थे। 'इंडिया-हाउस' खचाखच भरा हुआ था, बहुत से लोगों को तो बैठने का स्थान न मिल पाने के कारण खड़े ही रहना पड़ा।"

सावरकर ने स्वयं मंच पर आकर ओजस्वी भाषण दिया। इस क्रांति को अंग्रेजों द्वारा 'गदर' की घिनौनी संज्ञा दिए जाने को आड़े हाथों लेते हुए उन्होंने इसे 'भारत का प्रथम स्वातंत्र्य-समर' कहकर गौरवान्वित किया। मंगल पांडे, रानी लक्ष्मीबाई, नानाजी, तात्या टोपे, कुँवर सिंह, मौलवी अहमद शाह, अजीमुल्ला खान, बहादुरशाह जफर आदि क्रांति-रत्नों को भाव-भीनी श्रद्धांजलियाँ अर्पित की गईं। व्याख्यानों के बाद श्रोताओं ने भारतीय स्वतंत्रता के लिए बड़े-से-बड़े कष्ट झेलने एवं त्याग करने की प्रतिज्ञा ली। उपस्थित छात्रों ने हाथ में टोपी लेकर

चंदा एकत्र किया, जिसमें लोगों ने दिल खोलकर सहयोग दिया। अंत में 1857 की स्मृति में चपातियाँ व प्रसाद बाँटा गया।

ब्रिटिश समाचार जगत् में भी इन घटनाओं से काफी हलचल मची। 'द टाइम्स' व 'जॉन बुल' जैसे पत्रों ने अपने विशेष प्रतिनिधियों को इस समस्त कांड के सरगना सावरकर से भेंटवार्त्ता के लिए भेजा। सावरकर की तेज-तर्रार भाषा और आक्रोशपूर्ण शैली के आधार पर वह मन में जो छवि बनाकर 'इंडिया-हाउस' आए थे, वह सावरकर से मिलते ही चकनाचूर हो गई। उनकी कल्पना के अनुसार सावरकर को एक हट्टा-कट्टा, दाढ़ी-मूँछ बढ़ाए खौफनाक चेहरा, गरजती आवाज और डरावनी आँखों वाला गुस्सैल पुरुष होना चाहिए था। इसके विपरीत वह जिस सावरकर से मिले, वह एक मोहक आकृति, मधुर स्वर और विनम्र स्वभाववाला सुशील युवक निकला। तार की भाँति छरहरे इस शरीर में बिजली की-सी कौंध है। (**ए वायरी बाडी विद ए फायरी सोल**''') 'द टाइम्स' के संवाददाता ने सावरकर के विषय में लिखा। 'जॉन बुल' के पत्रकार ने इस युवक के भाल पर एक विचित्र आभा देखी, और 'मैंचेस्टर गार्जियन' ने उसमें एक ऐसा समर्पित व्यक्तित्व देखा, जिसके समक्ष कोई भी शिथिल पड़ सकता है। 'द डेली न्यूज' के संवाददाता ने यद्यपि सावरकर के विचारों की कड़ी आलोचना की पर वह भी उनके 'खनकते स्वर' से प्रभावित हुए बिना न रह सका। पत्रों की इन टिप्पणियों से ब्रिटिश गुप्तचर विभाग तो मानो अपनी नींद ही खो बैठा।

सावरकर का एक मात्र उद्‌देश्य यह था कि अन्य देशों में भारत के स्वाधीनता संघर्ष के लिए जागृति उत्पन्न की जाए और वहाँ की सत्ता से सहानुभूति और सहायता प्राप्त की जाय। वह भारत की समस्याओं को भारत व इंग्लैंड के सीमित मानचित्र से निकालकर विश्व-राजनीति के मंच पर लाना चाहते थे। पड़ोसी देश आयरलैंड तो पहले से ही सावरकर का समर्थक था, वहाँ 'सिन-फिन आंदोलन' के नेता हर प्रकार से सावरकर की सहायता को तैयार थे। वहाँ के समाचार-पत्रों में भी सावरकर के कार्यकलापों की प्रशंसा होती। उधर न्यूयॉर्क से प्रकाशित जी.एफ. फ्रीमैन के 'गैलिक अमेरिकन' ने भी नियमित रूप से सारवकर की रचनाएँ छापना आरंभ कर दिया। भारतीय स्वतंत्रता के कट्टर समर्थक इन आयरलैंडवासियों पर शीघ्र ही भारत में प्रतिबंध लगा दिया गया। अब तक सावरकर के लेखों के अनुवाद

जर्मनी, फ्रांस, इटली, रूस और पुर्तगाल के भी कई पत्रों में छपने आरंभ हो चुके थे। कहने का तात्पर्य यह कि सावरकर का संदेश अब विश्व के अधिकांश क्षेत्रों में पहुँचने लगा था।

स्टुटगार्ट में अंतर्राष्ट्रीय समाज संघ की बैठक

22 अगस्त, 1907 को जर्मनी के स्टुटगार्ट नगर में 'अंतर्राष्ट्रीय समाज संघ' की बैठक में इंग्लैंड से 123 प्रतिनिधि सम्मिलित हुए। सावरकर ने मैडम कामा और सरदार सिंह राणा को भेजने का निर्णय लिया। 'सोशल डेमोक्रेटिक फेडरेशन' के अंग्रेज अध्यक्ष एच.एम. हिंडमैन ने दोनों का चयन किया था। 'अंतर्राष्ट्रीय समाज संघ' की बैठक में जैसे ही श्रीमती कामा मंच पर आईं तो अंग्रेज प्रतिनिधि रैम्जे मॅकडोनल्ड ने (जो बाद में इंग्लैंड के प्रधानमंत्री भी बने) इसका कड़ा विरोध किया, पर इंग्लैंड के ही हिंडमैन, जर्मनी के ब्यूकिल और फ्रांस के जीन ज्यूरिस के समर्थन के आगे रैम्जे की एक न चली और वह खिसियाए-से बहिर्गमन कर गए। यह सचमुच अद्भुत दृश्य था, जब पहली बार पराधीन भारत की स्वतंत्रता का ध्वज लिए, जिसकी रचना भी स्वयं सावरकर ने की थी, यह भारतीय महिला स्वयं मंच पर आई। **भारत के बाहर किसी अन्य देश में यह प्रथम भारतीय ध्वजारोहण था,** इसे फहराते हुए उन्होंने कड़े शब्दों में कहा—

"भारत में अंग्रेजी साम्राज्य हर दृष्टि से भारत के लिए अपमानजनक और घातक है। संसार के समस्त स्वतंत्रता प्रेमियों को चाहिए कि वह विश्व की इस बीस प्रतिशत दलित, दुःखी व परतंत्र जनसंख्या को शीघ्र से शीघ्र मुक्त कराएँ। किसी भी समाजवादी राष्ट्र के लिए यह नितांत आवश्यक है कि वह किसी भी विदेशी सत्ता के अधीन न हो।"

अंग्रेज प्रतिनिधियों को विशेष रूप से इंगित करते हुए, उन्होंने अपने स्वर को और ऊँचा किया—

"मैं आप महानुभावों से पूछती हूँ, जो यहाँ बैठे जोर-जोर से उपनिवेशवाद की चर्चा कर रहे हैं, क्या आपने कभी हम जैसे पराधीन देशों के बारे में भी सोचा है? न्याय की लाज रखिए और बीड़ा उठाइए कि भारत को समाजवादी संघ में उचित स्थान मिले।"

चरम बिंदु तब आया जब ध्वज को हाथ में ऊँचा उठाते हुए वह गरजीं— **"इसे पहचानिए! यह भारतीय स्वतंत्रता का ध्वज है! शहीदों के रक्त से सिंचित होकर यह और भी पावन हो गया है! मैं विश्व के सभी स्वतंत्रता प्रेमियों का आह्वान करती हूँ कि आप खड़े होकर स्वाधीनता के इस ध्वज को सम्मान दें।"**

और सचमुच सभी प्रतिनिधियों ने खड़े होकर ध्वज का सम्मान किया। मैडम कामा के इस भाषण के समाप्त होने के बाद भी भवन देर तक तालियों की गड़गड़ाहट से गूँजता रहा।

सावरकर के लिए यह महान् सफलता थी और अंग्रेजों के मुँह पर उतना ही करारा तमाचा। सावरकर अब तक क्रांतिकारी के रूप में अंतर्राष्ट्रीय क्षितिज पर छा चुके थे। उनकी गतिविधियाँ और भी व्यापक होती गईं। उन्हें लगा कि मात्र लेखों और भाषणों से बात नहीं बनेगी। **बात बनेगी कुछ ठोस कार्यों से।** यह ठीक है कि 'अभिनव भारत' स्वदेश में कुछ मंद पड़ गया था, पर साथ ही यूरोप के अन्य नगरों में इसकी शाखाएँ तेजी से फैलने लगीं। विश्व में तेजी से बदलते घटनाक्रम से उत्पन्न महायुद्ध की प्रबल संभावना देखकर सावरकर का यह विश्वास और अधिक दृढ़ हो चला था कि ऐसा अवसर कभी भी आ सकता है। रूस, आयरलैंड, मिस्र व चीन के क्रांतिकारी देशभक्तों से अभिनव-भारत का संपर्क निरंतर बढ़ता जा रहा था। तुर्की आंदोलन का प्रमुख नेता कमाल अतातुर्क भी इन दिनों लंदन में ही आश्रय लेकर स्वदेश में राजतंत्र को उखाड़ फेंकने की योजनाएँ बना रहा था। सावरकर और अय्यर उससे अकसर मिलते और विचार-विमर्श करते।

सावरकर की एक योजना यह भी थी कि कमाल के साथ मिलकर 'संयुक्त ब्रिटिश विरोधी मोर्चा' बनाया जाए और दोनों एक साथ मिलकर एक ही समय पर ब्रिटिश साम्राज्य के विरुद्ध उठ खड़े हों। इस योजना का एक महत्त्वपूर्ण पक्ष यह भी था कि सशस्त्र क्रांति छिड़ते ही स्वेज नहर को बंद कर दिया जाए। मिस्र के प्रमुख नेताओं एवं निर्वासित क्रांतिकारियों ने भी जो उस समय लंदन में थे, सावरकर को पूर्ण सहयोग का आश्वासन दिया। पर इन सारे आश्वासनों का कोई अर्थ नहीं था, जब तक भारतवासी स्वयं युद्ध-कौशल में दक्ष न हों। लंदन में इस प्रकार के प्रशिक्षण की कोई व्यवस्था न थी। ले-देकर कुछ भारतीयों ने एक

राइफल-शूटिंग क्लब में जाना शुरू किया, पर वह भी पुलिस की निगाह में आ गया। बाद में उन्होंने लंदन से काफी दूर एक सुनसान ठौर ढूँढ़ निकाला और वहाँ रिवाल्वर चलाने का अभ्यास शुरू किया। प्रशिक्षण का काम रूसी व आयरिश क्रांतिकारी, विशेषकर सिन-फिन आंदोलन के सदस्य करते थे। धीरे-धीरे इंडिया-हाउस के पिछवाड़े इन लोगों ने गुप-चुप बम बनाने का अभ्यास भी आरंभ कर दिया। किसी-किसी अवसर पर सावरकर के हाथों में रसायनों का पीलापन भी देखा जा सकता था। इसके अतिरिक्त मोटी-मोटी पुस्तकों के खोल में पिस्तौल आदि शस्त्र भारत भेजने का कार्य भी शुरू हो गया। इन्हीं दिनों पेरिसवासी एक रूसी वैज्ञानिक से (जो स्वयं भी सावरकर का प्रशंसक था) हेमचंद्र दास और सेनापति बापट ने एक बम मैन्युअल भी प्राप्त कर लिया, जिसकी सैकड़ों प्रतियाँ तैयार करके भारत भेजी गईं। यह 'अभिनव-भारत' की सभी शाखाओं में भी भेजी गईं, जैसे बंबई (मुंबई), पूना, नासिक, कोल्हापुर, सतारा, ग्वालियर, बड़ौदा, अमरावती, यवतमाल, नागपुर आदि-आदि 'बम-मैन्युअल' की एक प्रति तिलक को भी दी गई थी, जो बाद में तलाशी के दौरान उनके घर से बरामद हुई और उनकी गिरफ्तारी का कारण भी बनी।

अलीपुर बम कांड

7 अप्रैल, 1908 को सेनापति बापट ने कलकत्ता (कोलकाता) जाकर वहाँ के क्रांतिकारियों से संपर्क किया। श्री अरविंद के भाई बारीन घोष और प्रफुल्ल चक्रवर्ती के सहयोग से मानिकतल्ला के उद्यान भवन में बम बनाने का कार्य आरंभ हुआ। योजनानुसार, 30 अप्रैल को खुदीराम बोस ने बिहार के मुजफ्फरपुर में पहला बम फेंका, इसका निशाना तो मुख्य प्रेजीडेंसी अधिकारी किंग्सफोर्ड को बनाया गया था, पर दुर्भाग्य से यह बराबर से गुजरती हुई दूसरी गाड़ी पर जा गिरा और दो अंग्रेज महिलाएँ बेगुनाह मारी गईं, यद्यपि खुदीराम बोस ने इसके लिए गहरा खेद भी प्रगट किया। इस घटना से देश भर में कोहराम मंच गया, जबरदस्त धर-पकड़ आरंभ हो गई। 19 वर्षीय खुदीराम बोस ने इस सारे कांड का दायित्व अपने ऊपर लिया। 11 अगस्त को हाथ में भगवद्गीता और 'वंदे मातरम्' के नारे के साथ वह फाँसी के तख्ते पर झूल गया। उधर, महाराष्ट्र में तिलक को

22 जून के 'केसरी' में खुदीराम बोस पर एक लेख लिखने और बम-मैन्युअल रखने के अपराध में 6 वर्ष का कठोर कारावास देकर बर्मा की माँडले जेल भेज दिया गया। यह घटना 22 जुलाई को घटी, जो तिलक की 51वीं वर्षगाँठ भी थी। तिलक के निष्कासन के समाचार से न केवल भारत में, वरन् विदेश के भारतीयों में भी रोष और आक्रोश फैल गया। धर-पकड़ की लपेट में केवल तिलक ही नहीं, अनेक समाचार-पत्रों के संपादक भी आ गए, पर इन सारी गिरफ्तारियों से इतनी हानि नहीं हुई, जितनी एक मुखबिर की इस बात से कि बम-मैन्युअल को भारत लाने वाले सेनापति बापट ने यह सारा कार्य सावरकर के कहने पर किया था और यह भी कि सेनापति बापट, सावरकर के अनुरोध पर ही, इस मैन्युअल को पेरिस से लाए थे। यह अलग बात है कि सेनापति स्वयं ब्रिटिश जासूसों के हत्थे नहीं चढ़ पाए, पर **लंदन के 'इंडिया हाउस' पर जासूसी शिकंजा और कस गया। पर कुछ लोग न जाने किस धातु के बने होते हैं? उन्हें किसी भी प्रकार का भय, चुनौती या संकट न डरा सकता है, न डिगा सकता है। इसके विपरीत ज्यों-ज्यों खतरे का पानी ऊपर चढ़ता जाता है, त्यों-त्यों उनमें इससे जूझने की सामर्थ्य भी उतनी ही बढ़ती जाती है। सावरकर भी उन्हीं अनूठे व्यक्तियों में से थे, जिनकी प्रतिभा प्रतिकूल परिस्थितियों में और भी निखर उठती है।** इंडिया-हाउस में निरंतर उगते हुए गोरे नागों से सचेत होकर सावरकर ने भी अपनी रणनीति में आमूल फेर-बदल किया। उनके प्रचार एवं प्रसार का कार्य अब लंदन से अधिक अन्य देशों में हो रहा था। इसका अर्थ यह नहीं कि लंदन में सब काम ठप्प पड़ गया था। वास्तव में, वहाँ की यह चुप्पी एक तूफान से पहले की खामोशी थी और यह तूफान उठा, पिछले वर्ष की तरह उसी 10 मई को, जिसकी प्रतीक्षा सावरकर बहुत समय से कर रहे थे। इस बार भी भारत-भवन में एक सभा का आयोजन हुआ। सभा का शुभारंभ मैडम कामा के स्टुटगार्ट वाले उसी ध्वजारोहण से हुआ। लगभग चार घंटों तक चली इस सभा में चिकित्सक, प्राध्यापक, विद्यार्थी, व्यवसायी व अन्य वर्गों के लगभग 200 भारतीय उपस्थित थे। सभा समापन पर लोगों के माथे पर चंदन लगाया गया व प्रसाद बाँटा गया। हुतात्माओं के कोष के लिए लोगों ने उदारता से चंदा दिया। सभा का सबसे ओजस्वी कार्यक्रम था—सावरकर द्वारा अंग्रेजी

में लिखा और पढ़ा गया—'**ओ मारटियर्स**' (**हे हुतात्माओं**) नामक वह लेख, जो विशेष रूप से इसी दिन के लिए लिखा गया था। इस क्रांतिकारी लेख को लेकर मिली-जुली प्रतिक्रिया हुई। एक ओर जहाँ अंग्रेजी समाचार-पत्रों ने इसे 'प्रतिशोधपूर्ण', 'देशद्रोहयुक्त', 'उकसाऊ', 'भड़काऊ', 'दिशाभ्रामक' आदि विशेषणों से संबोधित किया वहीं दूसरी ओर आयरलैंड व फ्रांस के कुछ पत्रों ने इसे 'देशभक्ति' का और '**देशभक्तों की श्रद्धांजलि का महाकाव्य**' तक कह डाला। न्यूयॉर्क के आयरिश पत्र 'गैलिक अमेरिकन' ने तो उसे '**नस-नस में क्रांति की चेतना फूँक देने वाला संदेश**' तक कहा।

प्रस्तुत है मूल अंग्रेजी लेख के एक अंश का भावानुवाद—

"वह भारतीय स्वातंत्र्य समर जिसका उद्‌गम 10 मई, 1857 को हुआ था, आज 10 मई, 1908 को समाप्त नहीं हुआ है, और यह तब तक समाप्त नहीं होगा, जब तक एक ऐसी 10 मई नहीं आती, जो इस महाक्रांति के संपूर्ण स्वाधीनता के इस स्वप्न को साकार न करे दे; और जब तक भारत माँ के भाल पर उन मणियों का मुकुट न सुशोभित हो, जो या तो विजय की ज्योति से जगमगा रहा हो या फिर हुतात्माओं के रक्तिम आभा-मंडल से।"

वास्तव में 1907 में मनाई गई 1857 की स्वर्ण-जयंती के बाद से ही (जिसमें सावरकर ने पहली बार तथाकथित 'गदर' की कुसंज्ञा को नकारते और ललकारते हुए उसे 'स्वातंत्र्य-समर' के नाम से गौरवान्वित किया था) सावरकर इस महान् घटना का सच्चा और समूचा इतिहास लिखने के लिए अधीर हो रहे थे और उनके मन में यही विचार सर्वोपरि था।

1857 का भारतीय स्वातंत्र्य समर

अब उनका अधिकांश समय विशाल 'इंडिया-ऑफिस' के पुस्तकालय अथवा ब्रिटिश म्यूजियम पुस्तकालय में ही बीतता। यहाँ आकर शोध-कार्य के लिए उन्हें विशेष 'प्रवेश आज्ञा' भी एक अंग्रेज महिला की सहायता से मिल पाई थी, जो अभिनव-भारत के सदस्य श्री जे.सी. मुखर्जी की पत्नी थीं। सावरकर अब दिन-रात पुस्तकों और फाइलों के ढेर में डूबे रहते। माना जाता है कि इस क्रांति से संबद्ध लंदन के पुस्तकालयों एवं अभिलेखागारों में शायद ही कोई ऐसा दस्तावेज

हो, जो सावरकर की नजर से न गुजरा हो। इतिहास के ग्रंथ, डायरी, यात्रा-वर्णन, सैनिक पत्राचार, गुप्त संदेश, युद्ध-संधियों के ब्योरे, चित्र-मानचित्र, अदालती कार्रवाईयाँ, समाचार-पत्रों की कतरनें और भी न जाने क्या-क्या? डेढ़ वर्ष की जी-तोड़ मेहनत में सावरकर ने लगभग 2,500 संदर्भ ग्रंथों को चाट डाला। अंततः जो ग्रंथ प्रकाश में आया, उसने समूचे विश्व को प्रकंपित कर दिया। मराठी, अंग्रेजी एवं तमिल में एक ही साथ लिखी जानेवाली यह पुस्तक कई देशों और छापेखानों में भटकते-भटकते अंततः जब हॉलैंड से प्रकाशित होकर मैडम कामा द्वारा लंदन लाई गई तो पहली दो हजार प्रतियाँ हाथोहाथ बिक गईं और कई जगह तो प्रकाशित मूल्य से दोगुने, चौगुने दामों पर भी बिकीं। कहते हैं—विंस्टन चर्चिल भी इस पुस्तक की एक प्रति अपने सिरहाने रखते थे, और इसके कई प्रसंग उन्हें कंठस्थ थे, जिसकी तुलना वे महान् यूनानी इतिहासकार प्लूतार्क के महानायकों से करते थे।

वैसे तो इस गौरव ग्रंथ का पन्ना-पन्ना ही पठनीय एवं उद्धरणीय है, परंतु स्थान की सीमा को देखते हुए हम पुस्तक के दो ही अंश प्रस्तुत करेंगे। पुस्तक के उत्तरार्द्ध से लिये गए इन दो अंशों में क्रमशः रानी लक्ष्मीबाई और तात्या टोपे की जीवनाहुतियों का मार्मिक वर्णन है। स्मरण रहे, ये वही अंश हैं, जिनको पढ़कर चर्चिल के मुख से भी स्वतः निकल पड़ा था—"इन दोनों हुतात्माओं की वीर गति का इतना सजीव चित्रण पढ़कर मुझे सिहरन-सी होती है। लगता है मानो यूनानी लेखक प्लूतार्क की अमर वीरगाथाएँ पढ़ रहा हूँ।"

रानी लक्ष्मीबाई

"इस प्रकार रानी लक्ष्मीबाई लड़ी, और अपना लक्ष्य पूरा कर गई। वह सभी सद्गुणों का निचोड़ थी। वह महिला जिसने जीवन के केवल तेईस वसंत ही देखे थे—कोमलांगी, मधुर, निर्मल-चरित्र और पुरुषों से भी अधिक संगठन कौशल था, उसके हृदय में देशभक्ति रत्नदीप की तरह प्रकाशमान थी। युद्ध-कौशल में वह अद्भुत थी। विश्व में शायद ही कोई ऐसा देश होगा, जो ऐसी देवी को अपनी कन्या और रानी कहने का अधिकारी होगा। इंग्लैंड के भाग्य में यह सम्मान कहाँ? हाँ, इटली की क्रांति में ऐसे शौर्य और आदर्श का परिचय मिलता है, पर वह देश भी एक भी लक्ष्मीबाई पैदा नहीं कर पाया।

"यह भारत का ही सौभाग्य है कि ऐसी रत्नमणि यहाँ पैदा हुई। उसका शरीर बाबा गंगादास की झोंपड़ी में प्रज्ज्वलित ज्वाला में दमक रहा है। कदाचित् ऐसा रत्नदीप हमारी मातृभूमि भी पैदा न कर पाती, यदि इसकी धरती पर स्वतंत्रता संग्राम का यह महायज्ञ न रचा जाता। अनमोल मोती, सागर की सतह पर तैरते हुए नहीं मिल जाते। रात्रि के घने अंधकार में सूर्यकांत मणि तेज की किरणें नहीं फेंकती। चकमक पत्थर कोमल वस्तु की रगड़ से चिनगारी उत्पन्न नहीं करता। इन सबको कड़े विरोध की अपेक्षा होती है।

"अट्ठारह सौ सत्तावन में हमारी पावन भूमि पर एक ऐसी ही आग भड़क उठी थी। इस अग्नि का फैलाव असीम था। यह विश्व में गूँजने वाला धमाका बन गई। एक छोटी-सी चिनगारी मेरठ से उठी और सारा देश ज्वालामुखी का अम्बार बन गया। जैसे आतिशबाजी का अनार खुलने पर उसमें से रंग-बिरंगे बाण और फूल जैसी अन्य चीजें छूटती हैं और शांत हो जाती हैं, उसी तरह इस क्रांति के अनार से तप्त लहू बहा, और शस्त्रास्त्र और मुठभेड़ें निकलीं और यह ज्वालामुखी भी कितना प्रचंड था—मेरठ से विंध्याचल तक लंबा और पेशावर से दमदम तक चौड़ा। इसमें से फूटती हुई लपटें सभी दिशाओं में व्याप्त हो गईं। लहू मेघ की तरह बरसा—ओलों के साथ। दिल्ली के घेरे, प्लासी का प्रतिशोध, कानपुर, लखनऊ तथा सिकंदराबाद की सामूहिक हत्याएँ।"

कैसे-कैसे दृश्य उभर रहे हैं···सहस्त्रों वीर जूझ रहे हैं,···खप रहे हैं, ···नगर जल रहे हैं। कुँवर सिंह आता है—जूझता है, गिरता है; मौलवी आया, लड़ा और मारा गया। कानपुर, लखनऊ, दिल्ली, बरेली, जगदीशपुर, झाँसी, बाँदा, फर्रुखाबाद के सिंहासन— पाँच हजार, दस हजार, लाखों तलवारें, ध्वजाएँ, सेनापति, घोड़े, हाथी, ऊँट—सभी इस बारूद से भरे प्रचंड अनार से आग के फव्वारे के समान छूटते हैं। लपलपाती हुई ज्वालाएँ आकाश में उठकर लुप्त हो जाती हैं? कैसा था युद्ध-ज्वालामुखी फूटने का यह रोमांचकारी दृश्य और यह चिता—बाबा गंगादास की झोंपड़ी के पास जल रही है, 1857 के उस स्वातंत्र्य-समर के ज्वालामुखी की यह अंतिम ज्वाला है।'

अब तात्या टोपे

पुस्तक के लगभग अंतिम अध्याय में वीर तात्या टोपे के बलिदान का वर्णन भी उतना ही सजीव और हृदय-विदारक है। स्वयं सावरकर ने इसे 'स्वातंत्र्य युद्ध के होमकुंड में अंतिम आहुति की संज्ञा दी है। यह है वीर तात्या टोपे के अंतिम क्षणों का लोमहर्षक वर्णन—

"अंततः 1859 को जाँच-पड़ताल और पूछताछ की प्रक्रिया समाप्त हो गई। तात्या टोपे को फाँसी का दंड सुना दिया गया। निश्चित तिथि को दोपहर चार बजे तात्या टोपे को कड़े पहरे में वध-स्तंभ के समीप लाया गया। फाँसी के तख्ते के समीप आने पर सैनिकों ने व्यूह बनाकर इस वीर सेनानी को चारों ओर से घेर लिया। इस अवसर पर पैदल सैनिक, अश्वारोही और दर्शकों की अपार भीड़ जमा थी। तात्या टोपे ने अंग्रेजों से पुनः एक बार आग्रह किया कि उनके वृद्ध पिताजी को किसी भी प्रकार से त्रस्त न किया जाए। तात्या टोपे के पैरों में पड़ी बेड़ियाँ काट दी गईं। वह नरपुंगव निस्संकोच धीरे-धीरे वध-स्तंभ तक पहुँचा और तीव्र गति से सीढ़ियों पर चढ़ गया। नियमानुसार जब बधिक उसके हाथ-पैर बाँधने के लिए उसके पास पहुँचे तो तात्या टोपे ने हँसते हुए कहा, "ऐसा करने की कोई आवश्यकता नहीं।" कहकर उसने स्वयं फाँसी के फंदे को हार के समान अपने गले में पहन लिया। फंदा कसा गया और एक झटके के साथ तख्ता नीचे गिर पड़ा…।"

तात्या की निष्प्राण देह को फाँसी के फंदे से झूलता हुआ देखकर अंग्रेज अपने पराक्रम पर मुग्ध होकर वापस लौटने लगे। तात्या की नश्वर काया इसी स्थिति में भगवान् सूर्यदेव के अस्ताचलगामी होने तक लटकती रही। कुछ देर में वहाँ खड़े हुए पहरेदार भी चले गए। तब भीड़ को चीरते हुए कितने ही लोग इस महान् राष्ट्रभक्त के केशों के गुच्छे स्मृतिस्वरूप अपने पास संजोने के लिए उमड़ पड़े। कितनी माताओं ने इनके तावीज और गंडे बनवाकर अपने बच्चों को पहनाए और उनके महावीर बनने की प्रार्थना की। तात्या के बलिदान के रूप में इस यज्ञ की यह अंतिम आहुति थी। सावरकर के शब्दों में—

"हे महावीर तात्या! तुमने इस अभागे देश में जन्म ही क्यों लिया? इन विश्वासघाती नराधमों की स्वतंत्रता के लिए तुमने संघर्ष और बलिदान का

पथ क्यों चुना ? तात्या, तुम्हारे लिए हमारे नेत्रों से जो अविरल अश्रुधाराएँ प्रवाहित हो रही हैं, क्या तुम उन्हें देख पा रहे हो ? तुम्हारे रक्त का प्रतिदान हम अभागे और निर्बल केवल अश्रु बहाकर ही तो दे रहे हैं। हे नरवीर! तुमने भी यह कैसा घाटे का सौदा किया।

वर्ष 1908 के अंतिम तीन मास

वर्ष 1908 के अंतिम तीन महीनों में सावरकर की जो गतिविधियाँ रहीं, उनमें से तीन विशेष उल्लेखनीय हैं। पहली सभा 16 अक्तूबर को लंदन के प्रसिद्ध कैक्सटन हॉल में हुई। यह 16 अक्तूबर, 1905 को घटित 'बंग-भंग' के विरोध में थी। इसकी अध्यक्षता लाला लाजपत राय ने की। वक्ताओं में सावरकर के अतिरिक्त विपिनचंद्र पाल, दादा साहब खापर्डे, डॉ. कुमार स्वामी और करंदीकर भी थे। इसी दिन, इसी हॉल में दक्षिण अफ्रीका में दलित भारतीयों के साथ सहानुभूति प्रकट करने के लिए एक और सभा हुई, जिसमें सबसे प्रभावशाली वक्ता सावरकर ही रहे। इसके बाद 20 दिसंबर को फिर इसी स्थान पर 'इंडिया-हाउस' के क्रांतिकारियों द्वारा 'इंडियन नेशनल कॉन्फ्रेंस' का आयोजन हुआ। इसमें भाग लेने के लिए पेरिस से लाला हरदयाल व मैडम कामा भी आए। वक्ताओं में ज्ञानचंद वर्मा, वी.वी.एस. अय्यर और सर आगा खाँ भी थे। **सभा के अंत में पूर्ण स्वराज्य का प्रस्ताव रखा गया, जिसका सबसे जोरदार अनुमोदन किया सावरकर ने।** उनके भाषण के अंतिम शब्द भी मानो उनकी अपने लिए ही भविष्यवाणी थी—

"प्रस्ताव का अनुमोदन करने से पहले यह बात अच्छी तरह सोच लीजिए कि हमें भयंकर कारागृहों की दीवारों और अँधेरी कोठरियों में भी रहना पड़ सकता है।"

गुरु गोविंद सिंह समारोह

इस वर्ष का अंतिम समारोह भी इसी कैक्सटन हॉल में मनाया गया। यह था 29 दिसंबर को आयोजित भारतीय कवि, देशभक्त और सिखों के अंतिम गुरु, संत-सिपाही गुरु गोविंद सिंह का जन्मदिवस। सभा की अध्यक्षता विपिनचंद्र

पाल ने की। समारोह का शुभारंभ सावरकर द्वारा रचित उस गीत से हुआ, जो उन्होंने मराठी में विशेष रूप से इस अवसर के लिए लिखा था। '**अमुचा प्रियकर हिंदुस्तान**'—इस पंक्ति से आरंभ होनेवाले इस मधुर गीत में भारत की महिमा का बखान करते हुए इसे कालिदास, विक्रम, गौतम और हिमालय का देश कहा गया है, इसीलिए यह देश पुण्यभूमि है और पितृभूमि भी।

सकल जगा मधि छान, अमुचा प्रियकर हिंदुस्तान।
पुण्यभूमि तू, पितृभूमि तू, तू अमुचा अभिमान॥

'अमुचा प्रियकर हिंदुस्तान'

सन् 1909 ई.

सावरकर की सशस्त्रक्रांति की योजना का एक पक्ष यह भी था कि जैसे भी हो, भारत में अधिकाधिक शस्त्र भेजे जाएँ। उन्होंने पहले भी दो मुसलिम साथी—मिर्जा अब्बास व सिकंदर हयात के हाथों काफी पिस्तौलें भेजी थीं। इस बार उन्होंने पेरिस से कुछ स्वचालित ब्राउनिंग पिस्तौलें और हजारों कारतूस मँगाकर एक संदूक की चोरतली में छुपाकर 'इंडिया-हाउस' के रसोइए चतुर्भुज अमीन के हाथों स्वदेश भेजीं। चतुर्भुज 15 फरवरी को लंदन से चलकर सभी सुरक्षा अधिकारियों को चकमा देता हुआ 7 मार्च को सुरक्षित बंबई (मुंबई) पहुँच गया। चतुर्भुज ने इस सामान को सावरकर के एक अन्य सहयोगी विष्णु महादेव भट्ट को देना चाहा, पर विष्णु पर पुलिस की कड़ी नजर होने के कारण उसने यह माल एक अन्य परिचित गोपालराव पाटणकर को दे दिया, जहाँ से यह गलत हाथों में पहुँच गया।

उधर लंदन में अधीरता से प्रतीक्षा करते सावरकर को जो समाचार मिला, वह घोर दु:खदाई था। फरवरी आरंभ में उनकी एकमात्र संतान आठ वर्षीय पुत्र प्रभाकर चेचक से चल बसा। इसके बाद 28 फरवरी को अर्थात् चतुर्भुज के भारत पहुँचने से एक सप्ताह पूर्व ही बड़े भाई बाबा राव को राजद्रोह भड़काने वाले साहित्य लिखने के आरोप में 'धारा 131-अ' के अधीन बंदी बना लिया गया।

दो मार्च को नासिक में बाबाराव के घर पुलिस ने छापा मारा। रौलॅट कमेटी की रिपोर्ट के अनुसार घर से जो सामान बरामद हुआ, उसमें अंग्रेजी टाइप में 50

पन्नों की 'बम-मैन्युअल' की एक प्रति भी थी। बाबा राव की गिरफ्तारी से नासिक व निकटवर्ती क्षेत्रों में आक्रोश की ज्वाला भड़क उठी। बाबा राव पर तरह-तरह के झूठे-सच्चे अभियोग लगाकर राजद्रोह के लिए आजीवन कारावास भोगने के लिए अंदमान भेज दिया गया। उधर, लंदन में सावरकर की कानून की डिग्री जब्त कर ली गई (और आज तक जब्त ही है), क्योंकि उन्होंने अंग्रेजी सरकार के प्रति वफ़ादारी के शपथ-पत्र पर हस्ताक्षर करने से इनकार कर दिया था।

निरंतर मँडराते ब्रिटिश जासूसों के साए से तंग आकर सावरकर ने इंडिया-हाउस छोड़कर 141, सिंक्लेयर रोड में विपिनचंद्र पाल के बेटे निरंजन पाल के साथ रहना शुरू कर दिया। भारत से मिलते हुए समाचारों से सावरकर और उनके साथियों का गमो-गुस्सा दिनोदिन बढ़ता जा रहा था। क्रोध, घृणा और प्रतिशोध का यह लावा अब किसी भी क्षण फूट पड़ने को तैयार था और यह दिन आया बृहस्पतिवार 1 जुलाई, 1909 को।

कर्जन वायली का वध

महानगरी, लंदन के बीचोबीच स्थित प्रसिद्ध इम्पीरियल इंस्टीट्यूट के 'जहांगीर हॉल' में इस दिन दादाभाई नौरोजी के 'नेशनल इंडियन एसोसिएशन' का वार्षिकोत्सव होना था। लगभग 300 आमंत्रित लोगों के समूह में भारतीय विद्यार्थियों के अतिरिक्त कई अंग्रेज मित्र और हितैषी भी थे। आयोजन में खाने-पीने के बाद सांस्कृतिक कार्यक्रम भी था।

दूरदर्शी सावरकर इस दिन जान-बुझकर लंदन से बाहर चले गए थे। इंस्टीट्यूट के निकट सेवॉय होटल में रात्रिभोज समाप्त होते-होते लगभग 11:00 बज गए। मुख्य अतिथि ले. कर्नल सर कर्जन वायली अपनी पत्नी के साथ होटल की सीढ़ियाँ उतर रहे थे कि तभी सामने से सलेटी रंग के सूट में सुसज्जित एक सुंदर, सुडौल भारतीय नौजवान उनके समक्ष पहुँचा और उनका अभिवादन किया, क्योंकि यह दोनों एक-दूसरे से परिचित थे, तो किसी को तनिक भी संदेह न हुआ। दूसरे ही पल इस युवक ने जेब से पिस्तौल निकालकर एक के बाद एक दनादन पाँच गोलियाँ दाग दीं। पाँच इसलिए कि शायद पहली चार निशाने पर सही न बैठी हों। हाँ, पाँचवीं गोली वायली की दाईं आँख को भेदती हुई भेजे में घुस गई

और वह वहीं पर ढेर हो गया। इस युवक का नाम था—**'मदनलाल धींगड़ा'**, जिसके पिता उस समय से ही वायली के प्रशंसकों में से थे, जब वह पंजाब में उच्च अधिकारी था। धींगड़ा को तुरंत दबोच लिया गया, पर लोगों को विश्वास नहीं हो रहा था; क्योंकि अपने इस कृत्य के लिए उस युवक के चेहरे पर न तो शिकन थी, न ही शर्मिंदगी। यहाँ तक कि उसकी नाड़ी की गति भी सामान्य थी।

लंदन प्रकंपित

वायली वध के सनसनीखेज समाचार से इंग्लैंड के ही नहीं, समस्त यूरोप एवं विश्व के समाचार-पत्र भी पटे पड़े थे। 'डेली-टेलीग्राफ' की सुर्खी थी 'इम्पीरियल-इंस्टीट्यूट में सर वायली की सनसनीखेज हत्या'। 'लंदन टाइम्स' ने 'लंदन प्रकंपित' नाम से एक संपादकीय लिखा, जिसमें वायली का चित्र भी छपा था। उधर पेरिस में श्यामजी कृष्ण वर्मा के पत्र और आयरलैंड में 'डबलिन टाइम्स' द्वारा धींगड़ा की प्रशंसा में भी लेख छापे गए। इसके बाद, पहले 3 जुलाई को और फिर 5 जुलाई को 'कैक्सटन हॉल' में एक शोक सभा हुई, जिसमें धींगड़ा के विरुद्ध निंदा प्रस्ताव प्रस्तुत किया गया। सभा में सुरेंद्रनाथ बैनर्जी, विपिनचंद्र, दादा साहब खापर्डे आदि वक्ताओं ने धींगड़ा के कृत्य को 'असभ्य एवं अमानवीय' कहा।

यहाँ तक तो ठीक था, पर जब अध्यक्ष सर आगा खां ने उठकर घोषणा की—"यह सभा सर्वसम्मति से धींगड़ा के कुकृत्य की भर्त्सना करती है।" तो पल भर तो सभा में चुप्पी छाई रही पर… कि तभी **'नहीं! नहीं! सर्वसम्मति से नहीं…(नो! नो! नॉट यूनेनिमसली…**), के गूँजते गर्जन से लोग चौंक उठे। अध्यक्ष ने भी डपटकर पूछा, "यह 'नहीं' कहने वाला कौन है?" 'मैं!' उस स्वर में और भी कड़क थी।

"मैं कौन? तुम्हारा नाम?" लगभग सभी श्रोता उस नाम को जानने के लिए उस ओर देखने लगे। **"मेरा नाम है सावरकर"**। आवाज में वही गरज और कड़क थी। 'सावरकर'—इस नाम से ही कइयों के दिल दहक उठे। स्पष्ट है कि तब तक सावरकर वहाँ मात्र लेखक के रूप में ही नहीं, वरन् उग्र क्रांतिकारी के रूप में भी प्रसिद्ध हो चुके थे। लोगों को आशंका थी कि इसके पास बम, पिस्तौल या कुछ और भी हो सकता है। सभा में भगदड़ मच गई। इतने में एड

्वर्ड पामर नामक एक यूरेशियन, सावरकर की ओर झपटा और उनकी आँख पर एक घूँसा जमा दिया। सावरकर का चश्मा टूट गया और इसी का काँच चुभने से उनके चेहरे से खून भी टपकने लगा। अब वह और तिलमिलाकर कुरसी पर खड़े हो गए और मुट्ठी बाँध कर दहाड़े—"…मैं, अब भी इस प्रस्ताव के विरुद्ध हूँ, और यह बात खून की अंतिम बूँद तक दोहराता रहूँगा।" सावरकर का इतना कहना था कि उनके एक सहयोगी एम.पी.टी. आचार्य ने गोरे को ऐसा झापड़ रसीद किया कि वह औंधे मुँह जा पड़ा। अय्यर तो जेब से पिस्तौल भी निकाल चुके थे, परंतु सावरकर के इशारे ने उन्हें रोक लिया। इसके बाद इस हड़कंप में सभा ही भंग हो गई।

धींगड़ा अभियोग

धींगड़ा का अभियोग 10 जुलाई को आरंभ होकर 20 जुलाई को समाप्त हो गया। 22 जुलाई को पैंटोविल जेल में सावरकर ने उससे भेंट करके उसे बधाई दी। 23 जुलाई को इस मुकदमे का 'पूर्वनिश्चित' फैसला भी सुना दिया गया। फाँसी की सजा की तिथि थी, 17 अगस्त। 16 अगस्त को फिर सावरकर ने डेविड गार्नेट और जॉन लिंड की सहायता से 'डेली न्यूज' में धींगड़ा का 'अंतिम वक्तव्य' प्रकाशित करवा दिया, जिसे वास्तव में सावरकर ने ही लिखा था। वक्तव्य ने लंदन के राजनीतिक एवं समाचार जगत् में तहलका-सा मचा दिया। स्वयं चर्चिल ने भी इसे **'देशभक्ति के नाम पर विश्व का सबसे ओजस्वी उद्गार'** कहा था। उसी का एक अंश देखिए—

"एक हिंदू होने के नाते मैं विश्वास करता हूँ कि अंग्रेजों के हाथों मेरे देश का जो अनादर व अपमान हो रहा है, वह वास्तव में परमात्मा का ही अपमान है। मेरी मान्यता है कि देश का काम राम और कृष्ण की आराधना का काम है। मेरे पास न तो धन है, न कोई योग्यता। ऐसे में यह अयोग्य पुत्र रक्त के अतिरिक्त माता के पावन चरणों में और क्या अर्पित कर सकता है? इसी भावना से मैं सहर्ष बलिदान दे रहा हूँ।

"मेरी अंतिम कामना है कि मैं पुनः भारत माँ की ही गोद में जन्म लूँ और पुनः देश को स्वतंत्र कराने के पुण्य कार्य में लग जाऊँ। मुझे आशा है

कि मेरी पुनः मृत्यु होने तक मेरा प्रिय देश स्वतंत्र हो जाए। यदि नहीं, तो भारत के स्वतंत्र होने तक मैं बार-बार जन्म लूँ, और मृत्यु का वरण करूँ। प्रभु मेरी यह प्रार्थना स्वीकार करें। बस 'यही मेरी कामना' है। वंदे मातरम्!"

निर्णयानुसार 17 अगस्त को पैंटोविल जेल में रणबाँकुरे धींगड़ा ने अमरत्व का पान किया। इसके बाद तो मानो समस्त सावरकर परिवार पर मुसीबतों का पहाड़ टूट पड़ा। उधर बाबाराव को अंदमान भेज दिया गया, छोटे भाई नारायण राव को भी लॉर्ड मिंटो की हत्या के असफल प्रयास के आरोपी मोहन लाल का साथी होने के नाते पकड़ लिया गया। तन-मन-धन से जर्जर और पुलिस के भेड़ियों से छुपते-छुपाते सावरकर इधर-उधर भटकते रहे। तंग आकर 10 दिसंबर, 1910 को सावरकर लंदन से दूर ब्राइटन तट पर आए और अपने मित्र नानू (निरंजन पाल) के साथ बैठे सूर्यास्त को देखने लगे। मातृभूमि की याद आते ही वे फफककर रो पड़े और बुदबुदाते होंठों से जो कविता फूटी उसे निस्संदेह स्वदेश प्रेम की महानतम रचना कहा जा सकता है। **'सागरास' (सागर को) शीर्षक से लिखी यह मार्मिक रचना महाराष्ट्र में तो बच्चे-बच्चे को कंठस्थ है, जिसे पढ़कर केवल गाने वाला ही नहीं, सुनने वाला भी अपने आँसू नहीं रोक पाता।**

अब सावरकर के लिए लंदन में एक-एक पल भारी हो रहा था। उधर, पेरिस से श्यामजी, श्रीमती कामा, अय्यर व अन्य सभी साथी उन्हें तुरंत लंदन छोड़कर पेरिस आने की राय दे रहे थे। आखिर 8 फरवरी, 1910 को सावरकर लंदन छोड़ पेरिस के लिए रवाना हो गए। उनका एक साथी ज्ञानचंद वर्मा उन्हें विक्टोरिया स्टेशन तक छोड़ने भी आया। लंदन के कई साथियों से सावरकर की यह अंतिम भेंट थी।

मार्सेलिस : साहस की पराकाष्ठा

पेरिस में सावरकर श्रीमती कामा के साथ ठहरे। सभी प्रकार की सुविधाएँ होते हुए भी सावरकर को भला चैन कहाँ था? 21 दिसंबर, 1909 ई. को नासिक में 16 वर्षीय चितपावन ब्राह्मण तरुण अनंत कन्हरे द्वारा कलेक्टर जैक्सन की हत्या से जो बवंडर उठा, उसके समाचारों ने सावरकर को झकझोर कर रख दिया। हजारों लोग पकड़े गए, जिनमें कितने ही सावरकर के साथी और संबंधी

थे। इस समाचार ने उन्हें बहुत विचलित कर दिया कि जिस पिस्तौल से जैक्सन की हत्या हुई थी, वह भी सावरकर द्वारा भेजी गई ब्राउनिंग पिस्तौलों में से एक थी। अंतत: 36 व्यक्तियों पर अभियोग चलाया गया, जिसे 'नासिक-षड्यंत्र' के नाम से जाना जाता है। प्रस्तुत पुस्तक के अध्याय तीन में इसी 'नासिक-षड्यंत्र' संबंधी अभियोग के खोखलेपन की पोल खोली गई है।

पेरिस में सावरकर को आए एक महीना भी नहीं हुआ था कि वही लंदन वाली बेचैनी उन्हें संताने लगी। भारत में हो रही समस्त घटनाओं के लिए वह स्वयं को दोषी ठहराते। वह तुरंत लंदन या भारत लौटने के लिए छटपटाने लगे। श्यामजी और श्रीमती कामा ने उन्हें बहुत रोका पर बेअसर। अभी मुश्किल से 4 सप्ताह ही बीते थे कि 12 मार्च को पेरिस से चलकर, फिर 13 मार्च, 1910 ई. को उसी विक्टोरिया स्टेशन पर लौट आए। तीसरे महीने का तेरहवाँ दिन उनके लिए सचमुच महामनहूस साबित हुआ। उन्हें स्टेशन पर ही बंदी बनाकर बो-स्टीट्र पुलिस थाने ले जाया गया और 20 मार्च को ब्रिक्स्टन जेल में डाल दिया गया। यहाँ उनसे मिलने वालों का ताँता लगा रहता। यहाँ उन्हें सबसे अधिक आश्चर्य तब हुआ, जब उन्हें पता चला कि श्यामजी के पत्र का पुराना मुद्रक और इंडिया-हाउस का साथी 'गॉय अल्ड्रेड' (जिसके माध्यम से वह एक-दो बार लेनिन से भी मिले थे) भी उसी कारागार में बंदी था। उसका दोष यह था कि उसने सावरकर के पक्ष और प्रशंसा में कई लेख लिखे थे। इतिहासकार इस बात को जान लें कि **भारत की स्वाधीनता के लिए इंग्लैंड में जेल जानेवाला यह पहला अंग्रेज था।**

मार्सेलिस की ऐतिहासिक छलाँग

29 जून, 1910 ई. को तत्कालीन गृह विभाग के राज्य सचिव विंस्टन चर्चिल ने भारत के कठोर कानून में जकड़ने के लिए सावरकर को भारत भेजने का आदेश दिया। शुक्रवार, 1 जुलाई 1910 ई. को 'मोरिया' नामक जलपोत से कड़ी सुरक्षा में सावरकर को भारत के लिए रवाना किया गया। इसे दैवयोग कहें या संयोग कि 6 जुलाई को इंजन में कुछ खराबी आ जाने के कारण जहाज को 7 जुलाई को फ्रांस के मार्सेलिस तट पर लँगर डालना पड़ा, इधर सावरकर के मन में बिजली-सी कौंधने लगी। 8 जुलाई की पौ-फटते ही सावरकर ने शौचालय

जाने की अनुमति माँगी। अंदर जाते ही मानो किसी पूर्वनियोजित योजनानुसार उन्होंने झटपट कपड़े उतारे, शरीर पर साबुन मला और पल भर में ही बारह-तेरह इंच की गोलाई वाले पोर्ट-होल में से फिसलकर बाहर समुद्र में छलाँग लगा दी। **स्वतंत्रता के नाम पर किसी एक व्यक्ति द्वारा किया गया संसार का शायद यह सबसे साहसिक एवं सराहनीय प्रयास था।**

'चोर-चोर, पकड़ो-पकड़ो' की चिल्ल-पों से कोहराम-सा मच गया। ऊपर से हो रही गोलियों की बौछार से बचता और समुद्र की बर्फानी लहरों को चीरता हुआ, यह वीर सागर तट पर जा पहुँचा। फ्रांस की धरती पर भागते हुए उसने आसपास के लोगों से और एक-दो सिपाहियों से भी शरण की गुहार की, पर फ्रांस की पुलिस ने उल्टा उसे पकड़कर पीछा करते अंग्रेज अधिकारियों को सौंप दिया। उन मूर्खों को यह भी नहीं याद आया कि उनके राष्ट्रीय आदर्श नेपोलियन बोनापार्ट को जीवन की सबसे अधिक यातनाएँ इसी अंग्रेजी सरकार ने दी थीं। 'चोर-चोर, मौसेरे-भाई' की कहावत चरितार्थ हो रही थी। दोनों की मिली-भगत से लहूलुहान सावरकर को धक्का-मुक्की के साथ वापस जहाज पर ले जाया गया और एक पिंजरेनुमा जगह में कैद कर दिया गया, जिसमें केवल खड़े होने भर की जगह थी।

अब एक कानूनी तूफान उठा। सावरकर के फ्रांसीसी भूमि को छू लेने के बाद प्रश्न यह उठा कि 'अंतर्राष्ट्रीय शरण अधिनियम' के अंतर्गत सावरकर पर मुकदमा चलाने का अधिकार किसका था? फ्रांस के कई समाचार-पत्रों ने जोर-शोर से यह प्रश्न उठाया, जिसकी गूँज वहाँ के सदन तक जा पहुँची। इस बात ने इतना तूल पकड़ा कि अंततः फ्रांस के प्रधानमंत्री एम. ब्रायन को सदन में उत्तर देना मुश्किल हो गया और एक-दो और अन्य कारणों से उन्हें त्याग-पत्र तक देना पड़ा, जो कोई साधारण बात नहीं थी। बात यहीं खत्म नहीं हुई। सावरकर को लेकर संभवतः पहली बार इंग्लैंड और फ्रांस की सरकारों में मुकदमेबाजी की नौबत आ गई और यह अभियोग हेग के अंतर्राष्ट्रीय न्यायालय तक जा पहुँचा।

अंतर्राष्ट्रीय हेग-अभियोग

पर अफसोस कि जिस मुकदमे को लेकर विश्व भर के विधि-विशारद बेचैनी

से प्रतीक्षा कर रहे थे और जहाँ 'स्वतंत्रता' एवं 'समानता' जैसे मूलभूत मानवीय प्रश्नों पर बहस होनी थी, वह केवल नाटक ही नहीं बल्कि नौटंकी बनकर रह गया। मुकदमे की सुनवाई के लिए एक माह का समय निश्चित किया गया था, पर उधर जैसे सारे फैसले पहले से ही तय थे। 14 फरवरी, 1911 से शुरू होकर यह मुकदमा आठ ही दिन में टाँय-टाँय फिस्स हो गया। इतना ही नहीं, नवें दिन 24 फरवरी, 1911 ई. को ही इसका निर्णय भी सुना दिया गया। सार यह था—

"यद्यपि फ्रांस ने सावरकर को लौटाने में थोड़ी-सी अनियमितता बरती, तथापि फ्रांस का उस पर कोई कानूनी अधिकार नहीं था।"

इस निर्णय की विश्व भर में थू-थू हुई। इंग्लैंड के प्रमुख पत्र 'डेली-न्यूज' ने भी इसे 'मात्र प्रहसन' कहा। 'मॉर्निंग पोस्ट' ने इसे 'प्रपंच' की संज्ञा दी। 25 फरवरी को सबसे कड़क लेख आया जर्मनी के 'बर्लिन-पोस्ट' में। न्यायालय की धज्जियाँ उड़ाते हुए उसने लिखा—"काश! सावरकर ऐसे ही हमारे किसी सागर-तट पर आ गए होते, तब अंग्रेज उन्हें हमसे माँगकर देखते। इस फैसले ने न्यायाधीशों की जल्दबाजी, फूहड़पन और मूर्खता का प्रदर्शन किया है। यह लज्जाजनक तो है ही, साथ ही 'अंतर्राष्ट्रीय शरण नियम' का सरासर अपमान भी है।" उधर सावरकर को अदन से एक अन्य जलयान 'एस.एस. षष्टी' द्वारा 22 जुलाई, 1911 ई. को बंबई (मुंबई) लाया गया और कड़ी सुरक्षा में पहले नासिक फिर यरवदा बंदीगृह में ले जाया गया।

सबकुछ 'विशेष'

सावरकर को लेकर जो भी बात हो रही थी, वह 'विशेष' थी। उन्हें लाने के लिए विशेष जलयान, विशेष सुरक्षादल, विशेष गाड़ी, विशेष नियम, विशेष वारंट और विशेष न्यायाधीश—यहाँ तक कि 'विशेष न्यायालय नियम' के अंतर्गत बंबई में उनके लिए विशेष अदालत भी स्थापित की गई।

नासिक षड्यंत्र अभियोग

सावरकर पर एक ही साथ चलाए जानेवाले अभियोगों की संख्या भी 'विशेष' ही थी—एक या दो नहीं—पूरे तीन। पहले मुकदमे, जिसे 'नासिक षड्यंत्र' के

नाम से जाना जाता है, में पूरे 38 अभियुक्त थे; दूसरे में सावरकर व गोपालराव पाहणकर और तीसरे में केवल सावरकर, उन पर लगाए गए आठ आरोपों में से प्रमुख थे—सम्राट् के विरुद्ध राजद्रोह का षड्यंत्र व नासिक के जिलाधीश जैक्सन की हत्या के लिए पिस्तौल भेजना और प्रोत्साहन देना।

15 सितंबर को आरंभ हुए इस तमाशाई मुकदमे की तैयारी भी विशेष रूप से की गई थी—न्यायालय में सावरकर को लाने के लिए विशेष सुरक्षा व्यवस्था, किसी भी स्थिति से निपटने के लिए विशेष पुलिस दस्ते और समाचार जगत् के विशेष पत्रकार। न्यायालय में प्रवेश करते ही एक ओर से जय-जयकार का उद्घोष सुनाई दिया। उधर देखा तो सावरकर को यह पहचानते देर न लगी कि इस समूह का अगुआ कोई और नहीं, उनका छोटा भाई नारायण सावरकर था। सावरकर ने अपने बचाव में कुछ भी कहने की अपेक्षा अदालत की न्यायिक सामर्थ्य को चुनौती देते हुए कहा—"मेरे ऊपर जो भी अभियोग लगाए गए हैं, मुझे उनके विषय में कुछ भी नहीं कहना। मैंने लंदन में चलाए गए मुकदमे में इसलिए भाग लिया, क्योंकि वहाँ की न्याय-पद्धति जनतांत्रिक है और उनसे न्याय की अपेक्षा की जा सकती है। इसके, विपरीत, **भारत की अदालतों में 'जनतंत्र एवं न्याय' नाम की कोई वस्तु है ही नहीं**। ऐसे अविश्वसनीय व निरर्थक न्यायालय के समक्ष किसी प्रकार का वक्तव्य देना या अपना पक्ष प्रस्तुत करना सर्वथा व्यर्थ है।"

लगभग दस सप्ताह (68 दिन) तक रेंग-रेंगकर खिसकते हुए इस नाटकीय मुकदमे का निर्णय 23 दिसंबर को सुनाया गया। अदालत ने सावरकर को ब्रिटिश साम्राज्य के विरुद्ध विद्रोह का षड्यंत्र व शस्त्रादि बनाने के आरोपों में भारतीय दंड संहिता 121 अ के अंतर्गत आजन्म कारावास व समस्त संपत्ति की जब्ती का दंड सुनाया। सावरकर व अन्य सभी अभियुक्तों ने 'वंदे मातरम्', 'भारतमाता की जय', 'स्वातंत्र्य लक्ष्मी की जय' के उद्घोषों से इस निर्णय को सुना-अनसुना कर दिया।

एक जन्म : दो आजीवन कारावास

अभी पहले अभियोग के निर्णय को केवल एक माह ही बीता था कि 23 जनवरी, 1911 को फिर उसी 'विशेष अदालत' द्वारा दूसरे मुकदमे की सुनवाई शुरू हुई। इसमें उन पर मुख्य आरोप था, जैक्सन की हत्या के लिए प्रोत्साहन।

इसकी कार्रवाई केवल एक ही सप्ताह चली और 30 जनवरी, 1911 को उसी 'विशेष अदालत' ने उसी 'विशेष अभियुक्त' पर उसी पूर्ण निर्णय को ज्यों-का-त्यों दोहरा दिया। इसका अर्थ था कि एक ही व्यक्ति को एक ही जीवन में दो जन्मों का कठोर कारावास। निर्णय सुनने के लिए अदालत के बाहर हजारों व्यक्ति साँस रोके खड़े थे। इस अभूतपूर्व अनसुने-से दंड को सुनकर कइयों पर तो वज्रपात-सा हुआ, पर सावरकर ने उसी धीर-गंभीर मुद्रा में यह दंड सुना और अपने एक साथी से कहा, "मैं इस जघन्य दंड को भी केवल इसीलिए भुगतने को तैयार हूँ, क्योंकि स्वातंत्र्य-लक्ष्मी की प्राप्ति के मार्ग में तप, त्याग और बलिदान अवश्यंभावी है।"

एक जीवन में दो जन्मों के कारावास पर व्यंग्य करते हुए उन्होंने कहा, "मैं न्यायाधीश महोदय को कम-से-कम इस बात के लिए बधाई देता हूँ कि उन्होंने एक जीवन में दो जन्मों के कारावास का दंड देकर हिंदुओं के पुनर्जन्म के सिद्धांत को मान लिया है।"

इस निर्णय के बाद बैरिस्टर सावरकर ने अपने निजी वस्त्र उतारकर कैदियोंवाले खुरदरे वस्त्र धारण कर लिये। उनके गले में एक बिल्ला लटका दिया गया, जिसमें क्रम संख्या-32778 के अतिरिक्त एक दुर्लभ अक्षर भी अंकित था—'डी', अर्थात् डेंजरस (खतरनाक)। इसी बिल्ले पर दंड दिए जाने और मुक्ति का दिन, दोनों ही लिखे हुए थे। 'दंड ई. सन् 1910 तथा मुक्ति ई. सन् 1960। समस्त सुख-संपत्ति से वंचित सावरकर ने सिर पर मानो काँटों का ताज पहन लिया हो। उन्हें हथकड़ी-बेड़ियों से जकड़ दिया गया। कालापानी भेजने से पूर्व तक उन्हें बंबई के कारागृहों में रखा गया। संयोग की बात यह कि यहाँ डोंगरी जेल में उन्हें उसी बैरक में रहने का सौभाग्य प्राप्त हुआ, जहाँ इससे पहले उनके गुरु व आदर्श लोकमान्य तिलकजी को दो बार रखा गया था।

पत्नी से भेंट

यहाँ मिलने आनेवालों में सबसे अधिक स्मरणीय व मार्मिक भेंट थी, उनकी अपनी पत्नी यमुनाबाई से—"क्यों?⋯ऐसे क्यों देख रही हो⋯? क्या मुझे पहचाना नहीं? अरे, मैं वही तो हूँ, तुम्हारा पति। वही मन है, वही आत्मा। केवल तन को ढकने वाला यह चोला बदल गया है। वैसे एक तरह से यह मोटे और खुरदरे

कपड़े अधिक अच्छे हैं। इन्हें पहनकर जाड़ों में ठंड नहीं लगती।"

सावरकर के यह शब्द सुनकर उनकी 19 वर्षीय पत्नी यमुनाबाई सावरकर फूट-फूटकर रोने लगी। मोटी-मोटी लोहे की सलाखों के पीछे, टाट के कपड़े पहने, हथकड़ियों, बेड़ियों से जकड़े सावरकर की यह दशा और यह उद्गार उससे सहे नहीं गए। तब सावरकर ने उसे धीरज बँधाते हुए कहा, "आँसुओं को पोंछ डालो, प्रिय! यह रोने की नहीं, गर्व करने की घड़ी है। मातृभूमि के लिए उठाए गए कष्टों पर दु:ख नहीं, गर्व होना चाहिए। चिंता न करो, ईश्वर ने चाहा तो फिर भेंट होगी। इस बीच यदि यह समाज या अन्य दुर्विचार तुम्हें सताएँ तो मन में यह विचार लाना कि यदि केवल संतानोत्पति करके परिवार का विस्तार करना अथवा चार तिनके जमा करके घर बना लेना ही जीवन कहलाता है, तो यह तो पशु-पक्षी भी कर लेते हैं और **यदि परिवार का व्यापक अर्थ 'मानव परिवार' है तो इसे सजाने में हम निश्चय ही सफल रहे हैं। माना कि अपना सुखी जीवन हमने खुद अपने ही हाथों मिटा डाला, किंतु इससे सहस्त्रों घरों-परिवारों में सुख की वर्षा होगी। हमने अपने घरों में जो आग लगाई है, उसकी लपटों से भारत माँ के भाल पर स्वतंत्रता का उजाला होगा। तब क्या हमें अपना बलिदान सार्थक नहीं लगेगा?"**

पति-पत्नी की यह भेंट अत्यंत हृदय-विदारक थी। डोंगरी जेल से हटाकर सावरकर को कुछ समय के लिए बंबई (मुंबई) की ही भायखला जेल में रखा गया। वहाँ से एक विशेष रेलगाड़ी द्वारा उन्हें मद्रास (चेन्नई) ले जाया गया, जहाँ से 27 जून को जलपोत द्वारा उन्होंने अंदमान की ओर प्रस्थान किया। स्वातंत्र्य-सम्राट् के इस पोत का नाम भी कितना उपयुक्त था—'महाराजा'!

चार दिन, चार रात सागर के वृहत् वक्ष:स्थल को चीरता यह जलपोत 2 जुलाई को पोर्ट ब्लेयर पहुँचा। जहाज से उतरकर अपना थाली-कंबल सँभाले यह वीर चल पड़ा उस कारागार की ओर, जहाँ के नारकीय द्वार में एक बार प्रवेश हो जाने के बाद वहाँ दी जानेवाली पैशाचिक यातनाओं को झेलकर कोई विरला ही जीवित लौट पाता था, पर हमारा नायक, कालजयी वीर विनायक, जिसे मृत्युंजय भी कहा जाता है, 11 वर्ष तक कालापानी का कालकूट पीकर भी सही-सलामत लौट आया।

अंदमान : सृजन की तपःस्थली

2 जुलाई, 1911—वर-वेश के स्थान पर चार खानों वाली खुरदरी गंजी, घुटन्ना और टोपी, हथकड़ियों, बेड़ियों के आभूषण, गले में 'डी' की वरमाला, हाथ में तामचीनी का लोटा और तश्तरी, संगीनधारी सिपाहियों की बारात से घिरा, दुबली-पतली, परंतु फौलादी कंचन-काया वाला आजादी का यह दूल्हा पोर्ट-ब्लेयर के बंदरगाह पर अपने 'महाराजा' पोत से उतकर अंदमान की नारकीय कारागार की ओर बढ़ा तो मानो सारा द्वीप-पुंज प्रकंपित हो उठा। चलने से पूर्व विनायक ने चारों ओर एक विहंगम-सा दृष्टिपात किया और हठात् उनके मुख से एक ऋषिवाणी मुखरित हुई—

"आहा… ! कितना रमणीक टापू है, पर है पराधीन। क्या कभी ऐसा भी होगा कि भारत-मुक्ति के बाद हमारी नौ-सेना का एक बेड़ा यहाँ स्थापित हो ? इससे हमारा पूर्वी द्वार सर्वथा सुदृढ़ और सुरक्षित रहेगा और भविष्य में कोई विदेशी शत्रु इधर से आक्रमण करने का दुस्साहस नहीं कर पाएगा।

'यस्य जलं, तस्य बलं।'

—अर्थात् जिसके पास जल है, उसी के पास बल है।"

बात आई-गई हो गई, पर किसे पता था कि श्रापित ऋषि की यह देववाणी कभी भविष्यवाणी सिद्ध होगी ? लगभग 15 मिनट तक बेड़ियों, हथकड़ियों की खड़ताल पर चलते-चलते सावरकर उस भीमकाय और भयावह दुर्ग रूपी कारागार के प्रवेश द्वार पर पहुँचे…चूँ…चर्रर के कर्कश स्वर के साथ उसके लौह कपाट खुले और पहला ही टकराव हुआ, वहाँ के खूँखार, आयरिश जेलर बारी से, जो स्वयं को वहाँ का 'बादशाह' और 'खुदा' कहता था…।

पहला संवाद

"ओहो, तो आप हैं मि. सावरकर, जिसने मार्सेलिस के तट पर जहाज से भागने की कोशिश की थी… ?"

"जी हाँ…"

"बताओ, तुमने ऐसा क्यों किया ? बताओ…डरो नहीं, मैं अंग्रेज नहीं, आयरिश हूँ…।"

"स्वयं को गुलामी से आजाद करने के लिए···दासता से बड़ा अभिशाप और क्या है? हाँ, आपके आयरिश होने-न-होने से मुझे कोई अंतर नहीं पड़ता। मैं अंग्रेजों की कई बातों का समर्थक और प्रशंसक हूँ···मैंने लंदन में जीवन का महत्त्वपूर्ण समय बिताया है। आश्चर्य इस बात पर हो रहा है कि आप आयरिश होकर मुझसे यह प्रश्न पूछ रहे हैं। आयरलैंड में आपका 'सिनफिन आंदोलन' भी तो अंग्रेजों से मुक्त होने के लिए कब से संघर्ष कर रहा है?"

सावरकर के इतिहास-ज्ञान और सटीक उत्तर से बारी हक्का-बक्का रह गया। "ओह मैं तो भूल ही गया था कि आप बैरिस्टर भी हैं···भला आप से बहस कौन कर सकता है? पर एक बात याद रखना कि यहाँ से भागने की कोशिश मत करना। यहाँ चारों ओर समुद्र-ही-समुद्र है और उसमें हजारों आदमखोर मछलियाँ···पता नहीं कब किसका निवाला बन जाओ?"

"बारी बाबू, शायद आपको मालूम नहीं कि मार्सेलिस में भी मैं समुद्र में ही कूदा था, और वहाँ भी सभी प्रकार की मछलियाँ थीं; पर मैं सागर तट पर पहुँच ही गया था। खैर, वह सब जाने दीजिए।"

"जाने तुम्हें कौन देगा, बैरिस्टर? तुम, छोटे-मोटे समय के लिए नहीं, पूरे पचास सालों तक हमारे मेहमान रहोगे। वैसे भी यहाँ आनेवाला मुश्किल से ही सही-सलामत लौट पाता है। कुछेक पागल हो जाते हैं और कुछ आत्महत्या कर लेते हैं···पता नहीं तुम क्या करनेवाले हो?"

"सुन लो, बारी। उनमें से किसी की नौबत ही नहीं आएगी। मेरे पचास वर्ष पूर्ण होने से बहुत पहले ही तुम सभी साम्राज्यवादी अपना-अपना बोरिया-बिस्तर लपेट कर हमारे देश से भाग जाओगे और यहाँ हमारी आजादी का झंडा लहराया जाएगा।"

"अच्छा-अच्छा ज्यादा खयाली पुलाव मत पकाओ," कहकर वह भारी-भरकम, गोल-मटोल गलमुच्छों वाला गोरा खिसियाकर बूट पटकता हुआ चला गया, पर वार्डन को इस निर्देश के साथ··· "डाल दो, बैरिस्टर को अंदर और जरा खास खातिर-तवाजेह करना···कुछ ही दिनों में सारा देश-प्रेम काफूर हो जाएगा।"

खोली नं. 234

सात खंडों और तीन मंजिलों में विभक्त इस दानवीय (सैल्युलर) जेल में सातवें खंड के दूसरे तल्ले पर एक विशेष दोहरे द्वार वाली खोली नं. 234 में सावरकर को रखा गया। खोली भी ऐसी जहाँ पूरे पाँव पसारने पर दीवारों को छुआ जा सकता था, और दोनों हाथ उठाने पर छत को। विनायक ने यहीं रची एक कविता में इस खोली का बहुत सजीव चित्रण किया है।

कहा जाता है कि इस दिन के बाद से खोली का ऐतिहासिक महत्त्व ही बढ़ गया। सभी सहबंदी खाली समय में सावरकर के दर्शनों को आते, सिर नवाते और जय-जयकार करके चले जाते। कभी-कभी तो वहाँ लँगर डालने वाले जलपोत के यात्री भी सावरकर के दर्शनों की इच्छा प्रकट करते, अन्यथा उनके लिए कोई भेंट छोड़ जाते।

कुछ ही दिन बाद बारी वहाँ के एक अक्खड़ पठान वार्डर मिर्जा को लेकर सावरकर की खोली में आया और 1857 के स्वातंत्र्य-समर का प्रसंग उठाते हुए बोला (स्पष्ट है कि वह सावरकर की पुस्तक से परिचित था), "तुमने नाना और तात्या टोपे जैसे लुटेरों और हत्यारों की भी तारीफ की है?"

"क्यों नहीं? नाना साहब व तात्या टोपे, दोनों ही विदेशी सत्ता को उखाड़ फेंककर आजाद होना चाहते थे। इसमें क्या बुराई है? कौन है, जो आजाद होना नहीं चाहता? यूरोप का इतिहास तो आपने भी पढ़ा होगा। विक्टर इमैन्युअल भी राजा होना चाहता था, गैरीबाल्डी भी महान् बनना चाहता था, और जार्ज वॉशिंग्टन भी राष्ट्रपति बनना चाहते थे। यह सब तो आप को भी मालूम होगा?" सावरकर की तर्कणा-शक्ति के आगे लाजवाब बारी और मिर्जा बिना कुछ बोले वहाँ से खिसक लिये।

सावरकर की अदम्य इच्छा शक्ति, असीम ज्ञान और दृढ़ आत्म-विश्वास से पराजित बारी ने अब विनायक के इकहरे शरीर को तोड़ने की योजना बनाई। उन्हें नारियल का तेल निकालने वाले कोल्हू में बैल की तरह जोत कर, रोज 30 पौंड तेल निकालने का आदेश दिया गया, जो अन्य सभी कैदियों से अधिक था। उस दुबले-पतले प्राणी के लिए यह दंड प्राणलेवा था। वह बीच में कई बार हाँफते, थककर चूर-से हो जाते और कभी-कभी तो गिर पड़ते। शाम को तेल की मात्रा

तौली जाती और कम होने पर नंगी पीठ पर प्रति पौंड की कमी पर एक कोड़े का दंड मिलता, पर हर कोड़े के साथ एक प्रतिध्वनि भी होती—'वंदे मातरम्'! 'स्वातंत्र्य-लक्ष्मी की जय'! शाम को जो बासी, तिबासी भोजन मिलता उसे 'दाल' में पानी अथवा पानी में 'दाल' कुछ भी कहा जा सकता था। कभी-कभी स्वाद-परिवर्तन के लिए उसमें कीट-पतंगे अथवा कंकर-पत्थर भी मिल जाते थे। उधर कमरे में सीलन, घुटन, मच्छर, खटमल और दुर्गंध के अतिरिक्त दिनभर में एक लोटा पानी। यह जलवायु और सुविधाएँ थीं, उस काल-कोठरी में, जहाँ, विनायक 50 वर्ष तक कालकूट पीने आया था। है विश्व के इतिहास में कोई दूसरी मिसाल?

सरस्वती-सेवा

पर वह कालजयी क्या इन विषमताओं के समक्ष घुटने टेकने वाला था? इतनी प्रताड़नीय दिनचर्या के बाद जब रात्रि आती तो भी भला उसे नींद कहाँ थी? इस समय को उस 'शारदा-पुत्र' ने सरस्वती सेवा के लिए चुना। कभी नाखूनों को बढ़ाकर, कभी कीलें-काँटों से अथवा बरतनों को घिसकर उनकी नोकों से उसने कोठरी की चारों दीवारों पर साहित्यिक रचनाएँ उकेरनी आरंभ कीं, वह भी ऐसी अद्भुत विधि से कि आज भी सहज विश्वास नहीं होता। कभी नाटक, कभी कविता, कभी उपन्यास, कभी इतिहास और कभी आत्मकथा—इन सभी विधाओं में प्रतिदिन कुछ-न-कुछ उन दीवारों पर लिखना, उन्हें कंठस्थ करना और मिटा देना, फिर अगली रात्रि को और आगे लिखना, उसी तरह स्मृतिकोष में सहेजकर रखना और मिटा देना। यह सृजन प्रक्रिया निरंतर दस वर्षों तक चलती रही। इस बीच चार महाकाव्य—'सप्तऋषि' (1911), 'महासागर' (1912), 'कमला' (1914), 'विरहोच्छ्वास्' (1915), एक उपन्यास 'काला पानी' और वह अमर आत्मकथा 'माझीजन्मठेप' (मेरा आजीवन कारावास अथवा अंदमान का प्रियप्रवास) विशेष उल्लेखनीय हैं। इन सभी रचनाओं की कुल पंक्तियाँ छह हजार से भी अधिक हैं। यह कहना तनिक भी अतिश्योक्ति नहीं कि जिन असंभव परिस्थितियों में देशप्रेम का यह उच्च और उदात्त साहित्य रचा गया, उसकी तुलना विश्व में किसी भी अन्य साहित्य या साहित्यकार से नहीं की जा सकती। अकेली 'कमला' नामक काव्यकृति की (जो विनायक ने सबसे क्लिष्ट काव्य

छंद अनुष्टुप् में की है) तुलना तिलक द्वारा 'माँडले' में रचित 'गीता-रहस्य' से की जाती है। एक मराठी कहावत है—

'गीता-रहस्य' बाला, 'कमला' विनायकाला
जी जन्मदेती झाली, ती धन्य बांदिशाला,

अर्थात्—(जिन बंदी-गृहों में बाल गंगाधर तिलक ने 'गीता-रहस्य' की रचना की, और विनायक ने 'कमला' की, वे बंदीगृह भी धन्य हैं।)

अंदमान के कुछ अन्य उल्लेखनीय प्रसंग हैं—बड़े भाई बाबाराव सावरकर से बंदीगृह में अचानक भेंट, शुद्धि आंदोलन, नालंदा विश्वविद्यालय की स्थापना, जेल-सुधार, परिजनों से भेंट और भारत वापसी।

सावरकर की छरहरी काया और तिस पर पचास वर्ष का कठोर कारावास, यह सुनकर ही अन्य सभी बंदी अपनी पाँच, दस, बीस या पच्चीस वर्ष की सजाएँ जैसे भूल-सी गए। अब सभी का आदर्श, गुरु और प्रेरणा-पुरुष सावरकर ही थे। यहाँ पहले बंगाल के मानकटोला बम-कांड के क्रांतिकारियों (नानी गोपाल, उल्हास दत्त, बारीन घोष आदि) और बाद में पंजाब के, कामागाटा मारू के सिख बंदियों से सावरकर की खूब छनती। उनकी खोली के सामने नीचे पीपल के पेड़ के पास ही फाँसी-घर भी था। वहाँ फाँसी पर जाने से पूर्व कइयों ने अंतिम इच्छा के रूप में दूर से सावरकर के दर्शनों की इच्छा प्रकट की थी, और उनकी जय बोलते हुए हँसते-हँसते वध-स्तंभ पर झूल गए थे।

उधर अंग्रेजों का चातुर्य देखिए कि सन् 1909 में अंदमान आए बाबा राव सावरकर क़ो सन् 1911 में विनायक के आने का कोई समाचार नहीं था और कदाचित् विनायक को भी नहीं। कुछ वर्ष बाद जब एक दिन दोनों भाई अपनी-अपनी तेल की बाल्टियाँ लिये तेल गोदाम के निकट आमने-सामने पड़ गए तो दोनों ही स्तंभित रह गए। "तुम यहाँ कैसे तात्या?" बाबाराव अचंभित थे। उत्तर में विनायक ने सबकुछ कहकर यह भी बताया कि भारत में छोटा भाई नारायण भी देशभक्ति के ही अपराध में लंबा कारावास भोग रहा है। दोनों भाई गले मिलकर बिलख पड़े। विनायक के मुख से अपनी कविता की एक पंक्ति फूट पड़ी—

"हे भारत माँ! तूने हमें तीन भाई ही क्यों दिए" यदि हम सात भी होते तो सभी तेरे पावन चरणों पर पुष्पों की तरह अर्पित हो जाते।"

शुद्धि आंदोलन

अंदमान में ही साहित्य-सृजन के बाद विनायक ने जो सबसे अधिक सराहनीय कार्य किया, वह था, 'शुद्धि-आंदोलन'। यहाँ के पठान वार्डर हिंदुओं को कभी फुसलाकर, कभी धमकाकर, कलमा पढ़वाकर मुसलमान बना लेते थे। विनायक ने सभी हिंदुओं को संगठित कर और जेल अधिकारियों को सतर्क कर इस कुप्रथा को समाप्त किया। कई लोगों को पुन: हिंदू धर्म में वापस भी लिया।

मुक्त विश्वविद्यालय

सावरकर का एक अन्य प्रशंसनीय प्रयोग था—कारागार में मुक्त विश्वविद्यालय की स्थापना, जिसे निश्चित रूप से विश्व में मुक्त विश्वविद्यालय का पहला प्रयोग कहा जा सकता है। 'नालंदा विहार' के नाम से स्थापित इस विद्यालय के कुलपति बने भाई परमानंद तथा उपकुलपति स्वयं विनायक सावरकर। यहाँ भारतीय साहित्य, संस्कृत, गणित, भूगोल, इतिहास, धर्मशास्त्र आदि सभी प्रमुख विषयों का अध्ययन-अध्यापन होता; परीक्षाएँ होतीं, परिणाम घोषित होते और दीक्षांत समारोह भी होते, जिसमें उपाधियाँ भी प्रदान की जाती थीं। पं. परमानंदजी झाँसीवाले (जैसा कि उन्होंने लेखक को बताया) स्वयं यहाँ के प्रथम स्नातक थे। धीरे-धीरे यहाँ एक पुस्तकालय भी आरंभ हो गया, जिसमें हर विषय की महान् पुस्तकें मँगाई गईं, विशेषकर विश्व के महान् विभूतियों की जीवन गाथाएँ।

सावरकर का ज्ञान क्षेत्र कितना असीम था, यह उनकी साहित्यिक रचनाओं के अतिरिक्त उन आठ पत्रों से आँका जा सकता है, जो उन्होंने दस वर्षों के अंदमान प्रवास में अपने परिजनों को लिखे। एक घंटे की अवधि में समाप्त हो जानेवाला एक-एक वार्षिक पत्र दर्शन-ज्ञान, भाषा और साहित्य की दृष्टि से विश्व श्रेणी के पत्रों में रखा जा सकता है।

नवंबर 1918 में प्रथम विश्व युद्ध समाप्त हुआ। अंदमान के लगभग सभी बंदियों को स्वदेश लौटने का आदेश मिला, पर दोनों सावरकर बंधुओं के विषय में कोई निर्णय नहीं लिया गया। हाँ, उनके परिजनों को अंदमान आकर उनसे मिलने की अनुमति मिल गई, पर भाग्य की क्रूर विडंबना! भेंट का मुहूर्त आते-आते बाबा राव की पत्नी यसु बाई जर्जर-सा तन-मन और झूठी पिया-मिलन की

आस लिये 2 माह पूर्व मार्च 1919 में चल बसीं। विनायक के 36वें जन्मदिन से एक दिवस पूर्व 27 मई, 1919 को पत्नी यमुनाबाई, छोटा भाई नारायण राव और उसकी पत्नी शांता बाई, दोनों भाइयों से मिले। यसु बाई को न पाकर बाबा राव पर क्या बीती होगी, कौन लिख सकेगा? 1920 में एक बार फिर नारायण राव दोनों भाइयों से आकर मिले।

उधर विश्व भर के समाचार-पत्रों में इन दोनों भाइयों की मुक्ति के लिए सैकड़ों प्रतिक्रियाएँ प्रकाशित हुईं, जिससे अंग्रेजी सरकार पर काफी दबाव पड़ा। अंतत: अंदमान से उनकी मुक्ति की घड़ी भी आ गई—2 मई, 1921 —आज अंदमान जेल में हर्ष और विषाद मिश्रित रूप से व्याप्त था। क्या पंछी, क्या वृक्ष और क्या खोलियाँ—सभी उदास थे। प्रत्येक बंदी दोनों भाइयों से गले मिलने को व्याकुल था। कितने ही फूल, कितने ही हार और कितनी बार दोनों की जय-जयकार से जेल की दीवारें गूँजती रहीं? उस दिन जैसे सागर की लहरें भी इन दोनों के चरण धोने को अधीर हो उठीं। 'महाराजा' नामक उसी जलपोत में (जो दस वर्ष पूर्व विनायक को मद्रास से लेकर आया था) दोनों क्रांतिपुत्र स्वदेश की ओर लौट पड़े। 6 मई की सुबह दूर से कलकत्ता (कोलकाता) की धुँधली-सी झलक पाकर दोनों फफककर रो पड़े, "देखो बाबा, वह रही हमारी माँ। माँ, हम फिर आ गए हैं तेरी सेवा में, तेरे चरणों में" रुँधे गले से इन दोनों ने अंजुली में सागर-जल लेकर मातृभूमि को नमन किया। कलकत्ता पहुँचने तक दोनों मौन रहकर अपलक, एकटक उसी ओर निहारते रहे।

कलकत्ता (कोलकाता) पहुँचते ही उन्हें अलीपुर जेल ले जाया गया। वहाँ से बाबा राव को पहले बीजापुर, फिर साबरमती जेल भेज दिया गया। विनायक को सुदूर कोंकण क्षेत्र में सागर-तट पर स्थित रत्नागिरी नगर की जेल में रखा गया, जो संयोग से उनके गुरु लोकमान्य तिलक की जन्मस्थली भी थी। विडंबना यह कि दस माह पूर्व ही, एक अगस्त को वह ब्रह्मलीन हो चुके थे।

रत्नागिरी : सामाजिक समरसता का क्रांतिरथ

एक दृष्टि से सावरकर के जीवन का सबसे महत्त्वपूर्ण और सराहनीय कालखंड है—1922-23 से 1937 के बीच बिताया गया रत्नागिरी पर्व। यहाँ

कुछ वर्षों तक तो उन्हें रत्नागिरी जेल में रखा गया, परंतु उनका व्यवहार देखकर 1924 में उन्हें परिवार के साथ एक भवन में रहने की अनुमति मिल गई। अब उन पर केवल दो अंकुश थे। एक, राजनीति से अलगाव और दूसरा, स्थानबद्धता; अर्थात् वह बिना अनुमति रत्नागिरी के सीमा-क्षेत्र से बाहर नहीं जा सकते थे। पर सोचिए, जो व्यक्ति बाल्यकाल में ही राष्ट्र-सेवा की शपथ ले चुका हो और लक्ष्य-प्राप्ति के लिए हर तरह से कटिबद्ध हो, उसके लिए कार्य-क्षेत्र अथवा नगर की सीमाओं का बंधन क्या अर्थ रखता है? अत: उन्होंने ध्येय-सिद्धि के लिए धर्म और समाज-सुधार का बीड़ा उठाया। रत्नागिरी में उस समय धर्म के नाम पर जो शोषण और पाखंड छाया हुआ था, उससे समाज में घोर कटुता व्याप्त थी। ईसाई मिशनरी इसका भरपूर लाभ उठा रहे थे। सामाजिक विघटन की तो यह दुर्दशा थी कि एक-एक हिंदू पर्व जैसे होली, दीपावली और विजयदशमी तीन-चार वर्गों में बँटकर भिन्न-भिन्न विधियों से मनाए जाते थे। सावरकर के लिए यह सबकुछ कष्टदायी तो था ही, साथ ही असहनीय भी। उन्होंने बहुत संयम और सूझ-बूझ से एक-एक गुत्थी सुलझानी आरंभ की। इस दिशा में उनका पहला पग था—'**सहभोज**' अर्थात् सामूहिक भोजन की परंपरा।

सहभोज

यह भोजन प्रति रविवार (जिसे सावरकर 'सूर्य नारायण दिवस' कहते थे) को आयोजित होता था, जिसमें हर वर्ग, गोत्र एवं जाति का हिंदू एक ही पंक्ति में बैठकर भोजन कर सकता था। सावरकर का दृढ़ मत था कि जब अन्न प्रदान करनेवाली देवी अन्नपूर्णा सबके लिए समान है और वह भोजन देने में कोई ऊँच-नीच अथवा भेद-भाव नहीं रखती, तो हम अन्न-ग्रहण कर्ता भेदभाव करनेवाले कौन होते हैं? हाँ, यह संभव है कि सामिष और निरामिष आहारी एक ही बरतन में न खाएँ। उनके अमर शब्दों में—"हमारी पत्तल भले ही एक न हो, पर पंगत तो एक हो सकती है।" यह प्रथा धीरे-धीरे प्रचलित होने लगी।

सामूहिक पर्व

अब सावरकर ने सामूहिक हिंदू पर्व की युक्ति सोची। 27 अक्तूबर, 1925 को

विजयादशमी के अवसर पर ब्राह्मणों और हरिजनों में अपनी-अपनी सामर्थ्यानुसार इस पर्व को मनाने की होड़ लगी। दोनों ने ही अध्यक्षता के लिए सावरकर को आमंत्रित किया और सावरकर ने दोनों को ही सम्मति दे दी। दोनों का समय भी एक ही होने के कारण तथाकथित कुलीन वर्ग के अगुआ सावरकर के पास पहुँचे और बोले—"आपने तो पहले हमें स्वीकृति दी थी, फिर उन्हें भी उसी समय की··· यह कैसे होगा?" मुसकराते हुए सावरकर ने उन्हें बैठाया और कहा—

"जिस श्रीराम का विजय-पर्व आप मनाने जा रहे हैं, उनके जीवन में केवट का महत्त्व भी है न? उन्होंने केवट से चरण धुलवाकर सरयू पार की थी न? और क्या वह वही श्रीराम नहीं हैं, जिन्होंने सबकुछ जानते हुए भीलनी शबरी के झूठे बेर खाए थे और उसकी प्रशंसा भी की थी? तो फिर इन लोगों से आपको क्या कष्ट है? ये सभी उन्हीं के वंशज हैं। इनमें से कुछ केवट के भाई हैं तो कुछ शबरी की बहनें। आगे बढ़कर इन्हें स्वीकार कीजिए और हिंदू धर्म की महानता और उदारता का परिचय दीजिए।"

सावरकर उन दिनों शिरगाँव नामक स्थान पर एक दामले परिवार के साथ रहते थे। सागर के सम्मुख बसे इस भवन की प्राकृतिक छटा भी निराली थी। घना आम्रकुंज और नारियल, सुपारी एवं कटहल के वृक्षों से घिरा एक छोटा-सा घर। यहीं, बाहर डाले हुए झूले पर बैठकर सावरकर ने वह 'अमर हिंदू-गीत' लिखा था और इसकी धुन भी स्वयं तैयार की थी।

विजयदशमी के दिवस पर उस 'महामिलन' के पर्व का वर्णन शब्दों के परे है। द्वार की पृष्ठभूमि में श्रीराम का चित्र और महिषासुर-मर्दिनी की प्रतिमा सुशोभित थी। आम के पत्तों का तोरण और लहराते हुए भगवा ध्वज। एक ओर विनायक स्वयं चंदन का पात्र लिए खड़े थे और हर आगंतुक पुरुष के माथे पर टिकुली लगा रहे थे, साथ ही खड़ी थीं पत्नी यमुनाबाई, जो हर महिला के माथे पर हल्दी-कुंकुम लगाकर स्वागत कर रही थीं। कंधे-से-कंधा सटाए सभी वर्गों के पुरुष और महिलाएँ एक ही पंक्ति में खड़े थे। खिले-खिले चेहरे, न ललाट पर कोई शिकन, न दिल में कोई मलाल। सभी के कंठों से सामूहिक स्वर में वही 'हिंदू-एकता-गीत' गूँज रहा था, जिसे सावरकर ने विशेष रूप से एक दिन पूर्व ही इसी अवसर के लिए लिखा था, और जिसे मोरेश्वर दामले स्वयं मुख्य स्वर दे रहे थे—

'तुमि आमि सकल हिंदू, बंधु-बंधु''

हिंदू जाति इक गंगा, आमि तिथे सकल बिंदु, बंधु-बंधु''

याद रहे, यह वही ऐतिहासिक दिवस था, जब सुदूर विदर्भ के नागपुर नगर में डॉ. केशव बलीराम हेडगेवार के हाथों 'राष्ट्रीय स्वयंसेवक संघ' नामक संस्था का जन्म हो रहा था।

विट्ठल मंदिर

अब शेष थी, हरिजनों के मंदिर-प्रवेश की समस्या। वहाँ के प्राचीन विट्ठल मंदिर पर ब्राह्मणों का एकछत्र साम्राज्य था और हरिजन तो वहाँ आस-पास भी नहीं फटक सकते थे। एक दिन सावरकर ने सभी हरिजनों को प्रभात-फेरी के रूप में भजन प्रार्थना गाते हुए, मंदिर के सभा मंडप में आमंत्रित किया। इस समाचार से शहर में तनाव पैदा हो गया। कुलीन परिवारों के सदस्य लाठी-डंडा लेकर मंदिर के द्वार पर तैनात हो गए। किसी प्रकार की अप्रिय घटना को रोकने के लिए पुलिस अधिकारी भी वहाँ पहुँच गए। निरंतर बढ़ती संख्या में सैकड़ों हरिजन पुरुष-महिलाओं का जुलूस ढोलक, खड़ताल, मंजीरे बजाता, यह भजन गाता हुआ मंदिर की ओर बढ़ा—

"एक देव, एक देश, एक आशा
एक जाति, एक जीव, एक भाषा।"

स्थिति काफी विस्फोटक थी। पहले स्वयं सावरकर ने यमुनाबाई के साथ मंदिर में प्रवेश किया। "आप तो जा सकते हैं," एक लठैत बोला, "पर वे लोग नहीं जा सकते। उनके स्पर्श से हमारे देवी-देवता भ्रष्ट हो जाएँगे।"

"जो किसी के स्पर्श मात्र से भ्रष्ट हो जाएँ, वह भला देवी-देवता कैसे हो सकते हैं ?" सावरकर ने कड़क कर उत्तर दिया। "वे तो सर्वशक्तिमान और तेजस्वी हैं, और फिर इन पाषाण मूर्तियों के लिए आप मानवमूर्ति का सिर फोड़ेंगे, जो साक्षात् ब्रह्मा की रचना हैं। यह किस धर्म-शास्त्र में लिखा है ?"

"पर ये अछूत हैं," एक ब्राह्मण बोला।

"कैसे ?" सावरकर ने प्रश्न किया, "इनमें और हममें अंतर ही क्या

है ? यह भी हमारी भाँति अपनी-अपनी माता की कोख से जनमे हैं। इनके भी मन-बुद्धि, भावनाएँ हमारी जैसी हैं। गंदी नाली में घूमने वाले चूहे, जब आपके मंदिर में घुसकर प्रसाद खा जाते हैं तो आपको घिन नहीं आती; उनका खून पीने वाली बिल्ली और कुत्तों को आप घरों में पालते हैं और गोद में बैठाते हैं; बंदरों को फल देते हैं, साँपों को दूध पिलाते हैं और इन्हें पानी भी नहीं···यह जानते हुए भी कि यह भी हमारी तरह उसी परमात्मा का अंश हैं।"

"इनके मंदिर प्रवेश से हिंदू-धर्म पतित होगा," फिर कुछ ब्राह्मण बुदबुदाए।
"कैसे होगा ? ये भी हमारी तरह राम और कृष्ण के उपासक हैं। धर्म के नाम पर जो कुरीतियाँ बनी हैं, उन्हें पालने में नहीं, त्यागने में सच्चा धर्म है। हिंदू-धर्म कोई 'कागज की पुड़िया' है या 'मोम की गुड़िया' जो किसी के छूने से गल जाएगी या पिघल जाएगी ? **हिंदुत्व है आदि काल से बहती आई एक प्रखर विचार-धारा; हिमालय से उतरी वह गंगा, जिसके स्पर्श-मात्र से अशुद्ध भी शुद्ध हो जाता है;** निर्जीव पत्थर शिवतुल्य हो जाता है और पुरुष देवतुल्य। श्री विट्ठल महाराज मंदिर में नहीं, भक्तों के हृदय में बसते हैं, और फिर आप लोग तो ब्राह्मण हैं अर्थात् ब्रह्मतत्त्व के ज्ञाता।"

"कुछ भी हो, इनके हाथ का छुआ···" एक लंबी चोटी वाले ब्राह्मण पुरोहित ने टोका।

"क्यों नहीं चलेगा ?" सावरकर बीच में ऊँचे स्वर में बोले, "भगवान् कृष्ण तो गोपालों के साथ खेलते थे। उन्होंने विदुर के घर में भोजन किया और श्रीराम ने शबरी के झूठे बेर खाए। क्या आप स्वयं को श्रीराम और श्रीकृष्ण से भी ऊँचा मानते हैं ? अच्छा यह बताइए, जिसकी लिखी 'रामायण' आप पूजते हैं, वह महर्षि वाल्मीकि कौन थे ? आपने युगों से इन बंधुओं को दूर रखकर घोर अपराध किया है। आज समय आ गया है। पश्चात्ताप की गंगा में अपने पाप धो लीजिए। इनको गले लगाने से आपका उद्धार होगा। इनका स्वागत हाथ बढ़ाकर कीजिए, हाथ उठाकर नहीं।"
कहते हैं, इसके बाद ब्राह्मणों के हाथों से लाठियाँ छूट गईं। उनमें से कइयों की तो आँखें भी नम हो गईं। सभी ने देवालय में प्रवेश किया और मिलकर सावरकर

का ही यह गीत गाया, जिसका अनुवाद इस प्रकार है—

'लो शाप हटा सदियों का; अब क्लेश मिटा जन्मों का,
टूटी सदियों की बेड़ी, सब गले लगे मिल-जुल कर॥ 1॥
यह कैसा नवयुग आया, सबने मिल-जुल कर गाया,
सबने मिल-जुलकर खाया, सबने आभार जताया॥ 2॥'

एक के बाद एक पाखंडी परंपराओं को रौंदता हुआ सावरकर का क्रांतिरथ निरंतर आगे बढ़ता रहा। इस विजय-यात्रा का महान् कीर्ति स्तंभ था, 'पतित-पावन मंदिर' जिसका उद्घाटन हुआ 22 फरवरी, 1931 को।

पतित पावन मंदिर

भागोजी कीर नामक एक सेठ की आर्थिक सहायता से निर्मित इस देवालय ने तो जैसे पूरे क्षेत्र में ही एक सामाजिक क्रांति ला दी। पूरे राष्ट्र में यह पहला देवालय था, जिसमें पूजा-अर्चना के लिए सभी गोत्रों एवं वर्गों के हिंदुओं का समान स्वागत होता था। कई स्वयंसिद्ध बाहुबलियों, कठमुल्लों और पोंगा-पंडितों की तो नींद ही उड़ गई, जब सावरकर ने मठाधीश होने की कसौटी जन्म नहीं, अपितु आचरण की शुद्धता और योग्यता घोषित की। इसी आधार पर एक महार (हरिजन) को मंदिर का प्रमुख पुरोहित नियुक्त किया गया। यहाँ सभी वर्गों के हिंदू नामकरण, यज्ञोपवीत आदि संस्कारों के लिए आते और स्वतंत्र रूप से भजनों-प्रवचनों में सम्मिलित होते।

शीघ्र ही रत्नागिरी को हिंदुओं की 'नई काशी' कहा जाने लगा, और सावरकर को 'नया शंकराचार्य'। याद रहे, इससे कई वर्ष पूर्व, मार्च 1927 में स्वयं गांधी और कस्तूरबा ने रत्नागिरी में सावरकर के निवास पर आकर उनके सामाजिक कार्यों की भरपूर सराहना की थी।

सामाजिक सुधार के साथ-साथ सावरकर का साहित्य-सृजन भी उसी गति से चलता रहा। पहली अंग्रेजी रचना 'हिंदुत्व' के अतिरिक्त जिन अन्य रचनाओं ने यहाँ जन्म लिया, वे हैं—'हिंदू पद-पादशाही', 'गोमांतक', 'अंदमान की गूँज', 'मोपला', 'उ:शाप' और 'उत्तर-क्रिया'।

रत्नागिरी में बिताए 13-14 वर्षों में सावरकर ने जिस विलक्षण सामाजिक-

क्रांति का सूत्रपात किया, वह निस्संदेह स्वर्णाक्षरों में लिखे जाने योग्य है। सदियों से व्याप्त अज्ञान, अशिक्षा, अंधविश्वास और जात-पाँत के अंधकार को चीरकर समानता, सह-अस्तित्व और सहयोग की अलौकिक परंपराएँ स्थापित कीं। सवर्णों ने हरिजनों को गले लगाया, अछूतों ने जनेऊ धारण किए, मंदिरों में प्रवेश पाया, वेदमंत्र गाए और सभी ने स्वदेशी वस्तुओं को अपनाया। साथ ही, मराठी भाषा का शुद्धीकरण हुआ और कितने ही नए शब्द गढ़े गए।

सावरकर की इस शतपहलू क्रांति से जिन महान् विभूतियों ने रत्नागिरी आकर इस 'युग-पुरुष' से भेंट की, उनमें प्रमुख थे—कस्तूरबा और गांधी, सरदार भगत सिंह, लंदन के परिचित सेनापति बापट, भाई परमानंद, वी.वी.एस. अय्यर और ज्ञानचंद वर्मा। इसके अतिरिक्त डॉ. मुंजे, सचींद्र नाथ सान्याल, विठ्ठल रावजी शिंदे, जी.वी. मावलंकर, डॉ. माधव राव पटवर्धन, डॉ. एस.वी. केतकर, नेपाल की गोरखा लीग के ठाकुर चंदन सिंह और मुंबई के गवर्नर सर जॉर्ज लॉयड आदि। सभी ने इनके कार्य को सराहा। सर लॉर्ड ब्रेबर्न ने तो आगे चलकर सावरकर की मुक्ति में बहुत सहायता की। मई माह का सावरकर के जीवन में अति विशेष महत्त्व रहा है। 1937 की 10 मई के 'क्रांति-दिवस' पर सावरकर को पूरी तरह मुक्त कर दिया गया, अर्थात् निर्धारित समय से 24 वर्ष पहले ही। अब उन पर कोई प्रतिबंध नहीं था। रत्नागिरी छोड़ने से 10 दिन पूर्व उन्होंने अपने गुरु तिलक की जन्मस्थली 'तिलकवाड़ी' में जाकर माथा टेका, श्रद्धांजलि अर्पित की और आशीर्वाद लेकर अपने जीवन का एक नया द्वार खोला, जिसे भारत के हिंदुओं के इतिहास का नया अध्याय भी कहा जा सकता है। 10 जून को रत्नागिरी से विदाई के कुछ दिन पूर्व उन्होंने अपने निवास पर एक विशाल जनसभा को संबोधित किया और अपनी भावी योजनाओं की एक झलक भी दी। सार संक्षेप यह था—

"रत्नागिरी में बिताए 13-14 अमूल्य वर्ष मेरे जीवन के सबसे महत्त्वपूर्ण भाग हैं। मैं जानता हूँ, इस अवधि में मैंने जो कुछ भी किया, उससे कई परिवारों, साथियों एवं संस्थाओं में कटुता उत्पन्न हुई। मुझे उसका खेद है, पर साथ ही मैं कहना चाहूँगा कि वह सारा कार्य मेरे निजी लाभ के लिए नहीं था। वह था, स्वदेश, स्वधर्म और समाज कल्याण के

लिए। भविष्य में भी मेरा यही लक्ष्य होगा। अंतर यह है कि अब तक जो इस नगर की सीमाओं में रहकर कर रहा था, अब वही कुछ प्रांतीय एवं राष्ट्रीय स्तर पर करूँगा।

"मंच पर लहराते हुए इसी रत्नागिरी में निर्मित 'कृपाण-कुंडलिनी' युक्त इस हिंदू ध्वज की शपथ लेकर मैं कहता हूँ कि हिंदू एकता, हिंदू संगठन और हिंदू शक्ति ही मेरा एकमात्र लक्ष्य रहेगा। जहाँ भी रहूँगा और जब तक जिऊँगा, केवल हिंदू हित के लिए कार्य करूँगा। बस एक बात और, जिसे सदैव मेरे नाम के साथ जोड़ा जाए—

"देशद्रोहियों की प्रथम पंक्ति में खड़े होने से कहीं अच्छा है कि देशभक्तों की अंतिम पंक्ति में खड़ा हुआ जाए।"

वंदे मातरम्! भारत माता की जय!! स्वातंत्र्य-लक्ष्मी की जय !!!

भारत-भ्रमण : अखंड भारत का उद्घोष

10 मई, 1937 को, अर्थात् 27 वर्षों से भी अधिक समय तक (जो संभवत: विश्व का सबसे लंबा राजनीतिक कारावास होगा) कारागार में रहने के बाद जब सावरकर पूर्णरूपेण मुक्त हुए तो देश भर में हर्षोल्लास की लहर दौड़ गई। कई विदेशी समाचार-पत्रों एवं नेताओं ने भी इसका स्वागत किया। कोने-कोने से आए बधाई संदेशों की झड़ी-सी लग गई। उनके अदम्य साहस, अथाह संयम, अद्भुत सामाजिक क्रांति तथा उदात्त साहित्य से प्रभावित होकर कितने ही सामाजिक दलों और सामाजिक संस्थाओं ने उन्हें अपने साथ जोड़ने का प्रयास किया। स्वयं सुभाष बाबू ने आकर राष्ट्रीय कांग्रेस की अध्यक्षता का प्रस्ताव रखा, पर अपने बंदी जीवन और मुक्ति प्रयासों में गांधी, नेहरू का विरोधी रवैया देखकर उन्होंने असमर्थता प्रकट की। हाँ, यह आश्वासन अवश्य दिया कि वे सुभाष के क्रांतिकारी चिंतन के समर्थक हैं। माना यह भी जाता है कि 1939 के त्रिपुरी कांग्रेस अधिवेशन में जब सुभाष ने गांधीजी के उम्मीदवार पट्टाभि सीतारमैया को पराजित किया था तो उस चुनाव का घोषणा-पत्र सावरकर की सलाह से ही तैयार हुआ था।

पहले दो जीवन का कठोर कारावास, हथकड़ियाँ, बेड़ियाँ और निर्मम यातनाएँ; फिर स्थानबद्धता और राजनीतिक अंकुश बीच-बीच में कई अन्य

प्रकार के प्रतिबंध, इन सभी जंजालों से निकलकर **अंततः 10 जून, 1937 को जब वह रत्नागिरी नगर से बाहर निकले तो फिर जैसे किसी प्रचंड पहाड़ी नदी का बाँध टूट गया हो। अब उनके वेग और आवेग की कोई सीमा न थी।** प्रचंड हिंदुत्व की अग्नि-पताका उठाए, मचलते हुए बवंडर की तरह उन्होंने भारत-परिक्रमा की योजना बनाई। अश्वमेघ यज्ञ की भाँति सावरकर की हिंदू मशाल जिस नगर में पहुँचती, वहाँ भूचाल-सा आ जाता। इसका सबसे प्रथम और प्रबल प्रमाण मिला कर्णावती (अहमदाबाद) में आयोजित अखिल भारत हिंदू महासभा के उन्नीसवें वार्षिक अधिवेशन में, जहाँ सर्वसम्मति से उन्हें अध्यक्ष निर्वाचित किया गया। 30 दिसंबर को हजारों श्रोताओं से खचाखच भरे पंडाल में उन्होंने दो घंटों तक उद्घाटन भाषण दिया। आरंभ में सिंह गर्जना जैसी शब्दावली में उन्होंने 'हिंदू' शब्द की अद्भुत परिभाषा दी और फिर उसकी प्रखर व्याख्या से श्रोताओं को एक नई दृष्टि प्रदान की—

"आसिंधु सिंधुपर्यन्ता यस्य भारत भूमिका।
पितृभूः पुण्यभूश्चैव स वै हिंदुरिति स्मृतः॥"

(अर्थात् सिंधु सरिता से लेकर सागर तक फैली हुई, इस भारत-भूमि को जो भी अपनी पितृ-भूमि और पुण्यभूमि मानता है, वही हिंदू है।)

हिंदू, मात्र धर्म नहीं, हिंदुस्तान की राष्ट्रीयता है, जिसमें सभी धर्मों के लोग आते हैं। इसी प्रकार हिंदू महासभा एक राष्ट्रीय संस्था है और हिंदू राष्ट्र एक भौगोलिक, राजनीतिक एवं ऐतिहासिक आवश्यकता है। हिंदू आँधी बनकर उन्होंने देश के कोने-कोने में अपने क्रांतिकारी विचार रखे और सोई जनता को झकझोर कर जगाने का अलौकिक प्रयास किया। कर्णावती से बड़ौदा, पनवेल, चालीसगाँव, होशंगाबाद होते हुए 6 फरवरी को, जब वे दिल्ली पहुँचे तो अपार जन-समूह स्टेशन पर ही उमड़ पड़ा। सायंकाल को हुई जनसभा में लगभग 40 हजार श्रोताओं ने उन्हें तन्मय होकर सुना। अगले ही दिन उन्होंने सेंट्रल हिंदू स्कूल, रामजस एवं हिंदू कॉलेजों में भी विद्यार्थियों को सैनिक प्रशिक्षण के लिए प्रेरित किया। 2 अप्रैल, 1938 को कानपुर और बिठूर जाकर नाना साहब तथा तात्या टोपे को श्रद्धांजलि अर्पित की। इसके बाद फैजाबाद, लखनऊ और इलाहाबाद जाकर त्रिवेणी में भरपूर स्नान किया और अनेक ऐतिहासिक स्थलों

पर मस्तक नवाया। 7 अप्रैल को आगरा के लालकिले में एक स्थान पर वह ठिठककर रुक गए और बोले, "क्या यही वह स्थल है, जहाँ से शिवाजी ने पलायन किया था ? मुझे उनकी पदचाप और पदचिह्नों का आभास हो रहा है।" सावरकर का अनुमान सच था। आगरा से ग्वालियर और शिवपुरी जाकर उन्होंने क्रमशः लक्ष्मीबाई और तात्या टोपे की समाधि पर भी श्रद्धा-सुमन अर्पित किए।

पंजाब

दूसरे चरण में 6 मई से 17 मई तक उन्होंने पंजाब का दौरा किया। लाहौर जाते हुए मार्ग में अंबाला, लुधियाना, जालंधर आदि स्टेशनों पर उनका जोशीला स्वागत किया गया। पंजाब के सर गोकुल चंद नारंग भी उनके साथ थे। 8 मई, 1938 को लाहौर में उनका अभूतपूर्व स्वाग.त हुआ। लगभग 50,000 हिंदू एवं सिख उनकी स्वागत यात्रा में सम्मिलित हुए। प्रसिद्ध डी.ए.वी. कॉलेज के अतिरिक्त उन्होंने महाराष्ट्र मंडल और आर्यसमाज को भी संबोधित किया। 'क्रांति दिवस' 10 मई को शेरे-पंजाब लाला लाजपत राय की मूर्ति पर माल्यार्पण के बाद वह सिखों के शहीदगंज गुरुद्वारा होते हुए शाम 8:00 बजे अमृतसर पहुँचे। यहाँ हिंदू संगठनों और मंदिरों के अतिरिक्त ऐतिहासिक स्वर्ण मंदिर में भी उनका विशेष सत्कार हुआ। सत्रह जून को ग्वालियर आकर 18 जून को उन्होंने लक्ष्मीबाई के 'हुतात्मा दिवस' पर श्रद्धांजलि अर्पित की, यहाँ लगभग 2,000 महिलाओं की उपस्थिति में 'महिला हिंदू महासभा' की शाखा स्थापित हुई। यहाँ से पुनः शिवपुरी जाकर उन्होंने तात्या टोपे का स्मरण किया।

सिंध

1 सितंबर, 1938 को उन्होंने सिंध की ओर प्रस्थान किया। हैदराबाद कोठारी होते हुए 3 सितंबर को वह कराची पहुँचे। कहते हैं, यहाँ उनकी शोभा-यात्रा 5 घंटों तक चलती रही। यहाँ के मराठियों, गुजरातियों और व्यापारियों ने अपनी-अपनी तरह से उनका स्वागत किया। हरिजनों द्वारा एक सत्कार समारोह में भव्य-सहभोज का आयोजन भी हुआ। 10 सितंबर को वे बंबई के लिए रवाना हो गए। अगला हिंदू महासभा अधिवेशन (बीसवाँ) 28 सितंबर से नागपुर में होना

था। यहाँ स्टेशन पर ही स्थिति बेकाबू हो गई। यहाँ तक कि उन्हें पहला पुष्प-हार पहनाने की होड़ में एक पत्रकार इंजन के नीचे आकर कट गया। अगले दिन की शोभा-यात्रा में सावरकर पर वायुयान से पुष्प वर्षा हुई। सावरकर ने फिर उसी हुँकार के साथ हिंदू संगठन, हिंदू शक्ति और हिंदू राष्ट्र की बात दोहराई। यहाँ डॉ. मुँजे के अतिरिक्त, एन.बी. खरे, लोकमान्य अणे, डॉ. श्यामाप्रसाद मुखर्जी तथा आर्यसमाज, अजमेर के चाँद करन शारदा भी उपस्थित थे। **सावरकर की एक अन्य ऐतिहासिक उपलब्धि थी।, 1938-39 का हैदराबाद आंदोलन (सावरकर ने हैदराबाद के लिए सदा 'भाग्यनगर' शब्द का प्रयोग किया)।** इसलाम और ताकत के नशे में चूर, निजाम ने हिंदुओं के सभी संस्कारों (यज्ञोपवीत, हवन, कीर्तन, घंटे, घड़ियाल, रामायण व गीता आदि) एवं त्योहारों पर प्रतिबंध लगा दिया था। सावरकर ने तुरंत सोलापुर पहुँचकर आर्यसमाज के द्वारा संचालित आंदोलन के साथ यह घोषणा की—"**हिंदू महासभा, आर्यसमाज के साथ अपनी संपूर्ण शक्ति से निजाम के हिंदू-विरोधी कुकृत्यों को चकनाचूर कर देगी।**" 20 जनवरी, 1939 को समस्त देश में 'निजाम-निषेध' दिवस मनाया गया। सैकड़ों नहीं, हजारों आर्यसमाजी और हिंदूसभाई कार्यकर्ताओं को गिरफ्तार करके जेलों में ठूँस दिया गया और उन्हें घोर यातनाएँ भी दी गईं। दोनों संस्थाओं के 36 कार्यकर्ता शहीद भी हुए। घबराकर निजाम को आर्यसमाज से समझौता करना पड़ा और सभी प्रतिबंध हटा लिए गए।

बंगाल

अब आरंभ हुई सावरकर की बंगाल यात्रा। 14 फरवरी, 1939 को नागपुर मेल से चलकर वह खुलना में आयोजित बंगाल प्रांतीय हिंदू महासभा की अध्यक्षता के लिए रवाना हुए। हावड़ा स्टेशन पर रामानंद चटर्जी, हीरेंद्रनाथ दास, श्यामाप्रसाद मुखर्जी, बैरिस्टर बी.सी. चटर्जी, एन.सी. चटर्जी, आशुतोष लाहिड़ी व पद्मराज जैन भी उपस्थित थे। कहते हैं सावरकर को प्लेटफॉर्म से बाहर आने में ही एक घंटा लग गया था। सायंकाल एक जनसभा में उनके ओजस्वी भाषण में आधे समय से अधिक तालियाँ ही बजती रहीं। यहाँ से खुलना, बिहार होते हुए वह पुनः बंबई (मुंबई) पहुँचे। अगले सात-आठ महीनों तक वह सी.पी. (अब एम.पी.),

बरार और महाराष्ट्र में ही सीमित रहे, पर अपना कार्य उसी गति से करते रहे।

29 सितंबर, 1939 को उन्हें हिंदू महासभा चुनाव-प्रचार के लिए मेरठ जाना पड़ा। पहले दिन शिवाजी अखाड़ा और मेरठ कॉलेज के विद्यार्थियों को उन्होंने बलिष्ठ बनने की प्रेरणा दी। दूसरे दिन गुदड़ी बाजार में उनकी शोभा यात्रा पर मुसलमानों ने भारी पथराव किया। नगर में तनाव देखते हुए अन्य कार्यक्रम स्थगित करने पड़े।

अब बारी थी हिंदू महासभा के 21वें अधिवेशन की, जो 27 सितंबर, 1939 से कलकत्ता (कोलकाता) में आरंभ होना था। इस बार भी स्टेशन पर वही भगदड़ रही। फूलों के हारों से विनायक का पूरा चेहरा ही ढक गया था। 75 से 80 हजार व्यक्तियों की स्वागत-यात्रा को नगर के समाचार-पत्रों ने अभूतपूर्व बताया। 'अमृत-बाजार पत्रिका' जैसे पत्रों ने भी इस यात्रा की तुलना सिकंदर की विजय-यात्रा से की ('ही केम, ही सॉ, ही कॉन्कर्ड')—अर्थात् वह आए, उन्होंने देखा और सभी कुछ जीत लिया। इस शोभा यात्रा में जिन उद्घोषों की गूँज रही वे थे—**'वीर सावरकर की जय', 'हिंदुस्तान हिंदुओं का है' और 'वंदे मातरम्'**। विलिंग्टन पार्क में आयोजित ध्वजारोहण कार्यक्रम में लगभग एक लाख श्रोताओं ने भाग लिया। यहाँ सावरकर ने हिंदू महासभा के ध्वज की ओजस्वी व्याख्या से श्रोताओं को रोमांचित कर दिया।

दक्षिण

अगले चरण में सावरकर दक्षिण दिशा की ओर अग्रसर हुए। 20 मार्च, 1940 को सावरकर ने मद्रास एक्सप्रेस से दक्षिण की ओर प्रस्थान किया। कर्नाटक में 'सेलम' पर उनके अंग्रेजी भाषण का विरोध हुआ और उन्हें कन्नड़ में बोलने को कहा गया। सावरकर का शांत उत्तर था—

"मैंने जन्म से मराठी और अंग्रेजी सीखी फिर बंबई में गुजराती, लंदन में कुछ मित्रों से गुरुमुखी व तमिल। फिर अंदमान की जेल में बंगाली और उर्दू, पर क्या करूँ, किसी भी जेल में स्वाधीनता संघर्ष के नाम पर कर्नाटक से कभी कोई आया ही नहीं। मैं आपकी भाषा कैसे सीखता?"

विरोधियों की बोलती बंद हो गई और वे चुपचाप अंग्रेजी में उनका भाषण

सुनते रहे। 25 मार्च को मद्रास (चेन्नई) सेंट्रल स्टेशन पर उनका भरपूर स्वागत हुआ, जहाँ श्री श्रीनिवास अय्यर स्वयं भी उपस्थित थे। यहाँ लंदन के साथी टी.एस. एस. राजन और डॉ. वर्द्धराजुल नायडू से भी भेंट हुई। यहाँ सागर तट पर हुई एक जनसभा में नायडूजी ने अध्यक्षता भी की। 26 मार्च को 'इंडियन एक्सप्रेस' के मालिक गोयनका ने भी उनसे भेंट की। यहाँ भी गुजराती, मराठी, मारवाड़ी, सिंधी व उत्तर-भारत की संस्थाओं ने सावरकर का भिन्न-भिन्न रीतियों से सत्कार किया। दो मई से आठ मई तक वे ट्रावनकोर और मदुरै भी गए। मीनाक्षी मंदिर में उनके आगमन के उपलक्ष्य में विशेष प्रकाश की व्यवस्था की गई और **विभिन्न संस्थाओं द्वारा उन्हें 16 स्वागत-पत्र भेंट किए गए।**

सुभाष-सावरकर भेंट

21 जून, 1940 को सुभाष बोस ने बंबई (मुंबई) आकर अति गोपनीय ढंग से सावरकर से लंबा वार्त्तालाप किया। कई राजनीतिक कारणों से सावरकर ने इस भेंट को कई वर्षों तक जग-जाहिर नहीं होने दिया।

इस भेंट में सावरकर ने उन्हें भारत में रहकर अंग्रेजों की मूर्तियाँ तोड़ने जैसे छोटे कामों की अपेक्षा विदेश जाने की राय दी। विशेषकर जर्मनी या जापान जाकर भारतीय सैनिकों को संगठित करके एक सैन्य-शक्ति स्थापित करने का परामर्श दिया। साथ ही जापान में हिंदू-महासभा के अध्यक्ष रासबिहारी बोस के नाम एक पत्र भी दिया, जिसमें दी गई जानकारी का आज तक कोई ब्योरा उपलब्ध नहीं, यद्यपि रासबिहारी व सावरकर के मध्य हुए पत्राचार में से लगभग आठ या दस पत्र मुंबई अभिलेखागार में संग्रहित हैं। 25 जून, 1940 को सावरकर ने हिंदू-महासभा के प्रतिनिधि के रूप में वायसराय से शिमला में भेंट की। इससे पूर्व 9 अक्तूबर, 1939 को गवर्नर जनरल लॉर्ड लिनलिथगो ने भी सावरकर को दिल्ली बुलाकर उनसे व्याप्त युद्ध-स्थिति पर चर्चा की थी और उनके विचार जानने चाहे थे। सावरकर ने स्पष्ट कर दिया था कि भारत की सीमाओं पर हिंदुओं-सिखों व गोरखों की सैन्य टुकड़ियाँ ही रखनी चाहिए। इसी में भारत का हित है। सावरकर की 'हिंदुओं का सैनिकीकरण' की नीति से वह इतना प्रभावित हुआ था कि उसने पत्रकारों को बताया—"अंदमान में इतने वर्षों तक रहने के बाद भी सावरकर

का न तेज कम हुआ है, न क्रांतिकारी विचार।" युद्ध के प्रश्न पर वह भारत के सच्चे हितैषी हैं।

दिसंबर 1940 में मदुरै में हिंदू-महासभा का अधिवेशन हुआ। युद्ध की पृष्ठभूमि पर प्रकाश डालते हुए सावरकर ने फिर हिंदू युवकों को सेना में भर्ती होने के लिए प्रोत्साहित किया। आश्चर्य की बात यह कि तब मुसलमान भारत की सेना में 75 प्रतिशत से भी अधिक थे। सावरकर इसके दूरगामी परिणामों से परिचित और चिंतित थे। पहले भी कहा जा चुका है कि सावरकर के सेना में भर्ती के आह्वान को गांधी-नेहरू ने व्यंग्य में उड़ा दिया था, पर लिनलिथगो व अन्य अंग्रेजों ने सावरकर की इस दूरदृष्टि और कूटनीति की प्रशंसा की थी।

सावरकर की निरंतर चेतावनियों और भविष्यवाणियों से अंग्रेज सरकार सावरकर के प्रति फिर से चौकन्नी हो गई। परिणामस्वरूप, 1941 में बिहार के भागलपुर के बाईसवें हिंदू महासभा अधिवेशन पर प्रतिबंध लगा दिया गया। सैकड़ों कार्यकर्ताओं को गिरफ्तार करके जेल में डाल दिया गया, जहाँ उन्होंने अधिवेशन की सभी औपचारिकताएँ पूरी कीं। सावरकर को गया स्टेशन पर ही उतार कर जेल भेज दिया गया। सावरकर की लोकप्रियता और हिंदू महासभा की प्रचंड रणनीति दिन-दूनी, रात-चौगुनी बढ़ती जा रही थी। 15 जनवरी, 1942 को ऑक्सफोर्ड विश्वविद्यालय में राजनीति शास्त्र के प्रोफेसर रेजीनेल्ड ने सावरकर से विशेष भेंट-वार्त्ता की, जो लंदन के सभी प्रमुख पत्रों में प्रकाशित हुई। 11 फरवरी को च्यांग काई शेक अपनी पत्नी के साथ भारत आए। अन्य व्यस्तताओं के बीच उन्होंने सावरकर से भी युद्ध स्थिति पर चर्चा की और उनका धन्यवाद किया।

मार्च 1942 में सर स्टेफर्ड क्रिप्स ने भारत आकर कुछ सुझावों पर भारतीय नेताओं से संपर्क किया। दिल्ली में हुई इस बातचीत में सावरकर के साथ डॉ. मुंजे, डॉ. श्यामाप्रसाद मुखर्जी आदि भी थे। **इस लंबी बातचीत में सावरकर ने भारत के हित की बातें तो मान लीं, पर पाकिस्तान निर्माण वाली बात को एकदम ठुकरा दिया। क्रिप्स ने बात सुलझाने के लिए एक और प्रयास किया, पर सावरकर ने इसे अनावश्यक कहकर मना कर दिया।**

भारत-परिक्रमा, हिंदू-महासभा का प्रचार व प्रसार और हिंदुत्व की अद्‌भुत व्याख्या का यह आंदोलन उसी अविरल गति से चलता रहा। सावरकर निरंतर

अखंड हिंदुस्तान का उद्घोष करते हुए पाकिस्तान निर्माण का पूरी शक्ति से विरोध करते रहे।

पर जो नहीं होना था, वही होकर रहा। शताब्दी की उस सबसे जघन्य विभीषिका पर अधिक प्रकाश डालना यहाँ उचित नहीं। खंडित भारत की तरह, खंडित हृदय से, 15 अगस्त 1947 को अपने बंबई निवास पर राष्ट्रीय एवं हिंदू महासभा के ध्वजों का आरोहण किया और उन्हें यथोचित् सम्मान भी दिया। पीड़ा, वेदना और आक्रोश की मिश्रित मनःस्थिति में उनके मुख से पुनः एक भविष्यवाणी हुई—

"हिंदू-मुसलिम समस्या के समाधान के रूप में देश को खंड-खंड करनेवालों को मैं चेतावनी देता हूँ कि देश के विभाजन से यह समस्या सुलझने के स्थान पर और अधिक उलझ जाएगी। पाकिस्तान की स्थापना होते ही यह घाव नासूर बन जाएगा।" दूरदृष्टा सावरकर की यह चेतावनी आज अक्षरशः सत्य सिद्ध हो रही है।

1993 के शृंखलाबद्ध मुंबई बम-विस्फोटों के बाद 11 जुलाई, 2006 को मुंबई में एक घंटे में फिर 8 विस्फोट पाक के नापाक इरादों का एक और प्रमाण है, जिसे स्वयं प्रधानमंत्री डॉ. मनमोहन सिंह और उनकी सरकार ने भी स्वीकार किया है। 26/11 की हृदय-विदारक घटना तथा उसके बाद भी निरंतर आतंकवादी गतिविधियाँ वर्तमान वर्ष 2018 में भी जारी हैं और उनका अंत अनिश्चित है।

मुंबई : समावर्तन

30 जनवरी, 1948 को दिल्ली में घटित गांधी हत्या के बाद, अर्थात् स्वतंत्रता-प्राप्ति के उपरांत, स्वतंत्रता सेनानियों के शिरोमणि सावरकर को स्वतंत्र भारत की सरकार के हाथों, जो अन्याय, अपमान और अमानवीय व्यवहार झेलना पड़ा, उसकी सच्चाई जानकर कलेजा काँप उठता है। बाल्यकाल में ही मातृभूमि की मुक्ति की शपथ लेकर, संसार की सभी सुख-सुविधाएँ त्यागकर आजादी के लिए संपूर्ण जीवन ही होम करनेवाले इस कर्मठ देशभक्त पर 65 वर्ष की आयु में हत्या के षड्यंत्र का आरोप और अभियोग—वह भी बिना किसी आधार और प्रमाण के—समूचे विश्व में ऐसी क्रूर विडंबना का दूसरा उदाहरण नहीं मिलता। कितनी ही व्याधियों से ग्रस्त होते हुए भी यह कर्मयोगी तब बंबई, अपने निवास पर रहकर

निरंतर राष्ट्रीय चिंतन और लेखन में लीन रहता था, पर दूसरे ही दिन 31 जनवरी को हजारों की भीड़ ने उनके निवास पर जानलेवा हमला किया और तोड़-फोड़ की। फिर पुलिस ने पहले 3-4 महीने बंबई में और फिर दिल्ली के लालकिले में लाकर जिस बदहाली में उन्हें रखा एवं प्रताड़ित किया, उन पर जो-जो अभियोग लगाए गए, खरीदे हुए प्रेस से उनपर जो कीचड़ फेंकवाई गई और सच लिखनेवालों पर जो कहर ढाया गया, तथा न्यायालयों में ही पत्रकारों से छीनकर जो रिपोर्ट फाड़ दी गई या फिर जिन नेताओं के कहने से यह सबकुछ हुआ, उसका एक अंश भी अब तक लिखा नहीं गया, पर कब तक? आनेवाला समय (और वह समय अब दूर नहीं) पत्रकारों और इतिहासकारों से गिन-गिनकर इनका हिसाब माँगेगा।

झूठ, फरेब और मक्कारी की नींव पर खड़ा यह कुटिल चक्रव्यूह शीघ्र ही धराशायी हो गया। सात-आठ माह (मई '48—फरवरी '49) की सघन सुनवाई के बाद न्यायाधीश आत्माचरण ने 10 फरवरी, 1949 को अपने ऐतिहासिक निर्णय में सावरकर को 'सर्वथा निर्दोष' घोषित किया और 'ससम्मान मुक्त' कर दिया, पर मन में लगे गहरे घावों की क्षतिपूर्ति कौन कर सकता था? सावरकर के शब्दों में—**"जितनी पीड़ा, अपमान और तिरस्कार मुझे अपने स्वतंत्र भारत की सरकार से मिला, उतना तो अंग्रेज सरकार से भी नहीं।" अपने पुत्र विश्वास को लिखे कुछ पत्रों में उन्होंने इस कृतघ्न राष्ट्र को लेकर अपनी गहरी वेदना प्रकट की।**

हर तरह से त्रस्त, सावरकर का अब सक्रिय राजनीति से मोहभंग-सा हो गया। हाँ, समय-समय पर वह हिंदू-महासभा के अधिवेशनों में आते-जाते रहे। दिसंबर '49 के कलकत्ता अधिवेशन में भी उनका ही बोलबाला रहा। यहाँ उनके 'मुक्ति-दिवस' को 'विजय-दिवस' के रूप में मनाया गया। 10 मई, 1952 को पुणे में सावरकर की क्रांति संस्था 'अभिनव-भारत' का समापन समारोह हुआ। देशभर के सैकड़ों क्रांतिकारियों ने इसमें बढ़-चढ़कर भाग लिया। हजारों श्रोताओं के उतावले जमघट को सावरकर ने अपने ओजस्वी भाषण से द्रवित कर दिया—

"स्वतंत्रता कभी यूँ ही प्राप्त नहीं होती। उसके लिए सदा ही संघर्ष और बलिदान की आवश्यकता होती है। हमने भी वही किया है और इस महान् कार्य में हमारे 'अभिनव-भारत' का अद्‌भुत योगदान रहा है।"

सिंधु सूक्त

स्वाधीनता संग्राम के ज्ञात-अज्ञात शूरवीरों को श्रद्धांजलि अर्पित करते हुए, जब वह विभाजन के प्रसंग पर आए—विशेषकर सिंधु सुर-सरिता के खोने पर, तो अपने आपको रोक नहीं पाए और फूट-फूटकर रो पड़े। 'सिंधु-सूक्त' के नाम से निकले उन उद्‍गारों को आज भी हृदयविदारक और अविस्मरणीय माना जाता है। प्रस्तुत है उसका एक अंश—

ऐ सिंधु! मुक्त करेगी तुझे महाराष्ट्र की रक्त-बिंदु।

"आज तीन चौथाई भारत स्वतंत्र हुआ है, मुक्त हुआ है। परंतु मेरी सिंधु नदी एवं सिंध प्रांत कहाँ है? वह तो छीन लिये गए। हम अपनी सिंधु को कभी भी भूल नहीं सकते, संपूर्ण विश्व का द्वेष मोल लेकर भी हम अपनी सिंधु से संबंध-विच्छेद सहन न करेंगे।"

सिंधु रहित बिंदु, अर्थ रहित शब्द, निष्प्राण देह, यह सब असंभव है, व्यर्थ है। एक काल था, जब तू हमसे बिछुड़ गई थी, तब महाराष्ट्र की चतुरंग सेना ने उत्तर दिशा पर चढ़ाई की थी, बाजीराव नर्मदा पार कर चंबल तक जा पहुँचा था। उसने दिल्ली पर भी चढ़ाई कर अपने घोड़ों को माँ यमुना का जल पिलाया था, गंगा का पावन जलप्राशन किया था। सतलुज और झेलम पार करते मलेच्छों को रौंदते वे अटक पार पहुँचे और वहाँ भगवा हिंदू-ध्वज लहराया था। तेरे तीर पर आकंठ जलप्राशन करके ही उनकी विजय-तृष्णा शांत हुइ थी।

ऐ सिंधु! माँ सुरसेविनी सिंधु! तेरे ही पवित्र तट पर प्राचीनतम वैदिक ऋषियों ने वेदों की ऋचाओं का गायन किया था, जिसके पुण्य सलिल से हमने संध्या वंदना की, अर्घ्य दिया, जिसे असीम आदर से देवताओं में स्थान दिया, जिस पर काव्य सुमनों की अंजलि अर्पण की, ऐसी पुण्य सलिला माँ सिंधु! तुझे हम कैसे भुला दें? तुझे अन्य जन भले ही भुला दें, किंतु यह महाराष्ट्र, अकेला महाराष्ट्र फिर एक बार उठकर तुझे पुनः विमुक्त करके ही रहेगा। इसलिए मैं कहता हूँ।

'ऐ सिंधु! मुक्त करेगी तुझे महाराष्ट्र की रक्त बिंदु।'

सावरकर को सुनते-सुनते श्रोतागण भी भाव-विह्वल हो उठे और उनकी आँखों से अश्रुधारा बह चली। **सभी ने सामूहिक स्वर में पुनः अखंड भारत के निर्माण की शपथ ली।**

उतने ही तेजस्वी उद्‌गार सुनने में आए जोधपुर में जहाँ दस से बारह नवंबर, 1956 तक हिंदू-महासभा का अधिवेशन हुआ। 'राजनीति के हिंदूकरण' और 'हिंदुओं के सैनिकीकरण' के महामंत्र को उसी ओज में दोहराते हुए सावरकर ने श्रोताओं को पहले मारवाड़ के गौरवपूर्ण अतीत की याद दिलाई और फिर शस्त्रशक्ति की महिमा का बखान करते हुए कहा—

"जब तक कोई राष्ट्र आत्मनिर्भर और सुदृढ़ नहीं होगा, वह कभी प्रगति नहीं कर सकेगा। याद रखिए, यदि शत्रु के पास हाइड्रोजन बम है तो हमें ऑक्सीजन बम का निर्माण करना होगा। नवीनतम उपकरणों से लैस सेना ही संसार में अपना अस्तित्व बनाए रख सकेगी। इस दिशा में हमें इजराइल जैसे देश से प्रेरणा लेनी चाहिए और उससे संपर्क बढ़ाना चाहिए।"

1857 की क्रांति का शताब्दी-समारोह

1957 में जब दिल्ली के रामलीला मैदान में प्रथम स्वातंत्र्य समर की शताब्दी मनाई गई तो वहाँ भी अद्‌भुत दृश्य देखने में आया। सावरकर 10 मई को दिल्ली तो आ गए, पर उन्होंने अपना भाषण 12 मई को दिया। इसे सुनने वे हजारों लोग भी, जो आस-पास से 10 मई के लिए दिल्ली आ गए थे, यहीं रुके रहे। **लगभग डेढ़ घंटे के इस ऐतिहासिक भाषण को लगभग एक लाख श्रोताओं ने मंत्र-मुग्ध होकर सुना। इस कार्यक्रम में जो अन्य क्रांतिमूर्तियाँ उपस्थित थीं, उनमें थे राजा महेंद्र प्रताप सिंह, लाला हनुमंत सहाय और लाला हृदय राम (हार्डिंग बम केस वाले), भगत सिंह की माँ सुश्री विद्यावती और चाची हरनाम कौर (अजीत सिंह की पत्नी)। स्वागत समिति की अध्यक्षता लाला हंसराज ने की। सावरकर के भाषण का विषय भी कुछ विचित्र-सा था—'आज के परिवेश में बुद्ध अथवा युद्ध ?'**

अगले दिन सावरकर ने अपने निवास-स्थल जनपथ होटल में एक विशाल पत्रकार-वार्त्ता को संबोधित किया, जिसमें कितने ही विदेशी पत्रकार भी सम्मिलित हुए। विश्व की लगभग सभी समस्याओं पर खुलकर वाद-विवाद हुआ। सावरकर ने भी विश्व की सभी प्रमुख क्रांतियों के उदाहरण देते हुए अपनी धारणा प्रमाणित

की कि 1857 की क्रांति हर दृष्टि से 'स्वतंत्रता के लिए युद्ध' था न कि 'सिपाही विद्रोह', जैसाकि विदेशी इतिहासकारों ने मिथ्या प्रचार किया है।

इसी अवसर पर महाराष्ट्र मंडल ने उन्हें आमंत्रित कर विशेष सत्कार किया, जिसकी अध्यक्षता तत्कालीन केंद्रीय मंत्री एन.बी. गाडगिल ने की। एक अन्य कार्यक्रम में **आर्यसमाज ने उनके स्वागत में विशेष सत्कार-समारोह किया और सम्मान-पत्र में उन्हें 'हिंदू-हृदय-सम्राट्' की उपाधि दी। उत्तर में सावरकर ने स्वामी दयानंद को महान् क्रांतिकारी और देशभक्त बताया और स्वयं को स्वामीजी का घोर प्रशंसक।** इसी अवसर पर भारत के राष्ट्रपति डॉ. राजेंद्र प्रसाद के साथ भी उनकी एक भेंट निश्चित हुई। इसमें सावरकर की प्रतिबंधित सामग्री और संपत्ति पर भी चर्चा होनी थी, पर कुछ विशिष्ट सरकारी राजनेताओं की खलनायकी काम कर गई और यह भेंट न हो पाई।

मृत्युंजय समारोह

सन् 1911 में, निर्धारित 50 वर्षों के आजीवन कारावास की समापन तिथि 14 जनवरी, 1961 को पुणे में सर्वदलीय समिति की ओर से कालजयी सावरकर का 'मृत्युंजय समारोह' कुछ अद्‌भुत ढंग से मनाया गया। शॉलों, मालाओं, भेंटों और पुष्पगुच्छों की तो कोई सीमा ही न थी। यहाँ सबसे रोचक प्रसंग तब आया, जब सावरकर के एक पुराने परिचित, प्रशंसक पर समाजवादी नेता एस.एम. जोशी ने सावरकर को मंच पर धीमे स्वर में बोलने पर टोककर कहा, "हमें आज के शांत और सौम्य सावरकर को नहीं, लंदन वाले गरजते सावरकर को सुनना है।" कुछ देर तो सभा में सन्नाटा रहा, फिर सावरकर ने मुसकराते हुए उसी शांत स्वर में कहा, "आपका सोचना उचित है, पर समय बड़ा बलवान होता है, जैसे आज आप 1961 में, 50 वर्ष पूर्व के, लंदन वाले सावरकर को सुनना चाहते हैं··· देख लीजिएगा, 50 वर्ष बाद अगली शताब्दी में लोग आज के सावरकर को सुनना चाहेंगे।"

अब 26 फरवरी, 2003 को (अर्थात् 42 वर्ष बाद ही) दिल्ली में संसद् भवन के 'केंद्रीय-कक्ष' में राष्ट्रपति, प्रधानमंत्री, उप-प्रधानमंत्री और सैकड़ों गण्यमान्य नागरिकों की उपस्थिति में जब सावरकर के चित्र का अनावरण और माल्यार्पण

हुआ तो मानो उनकी यह भविष्यवाणी भी देववाणी बन गई। इसी वर्ष अंदमान के हवाई अड्डे को भी सावरकर का नाम दिया गया। कितने ही विधायक, संस्थाएँ, मार्ग, उद्यान व अन्य भवन भी अब उनके नाम को अपनाते जा रहे हैं।

महाप्रयाण : स्वेच्छया आत्मार्पण

लगभग 83 वर्षों तक विश्व भर को अगाध राष्ट्र-प्रेम, अटूट देशभक्ति, अदम्य साहस, अथाह संयम, अविराम संघर्ष तथा अभूतपूर्व बलिदान की भावना से आलोकित एवं आंदोलित करता हुआ यह प्रखर तेजपुंज, अब शनैः-शनैः अपने अस्ताचल की ओर अग्रसर हो रहा था। अक्तूबर 1964 में लिखे, संभवतः अपने अंतिम लेख में उन्होंने अपने जीवन-समापन की अग्रिम-रूपरेखा भी अंकित कर दी थी। **'आत्मदाह अथवा आत्मार्पण'** शीर्षक से लिखे इस दार्शनिक लेख में उन्होंने कई ऐतिहासिक प्रसंगों सहित सार्थक एवं निरर्थक जीवन समापन की जो सूक्ष्म एवं सटीक व्याख्या की है, वह उनके गहन चिंतन का परिचायक है। साथ ही, उनको दी गई 'कालजयी' की उपाधि का अकाट्य स्पष्टीकरण भी।

सारगर्भित निबंध का सार-संक्षेप

जीवन और मृत्यु के संबंध में लोगों के दृष्टिकोण भिन्न-भिन्न हैं। अधिकांश व्यक्ति मृत्यु से भय खाते हैं। इसकी कल्पना मात्र से वे काँपने लगते हैं, आत्मा में घुटन होने लगती है और एक अज्ञात-सी आशंका मन को आतंकित करने लगती है। कई व्यक्ति ऐसे भी हैं, जो जीवन से तंग आकर कुएँ में छलाँग लगाकर अथवा विष खाकर या रेल के आगे लेटकर या फिर स्वयं को गोली मारकर जीवन-लीला समाप्त कर लेते हैं। ऐसे व्यक्तियों को सामाजिक सहानुभूति भी नहीं मिलती, अपितु उन्हें कायर अथवा पलायक कहा जाता है, परंतु **कतिपय मृत्यु ऐसी भी होती हैं, जिसमें नश्वर काया तो अग्नि-ज्वालाओं में अथवा मिट्टी में मिलकर समाप्त हो जाती है, पर शरीर में जो दिव्यात्मा व्याप्त रहती है, वह नहीं मरती। ऐसी पुण्य-आत्माओं अथवा महात्माओं को हम प्रेम एवं आदर से स्मरण करते हैं और उनकी पुण्य-स्मृति में श्रद्धासुमन अर्पित करते हैं। मृत्यु इन्हें कभी मिटा नहीं सकती, क्योंकि अपने जीवन**

काल में ही उन्होंने वह स्थान प्राप्त कर लिया था, जो मृत्यु से परे है, जो अमर एवं अनश्वर है। ऐसे लोग जीवन मुक्त होते हैं, उनकी मृत्यु नहीं होती अपितु जीवन का ही दूसरा रूप हो जाती है। जीवन-मृत्यु के इस द्विधा-भेद को समझ पाना अति दुष्कर है। यह शब्दों में नहीं समझाया जा सकता, इसकी अनुभूति ही की जा सकती है।

एक दृष्टि से जीवन का दूसरा नाम ही मृत्यु है तथा मृत्यु का दूसरा नाम जीवन है। जैसे एक स्थान पर सूर्यास्त होता है तो अन्य किसी स्थान पर सूर्योदय। वस्तुतः, अस्त का दूसरा नाम ही उदय है और उदय ही अस्त का द्योतक है। सूर्य तो हर समय ही विश्व के किसी-न-किसी कोने को प्रदीप्त करता रहता है, केवल कुछ समय के लिए हमारी दृष्टि से ओझल भर हो जाता है, इसी प्रकार जीवन भी जब गतिहीन होकर दृष्टि से ओझल हो जाता है तो उसे मृत्यु की संज्ञा दे दी जाती है।

जिन महापुरुषों ने सचेत अवस्था में, स्वेच्छा से संतुष्ट मनःस्थिति में इस सांसारिक मंच से विदा ली उनमें पहला नाम आता है, कुमारिल भट्ट का, जो कर्मकांड के महान् व्याख्याता थे। जब उन्हें यह विश्वास हो गया कि उनका कार्य पूरा हो गया है तो उन्होंने स्वयं अपनी चिता तैयार की और अग्नि में कूद पड़े। **इतिहास में इसे 'आत्महत्या' नहीं, एक योगेश्वर का 'आत्मार्पण' कहा जाता है।** दूसरा उदाहरण शंकराचार्य का है। उन्होंने भी अपने अद्वैतवाद के प्रचार हेतु भरपूर देशाटन किया, बड़े-बड़े शास्त्रार्थों में विजय पाई और फिर अपने कार्य से तृप्त होकर एक गुफा में समाधि लगाकर पंचतत्त्व में विलीन हो गए।

चैतन्य महाप्रभु का आत्म-बलिदान तथा समर्थ गुरु रामदास का मृत्यु आलिंगन भी इसी श्रृंखला की कड़ियाँ थीं। महाराष्ट्र में ही संत ज्ञानेश्वर, एकनाथ और तुकाराम ने भी यही परंपरा निभाई। यह सभी संत और ऋषि ऐसे पावन बिंदु थे, जो महासिंधु में मिलकर महासागर हो गए। असीम से मिलकर निस्सीम हो गए। यह सभी आत्मार्पण के उत्कृष्ट उदाहरण हैं।

जीवन उद्देश्य की पूर्ति के उपरांत धन्यता की एक भावना विकसित होती है। ऐसे में वृद्धावस्था व रोग से जर्जर शरीर स्वयं अपने आपको ही भार लगने लगता है। ऐसी स्थिति में जो लोग किसी गुफा में प्रवेश कर, आमरण अनशन द्वारा, अग्नि में प्रवेश कर, सागर की लहरों में समाकर अथवा योग साधना में

लिप्त होकर अपना शरीर त्याग देते हैं, उनका यह कार्य बाह्य रूप से आत्महत्या के तुल्य लगता है, पर **वास्तव में ये लोग अपनी आत्मा को धन्यवाद सहित परमात्मा के प्रभु चरणों में समर्पित कर देते हैं।**

26 जनवरी, 1966 को (अर्थात् 'आत्मार्पण' से ठीक एक माह पूर्व) सावरकर को पूर्ण पूर्वाभास हो गया था। उन्होंने धीरे-धीरे आहार ग्रहण करना बंद कर दिया। डॉक्टर चिंतित हो उठे। 3 फरवरी से उन्होंने चाय लेनी भी बंद कर दी। यह आत्मार्पण का अंतिम चरण था। इसके साथ ही सभी आने-जानेवालों को भी मिलने से रोक दिया गया यद्यपि सैकड़ों दर्शनार्थी प्रतिदिन घर के आगे खड़े रहते, प्रार्थना करते और चले जाते।

निधन से कुछ ही दिनों पूर्व (जब सावरकर केवल कुछ शब्द ही बुद्बुदा पाते थे) उन्होंने अपने निजी सचिव बालाराव सावरकर से अपनी अंतिम इच्छा इस तरह प्रकट की। बालारावजी ने यह मार्मिक प्रसंग स्वयं लेखक को इन शब्दों में सुनाया। एक सुबह, सामने पाठशाला जाते हुए दो किशोरों को देखकर वे धीरे-धीरे रुक-रुककर बोले—

"बालाराव, कितना अच्छा हो यदि हर हिंदू परिवार से सुबह ऐसे ही दो तरुण बाहर निकलें—एक, पारंपरिक वेश-भूषा में भाल पर तिलक सजाए, हाथों में शास्त्र लिये गुरुकुल की ओर प्रस्थान करे और शास्त्रों का अध्ययन करे; दूसरा, फौजी वर्दी में बूट कसे, बंदूक लटकाए छावनी की ओर अग्रसर हो और नवीनतम शस्त्र चलाना सीखे। इस स्वप्न का संदेश जानते हो? आगे चलकर एक चाणक्य अथवा समर्थ गुरु रामदास बने, दूसरा चंद्रगुप्त अथवा शिवाजी।"

अब आई पूर्ण सूर्यास्त की अंतिम घड़ी

शनिवार, दिनांक 26 फरवरी, 1966 को प्रातः लगभग 11 बजकर 11 मिनट पर चैतन्य से एकाकार होने की उनकी अंतिम साध पूरी हुई। राष्ट्र-पुरुष सावरकर की जीवन-ज्योति मातृभूमि के श्री चरणों में अर्पित हो गई। एक महायोगी की भाँति यह युग-पुरुष भी चिर समाधिस्थ होकर पंचमहाभूतों में विलीन हो गया।

अंतिम इच्छा

सुधारवादी एवं प्रगतिवादी होने के साथ-साथ विशुद्ध वैज्ञानिक दृष्टिकोण वाले सावरकर की अंतिम इच्छा थी—"मेरे निधन पर सभी कार्य यथावत् चलते रहें। किसी प्रकार का अवकाश या हड़ताल आदि करके किसी काम-काज में व्यवधान न आए। इससे राष्ट्र की भारी हानि होती है।"

स्पष्ट है, वह तथाकथित नेताओं के निधन पर होनेवाले शोक के नाम पर नियमित जीवन को अस्त-व्यस्त करनेवाली परंपराओं के कड़े विरोधी थे। इसी से संलिप्त उनकी दूसरी इच्छा थी कि उनके शव को किसी विद्युत् शवदाह गृह में ले जाया जाय। दोनों ही इच्छाओं के अनुरूप दूसरे दिन रविवार 27 फरवरी को दादर में उनके निवास 'सावरकर-सदन' से उनकी शवयात्रा चंदनवाड़ी स्थित 'विद्युत् शवदाह गृह' की ओर बढ़ने लगी। सरकार की ओर से शव-वाहन (गनकैरेज) की अनुमति न मिल पाने के कारण फिल्म निर्माता व्ही. शांताराम के राजकमल कला-मंदिर स्टूडियो में सैकड़ों तकनीशियनों ने रातभर लगकर एक अद्भुत वाहन तैयार किया।

छह मील की दूरी को छह ही घंटों में तय करनेवाली इस शव यात्रा में लगभग दो लाख लोगों ने भाग लिया और सजल नयनों से श्रद्धांजलि अर्पित की। विख्यात संगीतकार और घोर सावरकर भक्त सुधीर फड़के रुँधे गले से सारी यात्रा संत तुकाराम के अभंग (विशेषकर 'आम्ही जातो अमुचा गावाँ) गाते रहे। आर्थर रोड जेल के बंदियों ने पूरे दिन उपवास रखा। सबसे मार्मिक दृश्य था जेल के बाहर, जहाँ गणवेशधारी राष्ट्रीय स्वयंसेवकों ने पंक्तिबद्ध खड़े होकर बिगुल बजाकर मौन शोक श्रद्धांजलि अर्पित की।

असाधारण महापुरुष की असाधारण शव-यात्रा चंदनवाड़ी के विद्युत् शवदाह गृह' की ओर अग्रसर थी। सावरकर द्वारा 'विद्युत् शवदाह गृह' का पूर्व निर्णय भी कितना उपयुक्त और औचित्यपूर्ण था अन्यथा एक अनन्य अग्निपुरुष की वज्रदेह और उसमें समाए लौह-पिंजर को वृक्षों की सूखी लकड़ियाँ भला क्या भस्म कर पातीं? **उधर गोधूलि की उदास और बोझिल वेला में अस्ताचलगामी प्रचंड भास्कर ने आकाश में फैली केसरिया रश्मियों को समेटा; इधर राष्ट्र का**

यह परिव्राट् 'क्रांति-सूर्य' अपने दिव्यात्मा की स्वर्णिम-आभा सहित अनादि अनंत विराट् के साथ एकाकार हो गया।

है नमन तुझको, जो अपनी देह का बलिदान देकर,
फिर से भारत में, दधीचि की कहानी हो गया।
सौ नमन तुझको कि तेरे सामने बौना हिमालय,
जो जिया धरती पे, लेकिन आसमानी हो गया॥

(हरींद्र)

□

अध्याय–2

इंग्लैंड में सावरकर पर थोपा गया प्रथम अभियोग

सन् 1910 में सावरकर को कठिन पहरे में बोस्ट्रीट अदालत परिसर' लंदन (इंग्लैंड) में अभियोग चलाने के लिए लाया गया था। यह अभियोग साम्राज्यवादी ब्रिटिश सरकार की औपनिवेशिक राजनीति, प्रशासन तथा न्यायिक-व्यवस्था के तहत अंग्रेजों की धूर्त्तता दगाबाजी, ढोंग, छल-कपट, मक्कारी, विश्वासघात का निहायत पेचीदा मकड़जाल सिद्ध हुआ और साजिशाना तौर पर सावरकर पर जबरन थोपा गया था। ब्रिटिश अधिकारियों ने जान-बुझकर मनमाने तरीके से इस पूरे अभियोग को एक असंगत परिणाम तक पहुँचाया था, ताकि इंग्लैंड के ब्रिटिश अधिकारी हिंदुस्तान में अपनी ब्रिटिश-भारत सरकार द्वारा बनाए गए कानूनों के तहत भी दोबारा से सावरकर पर मुकदमा चला सकें, जो हिंदुस्तान में सावरकर पर चलाए गए 'नासिक षड्यंत्र केस' के रूप में जाना जाता है।

'इंडिया-हाउस' में रहते हुए सावरकर ने जिन घटनाओं को अंजाम दिया, उनकी धमक भारत में भी सुनाई दी। भारत स्थित ब्रिटिश सरकार इस धमक से बुरी तरह बौखला गई। फलस्वरूप, प्रतिक्रिया रूप में फिर जो कुछ भारत में होने लगा, उसका प्रभाव इंग्लैंड (लंदन) पर भी पड़ने लगा। हिंदुस्तान तथा इंग्लैंड के बीच घट रही तमाम प्रतिकूल घटनाओं के अंतर्व्यापी प्रभाव की वजह से हालात इतने खराब होने लगे कि ब्रिटिश शासन की दृष्टि में सावरकर को इंग्लैंड (लंदन) में ही गिरफ्तार करना जरूरी हो गया, जिससे उन्हें लंदन में गिरफ्तार कर उन पर ब्रिटिश कानूनों के तहत मुकदमा चलाया जा सके, उन्हें सजा दी जा सके तथा हिंदुस्तान वापस भेज कर फिर उन्हें ब्रिटिश-भारत सरकार द्वारा हिंदुस्तानी कानूनों

के अनुसार पुनः मुकदमा चलाकर उनकी गतिविधियों को हमेशा-हमेशा के लिए समाप्त किया जा सके। इसी नीयत से सावरकर के विरुद्ध ब्रिटिश सत्ताधीशों ने कार्रवाई की।

वस्तुतः अपने लंदन पहुँचने के कुछेक महीनों के भीतर ही सावरकर ने लंदन स्थित हिंदुस्तानी युवकों आदि की सोच में आमूल-चूल परिवर्तन ला दिया था। अपनी वक्तृताओं में सावरकर बहुधा श्रोताओं को याद दिलाते हुए कहा करते थे—**"याद रखो! स्वतंत्रता न तो भिक्षा में मिलती है, न ही उधारी में। इसे तो केवल और केवल हमेशा पूरी ताकत से लड़कर ही छीना अथवा जीता जा सकता है।"** सावरकर गठित क्रांतिदल का प्राथमिक उद्देश्य दल के सदस्यों में तथा आम लोगों में एक जागृति पैदा करना था कि साम्राज्यवादी अंग्रेजी सत्ता के विरुद्ध एक क्रांति अब शत-प्रतिशत अवश्यंभावी हो चुकी है।

चूँकि, ब्रिटिश-भारत सरकार का विशिष्ट खुफिया विभाग सावरकर के बारे में उनके छात्र-जीवन से उठाए गए राजनीतिक विचारों तथा कार्यों से पूरी तरह अवगत था, उसने सावरकर की राजनीतिक क्षमता, संगठनात्मक योग्यता एवं वक्तृत्व कला से पूरी तरह सावधान रहने तथा स्वयं को बचाने के लिए सावरकर के विरुद्ध एक गोपनीय सूचना-पत्र ब्रिटिश शासकों को भेज दिया। पत्र में लिखा गया था कि हिंदुस्तान स्थित ब्रिटिश सरकार के अभिमत से सावरकर भी उसी प्रकृति एवं प्रवृत्ति का खतरनाक युवक है, जिस प्रकार के युवा चापेकर बंधु थे, जिन्होंने 22 जून, 1897 को ब्रिटिश-अधिकारी 'रैंड' और आर्यस्ट की हत्या कर दी थी। 'वह एक आग का गोला है, अग्निपुंज। उस पर पूरी तरह से निगाह रखने की सख्त जरूरत है।' स्पष्ट है कि इंग्लैंड की ब्रिटिश सरकार सावरकर के लंदन प्रवेश के समय से ही उन पर गुप्त रूप से निगरानी रख रही थी।

हिंदुस्तान की आजादी के प्रति सावरकर की वैचारिक एवं सक्रिय समर्पण-भावना तथा उसे पाने के लिए उनकी संगठनात्मक कार्यक्षमता एवं विनियोजन-कुशलता से आश्वस्त होकर श्यामजी कृष्णवर्मा इंडिया-हाउस का सारा कार्यभार एवं रख-रखाव सावरकर को सौंपकर स्वयं पेरिस (फ्रांस) चले गए। तब उस दौर के गण्यमान्य उत्क्रांत-युवकों, यथा—हरींद्रनाथ चट्टोपाध्याय तथा बी.वी. एस. अय्यर आदि ने इंडिया-हाउस में सावरकर से संपर्क स्थापित किया, वे सब

सावरकर के खेमे में आ गए तथा हिंदुस्तान को आजाद कराने के लिए सावरकर प्रायोजित गतिविधियों में खुलकर हिस्सा लेना शुरू कर दिया। ब्रिटिश-भारत सरकार 'इंडियन वार ऑफ इंडिपेंडेंस-1857' नामक ग्रंथ से इतना भयभीत हो गई कि उसने इसकी पांडुलिपि पूर्ण होने से पहले ही इसकी जब्ती के आदेश दे दिए और इसे जब्त अथवा नष्ट करने के लिए सारे हथकंडे अपनाए, लेकिन चाहकर भी वे इसके प्रकाशन को रोक नहीं पाए। इसी लक्ष्य प्राप्ति के लिए सावरकर भारतवासियों को सशस्त्र-संघर्ष के लिए उद्वेलित करना चाहते थे, इस ग्रंथ के लेखन का यही उद्देश्य था।

ब्रिटिश सरकार ने सन् 1857 में अपनी फतह का जश्न मनाने का उपक्रम किया, परंतु अंग्रेज हिंदुस्तान में किसी भी व्यक्ति या किसी भी संस्था या संगठन को 1857 की 50वीं वर्षगाँठ भव्य-स्तर पर आयोजित करने की अनुमति देने को बिल्कुल भी तैयार नहीं थे। सावरकर ने लंदन में सन् 1857 को लेकर एक प्रतिपक्षीय-संस्मृति-पर्व का भव्य अभियान छेड़ दिया, जिसका लक्ष्य था, उन लोगों की स्मृतियों में अपनी श्रद्धांजलि एवं सम्मान प्रदर्शित करना, जिन्होंने 1857 के संग्राम में लड़ते हुए अंग्रेजों के छक्के छुड़ा दिए थे और स्वतंत्रता के राष्ट्र-यज्ञ में स्वयं की आत्माहुति दी थी। वास्तव में, इंग्लैंड की जनता ने पहली बार जाना कि सन् 1857 में हिंदुस्तान में क्या घटित हुआ था? सावरकर की इस मुहिम से नाराज होकर सारी दुनिया की आँखों में धूल झोंक रही लंदन की ब्रिटिश सरकार प्रतिशोधात्मक कार्रवाई करने के लिए तैयार हो गई। लंदन स्थित हिंदुस्तानी समुदायों के विभिन्न तबकों के बीच सावरकर नव-चेतना का शंख फूँक रहे थे। उनकी आवाज को बंद करने के लिए 'इंडिया-हाउस' पर सतत निगाह रखी जाने लगी।

ब्रिटिश-भारत सरकार को लगने लगा कि 'अभिनव भारत' के सदस्यों को हथियार, गोला-बारूद, रिवॉल्वर/पिस्तौल तथा तमाम भड़काऊ साहित्य सावरकर द्वारा ही मुहैया कराया जा रहा है। इस पर सावरकर के बड़े भाई को नासिक तथा मुंबई में हुए धमाकेदार दंगों के आरोप में ब्रिटिश-भारत सरकार ने गिरफ्तार कर लिया। मुंबई में एक क्रांतिकारी (दंगई) भीड़ का नेतृत्व करने का आरोप लगाकर सावरकर के बड़े भाई को 6 महीने के सश्रम कारावास का दंड

देकर जेल में डाल दिया गया। सावरकर के परिजनों को सताकर भी सावरकर को पथभ्रष्ट कर पाना असंभव था।

ब्रिटिश-भारत सरकार भारत में हो रही क्रांतिकारी घटनाओं को दबाने के लिए पुलिसिया तथा फौजी हिंसा एवं भ्रष्ट न्याय-व्यवस्था का सहारा ले रही थी, तो इसकी प्रतिक्रिया में लंदन (इंग्लैंड) स्थित भारतीय क्रांतिकारी भी ईंट का जवाब पत्थर से दे रहे थे। हिंसा का प्रत्युत्तर हिंसा से दिया जा रहा था (याद रहे, तब तक गांधीजी की अहिंसक विचारधारा का अता-पता कहीं दूर-दूर तक नहीं था अर्थात् न तो गांधी-नेहरू ही किसी राजनीतिक मंच पर थे, न ही कांग्रेस कोई प्रभावशाली राजनीतिक दल के रूप में उस समय तक भारतीय राजनीति के मंच पर आ पाई थी)। अतः सावरकर प्रणीत युद्धक एवं सशस्त्र नीति-रीति ही अपना रंग दिखा रही थी।

ब्रिटिश विरोधी अभियान तथा गतिविधियों के आयोजन/विनियोजन में लिप्त रहने के साथ-साथ सावरकर ने अपनी पढ़ाई तथा शिक्षा से अपना ध्यान नहीं हटाया तथा उन सभी परीक्षाओं को पास करते चले गए, जिनके कारण वह कानून की डिग्री हासिल कर सकते थे। लेकिन लंदन की 'ग्रेज-इन' ने उनके खिलाफ एक झूठा केस गढ़कर उन्हें एक मुकदमे में फँसा दिया। इस पर लंदन के अखबारों में जबरदस्त प्रतिक्रिया हुई तथा स्थानीय प्रेस की आलोचनात्मक टिप्पणियों से घबराकर लंदन की अदालत के जज (तथा जूरी) कुछ वक्त के लिए झुक तो अवश्य गए, लेकिन उन्होंने अपने फैसले में एक शर्त यह लगा दी कि सावरकर बिना सरकारी अनुमति लिए वकालत नहीं कर सकेंगे। वकालत करने के लिए उन्हें लिखित रूप से सरकार को भरोसा दिलाना होगा कि वे किसी भी तरह की, किसी भी क्रांतिकारी गतिविधि में भाग नहीं लेंगे, लेकिन चूँकि सावरकर ने ऐसा कोई भी भरोसा देने से साफ इनकार कर दिया, उन्हें वकालत करने का अवसर कभी नहीं दिया गया। सावरकर पर झूठे दोष मढ़ने के लिए ब्रिटिश सरकार ने एक कमेटी का गठन किया था। इस कमेटी ने 15 दिनों तक झूठी-मूठी जाँच-पड़ताल करने का नाटक किया। सावरकर पर लगाए गए दोषों पर कमेटी खूब विचार करने का स्वांग तो कर ही रही थी, लेकिन सावरकर के विरुद्ध कुछ भी सप्रमाण सिद्ध नहीं कर पा रही थी। फिर भी, सावरकर को कहीं भी वकालत करने की अनुमति नहीं दी गई।

भारत में सरकार द्वारा चलाए जा रहे दमन-चक्र ने लंदन में भारत के क्रांतिकारियों को बेचैन और उत्प्रेरित कर दिया कि वे भी बदले की कार्रवाई करें। 1 जुलाई, 1909 को मदनलाल धींगड़ा द्वारा कर्जन वायली की हत्या कर दी गई। धींगड़ा के कृत्य की भर्त्सना करने के लिए 5 जुलाई को आनन-फानन में लंदन के 'कैक्सटन हॉल' में एक बैठक बुलाई गई। एक वक्ता ने एक प्रस्ताव पेश कर धींगड़ा को अपराधी/दोषी घोषित करने का आग्रह किया। इससे पूर्व कि उसके द्वारा प्रस्तुत किया गया प्रस्ताव सर्वसम्मति से पारित कर दिया जाए, सावरकर ने प्रस्ताव का विरोध किया। एड्वर्ड पामर ने सावरकर के मुँह पर जोरदार घूँसा मारा, जिससे सावरकर की ऐनक का शीशा टूट गया और उनकी आँख घायल हो गई। आँख के जख्म से खून बहने के बावजूद भी सावरकर ने बिना उत्तेजित हुए ठंडी एवं संयत वाणी में यही कहा, "इतना सबकुछ हो जाने के बावजूद भी मैं इस प्रस्ताव के विरोध में अपना मत देता हूँ।" सावरकर ने अपने समर्थकों को मार-पीट करने से रोक लिया तथा वहाँ उपस्थित पुलिस को निर्विरोध कार्य करने दिया। पुलिस सावरकर को पकड़कर पुलिस स्टेशन ले गई, लेकिन एक घंटे बाद उन्हें छोड़ भी दिया गया। पुलिस ने पूरे घटनाचक्र पर खेद जताया। इस घटना के प्रति पुलिस का रवैया तथा 'टाइम्स' अखबार द्वारा पूरी घटना के प्रकाशित किए जाने पर यह बात साबित हो गई कि सावरकर द्वारा प्रस्ताव के विरुद्ध अपनी असहमति प्रकट करना कानूनन भी तथा जनतांत्रिक जीवन-पद्धति में बाकायदा मान्य है।

यह सच है कि तब सावरकर इंग्लैंड में थे, लेकिन यह भी उतना ही सच है कि वे ब्रिटेन (लंदन) के नागरिक नहीं थे। वह एक भारतीय नागरिक थे, जो लगातार ब्रिटिश-भारत सरकार को चुनौती दे रहे थे। अत: वे ब्रिटिश सरकार की निगाहों में एक खतरनाक-अप्रवासी थे, जिन्हें सरकार ने खासतौर पर (इंग्लैंड में एक खतरनाक व्यक्ति के रूप में) चिह्नित किया हुआ था।

लंदन की ब्रिटिश सरकार भारत की आजादी के मदनलाल धींगड़ा जैसे दीवानों के सामने पस्त हो चुकी थी तथा हिंदुस्तानी क्रांतिकारियों पर उनकी पकड़ एकदम ढीली हो गई थी, तब उन्होंने हिंदुस्तान में ब्रिटिश भारत सरकार की अगुवाई में अत्यंत क्रूर तौर-तरीके अपनाते हुए भारत के क्रांतिवीरों का दमन करना शुरू

कर दिया। इसके लिए सावरकर के मित्रों तथा परिजनों को खासतौर से निशाने पर लिया गया। सावरकर के संबंधियों/हितैषियों को अपनी नौकरी, अपने व्यवसाय से हाथ धोना पड़ा। उन्हें हर तरह का उत्पीड़न सहना पड़ा। ब्रिटिश-भारत सरकार उन पर अमानुषिक आघात करने लगी। जब अहमदाबाद में लॉर्ड मिंटो पर एक बम फेंका गया, तब सावरकर के छोटे भाई नारायणराव को गिरफ्तार कर लिया गया।

उधर, लंदन में भी सावरकर का जीना मुहाल कर दिया गया। जब सावरकर लंदन में थे, तब सावरकर ने वहाँ के समाचार-पत्रों में पढ़ा कि अनंत कन्हरे नामक एक मराठी युवक ने सावरकर के बड़े भ्राता बाबाराव सावरकर को सुनाई गई 'काला-पानी' की सजा का बदला लेने के लिए नासिक के अंग्रेज-कलक्टर मिस्टर जैक्सन को गोली मार दी है, तब ब्रिटिश-भारत सरकार ने बौखलाहट में सावरकर के दूसरे भाई नारायणराव को, जिन्हें कुछेक दिन पहले ही जेल से रिहा किया गया था सावरकर के कुछेक मित्रों सहित पुन: गिरफ्तार कर लिया है तथा उन पर आरोप लगाया गया कि उन्होंने ही हत्या करवाई है/गोली चलवाई है और इस तरह सावरकर बंधुओं ने ब्रिटिश-क्राउन के विरुद्ध सीधा युद्ध छेड़ दिया है। अनेक दैनिक समाचार-पत्रों में लिखवाया गया कि हिंदुस्तान में होनेवाली तमाम विनाशकारी एवं विध्वंसक गतिविधियों का आरंभिक स्रोत लंदन ही है तथा लंदन स्थित ब्रिटिश प्रशासनिक अधिकारियों को इन्हें अंजाम देने वालों अथवा इन्हें गुप्त रूप से हवा पानी देने वालों पर अंकुश लगाना चाहिए। कुछेक ने तो खुलेआम सावरकर का नाम लेते हुए तमाम हिंसक एवं जघन्य घातक कार्यों के लिए यहाँ तक लिखना शुरू किया कि सावरकर को गिरफ्तार क्यों नहीं किया जा रहा है? उस वक्त जो क्रांतिकारी नेतागण पेरिस में थे, उन्होंने सावरकर को तुरंत लंदन (इंग्लैंड) छोड़ देने की सलाह दी, सावरकर ने पहले तो ऐसा करने से इनकार कर दिया। अंतत: उन्हें लंदन से जाना पड़ा। 5 जनवरी, 1910 को ज्ञानचंद वर्मा ने लंदन के विक्टोरिया स्टेशन पर सावरकर को भावभीनी विदाई दी।

पेरिस में सावरकर को उन नेताओं का सान्निध्य मिला, जो हिंदुस्तान की आजादी के लिए जी-जान से प्रयत्नशील थे। सावरकर ने पेरिस में रहते हुए अनेक बैठकों/सभाओं का आयोजन करना शुरू कर दिया। हिंदुस्तान से ब्रिटिश-भारत सरकार के दमन-चक्र की खबरें बराबर पहुँच रही थीं।

ग्रेज इन विधि विद्यालय

26 जुलाई, 1906 को सावरकर ने इसी विधि विद्यालय में प्रवेश लिया। सभी सत्रों की पूरी पढ़ाई और सभी परीक्षाओं में उत्तीर्ण होने के बाद भी सावरकर को कानून की डिग्री आज तक नहीं दी गई, क्योंकि उन्होंने अंग्रेजी संविधान के प्रति निष्ठावान रहनेवाले 'शपथ-पत्र' पर हस्ताक्षर करने से मना कर दिया था। अंग्रेजों के संविधान को नकारनेवाला यह विश्व का इकलौता दृष्टांत है। चित्र में खड़े लेखक ने 1984-85 में सावरकर पर टी.वी. सीरियल बनाते समय यहाँ कुछ विद्यार्थियों को छोटा सा उद्‌बोधन भी किया था।

इंपीरियल इंस्टीट्यूट

लंदन का वह संस्थान, जहाँ 1 जुलाई, 1909 को सावरकर के शिष्य मदनलाल ढींगरा ने अपने संरक्षक ललमुएँ कर्जनवायली को गोलियों से भून दिया और 17 अगस्त को गर्व से फाँसी का फंदा चूमकर अमर हो गया। लेखक यहाँ पर भी भारतीय विद्यार्थियों को इस कांड पर प्रकाश डालकर श्रोताओं की तालियाँ बटोर चुका है।

विक्टोरिया स्टेशन

लंदन का वह ऐतिहासिक स्टेशन, जहाँ 13 मार्च, 1910 को पेरिस से आते हुए सावरकर को रेल के डिब्बे से उतरते ही पुलिस ने गिरफ्तार कर लिया और निकट के बोस्ट्रीट थाने ले गई।

बोस्ट्रीट पुलिस थाना और यहाँ लिया गया सावरकर का दुर्लभ चित्र।

13 मार्च, 1910 को लंदन के विक्टोरिया स्टेशन पर गिरफ्तारी के बाद सावरकर का एक दुर्लभ चित्र।

लंदन का ओल्ड बैले न्यायालय, जहाँ सावरकर का पहला अभियोग चलाया गया।

हेग न्यायालय

हॉलैंड के हेग नगर का वह अंतरराष्ट्रीय न्यायालय, जहाँ पहले भारतीय अभियुक्त के रूप में सावरकर को लपेटा गया। 'शांति भवन' अथवा 'न्याय मंदिर' कहे जानेवाले इसी न्यायालय ने सावरकर के साथ सबसे अधिक घोर अन्याय किया। परिणामस्वरूप यहाँ के प्रधानमंत्री महाशय ब्रायन को अपना पद तक त्यागना पड़ा।

इसी भवन के सामने लेखक अपने पुत्र अंकुर के साथ।

दिल्ली का ऐतिहासिक लाल किला

जिसके एक भाग को न्यायालय बनाकर अंधे-औंधे आरोपों में फँसाकर सावरकर को 'गांधी-वध' अभियोग में घसीटा गया और 65 वर्ष की आयु में तरह-तरह की यातनाएँ दी गईं। एक वर्ष से भी अधिक चलनेवाले इस मुकदमे में अंततः 'सत्यमेव जयते' ही प्रमाणित हुआ। नेहरू सरकार के सभी दाँव-पेंच और टेढ़ी-मेढ़ी चालें धरी-की-धरी रह गईं। 10 फरवरी, 1949 को सुबह 11 बजे जस्टिस आत्माचरण ने सावरकर को 'सर्वथा निर्दोष' घोषित किया और ससम्मान बरी कर दिया।

इसी न्यायालय में चल रहे अभियोग की कुछ झाँकियाँ।

वीर सावरकर एवं उनके प्रमुख बचावों के अधिवक्ता माननीय एल.बी. भोपतकर।

वादी-प्रतिवादी के अधिवक्ता ; बीच में न्यायाधीश जस्टिस आत्माचरण
निर्णय : सावरकर सर्वथा निर्दोष और यह पूरा प्रसंग अत्यंत दुर्भाग्यपूर्ण।

राजनीति का हिन्दूकरण

हिन्दुओं का सैनिकीकरण

सैना का आधुनिकीकरण

• वीर सावरकर

।। सारा जीवन, पूरा परिवार
माँ के चरणों में दिया वार ।।

"तीन ही क्यों, यदि हम सात भाई भी होते तो, सभी पुष्पों की तरह भारत माँ के चरणों पर न्यौछावर होकर बलिदान का अमर इन्द्रधनुष बन जाते।"

– *वीर सावरकर*

अभिनंदन से...

2000 'सावरकर समग्र ग्रंथमाला' का श्री अटलजी एवं श्री लालकृष्ण आडवाणी द्वारा 7 रेसकोर्स रोड पर लोकार्पण। अटलजी को संपादक अपना एक ग्रंथ देते हुए। बाएँ से विष्णुकांत, वसंतसाठे और सबसे दाईं और डॉ. भाई महावीर।

अंदमान की
नारकीय यातनाएँ...
7' × 8' की अँधेरी

अंदमान में सावरकर की स्वर्ण जयंती (50 वर्ष) कंठमाल

अंदमान कारागार में रस्सी बँटने का दंड स्थगित। परंतु कभी-कभी नंगी पीठ पर कोड़ों का प्रसाद प्राप्त होता रहता।

उत्पीड़न की पराकाष्ठा···

काल कोठरी में दो आजीवन (50 वर्ष) का अभूतपूर्व कठोर-दंड

अंदमान में किसी दूसरे बंदी द्वारा लिखा हुआ पत्र बरामद होने पर सावरकर को एक महीने के एकांतवास का दंड। सावरकर के उसी कक्ष में अब एक तैलचित्र भी लगा दिया गया है।

जेल की कोठरी में दीवारों पर कीलों, नाखूनों तथा पत्थरों से लेखन कार्य आरंभ और उसी दिन उसे कंठस्थ कर मिटा देने की प्रक्रिया चलती रही। हजारों पंक्तियों में लिखे यहाँ के चार महाकाव्यात्मक ग्रंथ भारत माँ के चरणों में समर्पित

...पुण्य-स्मरण तक

2003 आत्मार्पण के 37 साल बाद उसी संसद् के केंद्रीय कक्ष में तत्कालीन राष्ट्रपति डॉ. ए.पी.जे. अब्दुल कलाम, प्रधानमंत्री अटलबिहारी वाजपेयी, उपप्रधानमंत्री लालकृष्ण आडवाणी द्वारा उनके तैलचित्र का उत्साहपूर्ण अनावरण। याद आते हैं सावरकर के समर शब्द 'मुझे समझने में भारत को 50 वर्ष लगेंगे।'

यद्यपि सावरकर की उत्कट इच्छा भारत पहुँचने की थी, परंतु वह यह भी जानते थे कि भारत की धरती पर पैर रखते ही उन्हें तुरंत गिरफ्तार कर लिया जाएगा। ऐसे में बेहतर विकल्प यही होगा कि वे वापस लंदन (इंग्लैंड) चले जाएँ। उन्होंने इतना भी सोचा कि अगर वहाँ लंदन में उन्हें गिरफ्तार कर भी लिया गया, तो वहाँ लंदन (इंग्लैंड) में उन्हें एक तर्कसंगत स्वच्छ न्याय मिलेगा तथा ऐसा अभियोग लगने पर उन्हें अवसर भी मिल जाएगा कि लंदन की अदालत में खुली जिरह के बीच वह स्वतंत्रता से अपना अभिमत रखते हुए सारी दुनिया के सामने ब्रिटिश-भारत सरकार की निर्लज्जता को बेपरदा कर सकेंगे कि किस तरह साम्राज्यवादी-ब्रिटिश सरकार हिंदुस्तान में निहत्थों पर तथा आजादी के दीवानों पर कहर बरपा रही है।

जल्दी ही सावरकर को सुनने को मिला कि नासिक-अभियोग में लिप्त तमाम स्वतंत्रता सेनानियों को अभियुक्त ठहरा कर ब्रिटिश-भारत सरकार ने उन्हें कठोर दंड सुना दिया है और यद्यपि फिलहाल उनके भाई का नाम अभियुक्तों की सूची में नहीं है, उनकी अंतरात्मा उन्हें रह-रहकर बराबर किसी भावी दुर्घटना की शंका से कचोट रही थी, उस समय उनका अंत:करण उन्हें बराबर अपनी जिम्मेवारियों को निभाने के लिए धिक्कार रहा था। इस वक्त वह अपनी वर्तमान दशा का विश्लेषण करते हुए महसूस कर रहे थे कि असली परीक्षा की घड़ी अब आन पहुँची है और अब देखना यही होगा कि परीक्षा के इन क्षणों में वह कितना खरा उतरते हैं। उन्हें गिरफ्तारी का दंश भी झेलना पड़ सकता है। लंदन से निकाल बाहर भी किया जा सकता है। यहाँ तक कि उन्हें मौत के घाट भी उतारा जा सकता है। उन्होंने यह भी महसूस किया कि अब वे अपने संगी-साथियों को अंग्रेजों के विरुद्ध तभी स्वतंत्रता-संग्राम जारी रखने के लिए कह सकते हैं, जबकि वे स्वयं आगे बढ़कर यह आश्वासन दें कि ऐसे स्वतंत्रता-संघर्ष के कारण उत्पन्न होनेवाले तमाम प्रतिकूल परिणामों का दंड भुगतने एवं तज्जन्य संताप भोगने के लिए वह स्वयं तैयार हैं। सावरकर ने इस मानसिक ऊहापोह के क्षण में स्वयं लिखा है—"मैं स्वयं हर खतरा मोल लूँगा, मैं हर तरह का कष्ट सहने को तैयार हूँ, मैं स्वयं सबसे बड़ी कुरबानी दूँगा (बाल हकीकतराय/गुरु गोविंद सिंह, बंदा-वैरागी, दुर्गादास की तरह), तभी मैं अपने हमसफर-हिंदुस्तानी संगी-साथियों से कह सकूँगा,

उन्हें उत्प्रेरित कर सकूँगा कि सिर पर कफन बाँधकर वे भारतमाता मातृभूमि को आजाद कराने के लिए स्वाधीनता-समर में कूद पड़ें। अपने जीवन की आहुति दें तथा हर तरह का कष्ट भोगने के लिए स्वयं को मनसा-कर्मणा तैयार कर लें।"

ऐसा सोचकर 13 मार्च, 1909 को सावरकर ने पुनः लंदन जाने का निश्चय कर लिया। इंग्लैंड की धरती पर पुनः पहुँचते ही सावरकर ने लंदन जाने के लिए रेलगाड़ी पकड़ी। रेलगाड़ी में सफर करते वक्त उन्होंने भाँपा कि उन पर बराबर निगाह रखी जा रही है और यह शक उस समय पूरी तरह रंग ले आया, जब विक्टोरिया स्टेशन पर उतरते ही उन्हें ब्रिटिश (लंदन) पुलिस के जासूसों ने घेर लिया। सावरकर ने कड़ी भाषा में उन्हें गिरफ्तारी का वारंट दिखाने के लिए कहा। जासूसों ने उत्तर दिया कि वे उन्हें बाद में दिखा देंगे। वे सावरकर को पकड़कर रेलवे स्टेशन पर बने एक कक्ष में ले गए, जहाँ उन्होंने हिंदुस्तान से जारी किया गया उनकी गिरफ्तारी का एक वारंट उन्हें दिखाया, जिसमें सावरकर पर 'राजद्रोह तथा हत्या की अवप्रेरणा' का आरोप लगाया गया था।

वस्तुतः लंदन में सावरकर की गिरफ्तारी को लेकर अनेक अद्‌भुत पहलू हैं, जिनसे यह पता चलता है कि लंदन के ब्रिटिश-सत्ताधीशों ने कितनी मक्कारी, चालाकी, बेशर्मी और बहानेबाजी से सावरकर को साजिशाना तौर पर हिंदुस्तान भेजा था। ब्रिटेन में स्थित अंग्रेज सरकार बखूबी जानती थी कि यद्यपि सावरकर भले ही राजनीतिक अभियान में कितनी ही सभ्यता के साथ सम्मिलित क्यों न रहे हों, उसने इंग्लैंड में रहते हुए ब्रिटिश कानून के खिलाफ कभी भी कोई काम नहीं किया है और इस कारण सावरकर को ब्रिटिश कानूनों के तहत तो गिरफ्तार किया नहीं जा सकता, लेकिन क्योंकि ब्रिटिश सरकार उसकी जुबान पर ताला लगाना चाहती थी तथा उसे निपीड़ित करना चाहती थी। सावरकर को लंदन में ब्रिटिश पुलिस द्वारा जिस वारंट के तहत गिरफ्तार किया गया था, असल में वह 'गिरफ्तारी-वारंट' हिंदुस्तान स्थित मुंबई की अदालत से जारी किया गया था।

यद्यपि सावरकर ब्रिटिश-भारत सरकार से विधिवत् प्राप्त किए गए पासपोर्ट तथा अनुमति-पत्र के आधार पर ही छात्रवृत्ति पाकर बाकायदा कानून की पढ़ाई करने के लिए लंदन आए थे तथा इंग्लैंड में रहने के लिए तमाम कानूनी औपचारिकताओं का भी भलीभाँति अनुपालन किया था, तथापि ब्रिटिश-भारत

सरकार ने उन्हें एक खतरनाक अपराधी, भगोड़ा, फरार घोषित कर दिया तथा 1881 के 'फ्युगिटिव ऑफेंडर्स ऐक्ट' के तहत उन पर निम्नलिखित आरोप मढ़े—

1. **भारत के अंग्रेजी शासन के विरुद्ध षड्यंत्र रचना;**
2. **ब्रिटिश सम्राट को प्रभुसत्ता से वंचित करने का प्रयास;**
3. **अवैध शस्त्रास्त्रों का संग्रह-वितरण तथा जैक्सन व कर्जन वायली की हत्याओं के लिए प्रोत्साहन;**
4. **लंदन में शस्त्रों का संग्रह व भारत को निर्यात;**
5. **भारत में जनवरी 1906 से मार्च 1906 तक तथा लंदन में 1908 से 1909 तक राजद्रोहात्मक भाषण देना।**

यह षड्यंत्रकारी शासकीय करतूत जनतांत्रिक सिद्धांत के विपरीत थी, फिर भी सावरकर ने वह रात पुलिस थाने में गुजारी और घोड़े बेचकर सोए। ऐसे जटिल प्रतिकूल हालात में भी सावरकर की गहन शांतिप्रदायिनी निद्रा का रहस्य यही था। सावरकर अपने विरुद्ध तमाम प्रतिकूल परिस्थितियों में भी मातृभूमि की मुक्ति के लिए हर स्थिति को झेलने के लिए मानसिक रूप से तैयार थे। उनका संकल्पशील मन यह जान चुका था, मान चुका था कि अगर 'भारतमाता' को गुलामी की जंजीरों से मुक्त कराना है, तो यह सब तो उन्हें भुगतना ही होगा। इसीलिए पुलिस 'लॉक-अप' में वह न तो घबराए ही, न ही भयभीत हुए। लेकिन जिस तरह सावरकर को लंदन में गिरफ्तार किया गया था, उससे उनके अनुयायी बहुत खफा भी थे और क्रोधित/आक्रोशित भी। उनके सहयोगी कामरेड अय्यर ने सावरकर के कानूनी बचाव तथा उनकी रिहाई का सारा बंदोबस्त करने का जिम्मा अपने ऊपर ले लिया।

अगले ही दिन 14 मार्च को सावरकर को बो-स्ट्रीट पुलिस अदालत में मजिस्ट्रेट के समक्ष पेश किया गया। उस समय सुनवाई के दौरान सावरकर को मुचलके पर छोड़ने के लिए रेजीनॉल्ड कॉधान द्वारा एक प्रार्थना-पत्र (शपथ-पत्र) अदालत में प्रस्तुत किया गया। जिस पर मजिस्ट्रेट ने कहा कि वह पूरे मामले में और कुछ जानना चाहता है तथा काफी कुछ गौर करना चाहता है। इसके बाद ही वह सावरकर को मुचकले पर छोड़ देने के आवेदन-पत्र पर विचार करेगा। इस तरह मजिस्ट्रेट ने बड़ी चालाकी से सावरकर को जमानत पर छोड़ देने से मना

कर दिया। सावरकर को एक हफ्ते तक पुलिस कैद में रखा गया तथा 20 मार्च को उन्हें ब्रिकस्टन जेल में भेज दिया गया।

बाद में अदालत में सबूत पेश किए गए। उनसे यह बात शीशे की तरह साफ हो गई कि सावरकर पर जो अभियोग लगाया गया था, वह अंग्रेजों की राजनीतिक बदगुमानी और बदहवासी का नतीजा था, जिसका उद्गम भारत में हुआ था। हिंदुस्तान के तत्कालीन वॉयसरॉय ने लंदन में 'इंडिया-हाउस' के पते पर एक तार भेजा था, जिसमें साफ लिखा गया था कि ब्रिटिश-भारत सरकार सावरकर के विरुद्ध कानूनी कार्रवाई करना चाहती है। उसके भाई गणेश सावरकर को धारा-121, इंडियन पैनल कोड के तहत दोषी (अपराधी) करार दे दिया गया है। हमारा अभिमत है तथा हम चाहते हैं कि हिंदुस्तान से एक पुलिस अधिकारी को इस षड्यंत्र कांड की गहन जाँच-पड़ताल के लिए लंदन भेजा जाए, जो पूरे मामले की गहरी जानकारी रखता हो। हमें बताया गया है कि सावरकर के खिलाफ सिक्खों द्वारा ही सच्चे और विश्वसनीय सबूत जुटाए जा सकते हैं। इसीलिए हम एक सिक्ख डिप्टी सुपरिंटेंडेंट दयालसिंह ज्ञानी को भेज रहे हैं। हम आपसे निवेदन करते हैं कि इन शर्तों/बातों के तहत हमें आप लौटते तार द्वारा सिक्ख डिप्टी-सुपरिंटेंडेंट के लंदन आने की अनुमति प्रदान करें।"

सावरकर के पक्षधर नहीं जानते थे कि भारत में राजनीतिक स्तर पर उच्च-सत्ताधिकारियों द्वारा किस षड्यंत्र की तैयारी चल रही है। उन्हें भरोसा हो चला था कि ब्रिटिश-व्यवस्था न्याय करेगी और सावरकर को बाइज्जत बरी कर देगी। उन्हें लगा कि सावरकर के साथ अदालत में न्याय होगा। इसीलिए अय्यर ने श्यामजी कृष्णवर्मा को लिखे गए एक पत्र में साफ-साफ लिखा था—"हमें हर हालत में यह देखना चाहिए कि सावरकर को हिंदुस्तान न भेजा जाए। अगर एक बार उसे हिंदुस्तान भेज दिया गया, तो फिर हम उसे दुबारा नहीं देख पाएँगे। बस, फिर तो हमें यही पता चलेगा कि हमारी मातृभूमि के एक सबसे लाड़ले नौजवान बेटे को मलेरिया के कीटाणुओं से भरे किसी द्वीप की काल-कोठरियों में सड़ा-सड़ा कर मारने के लिए छोड़ दिया गया है।"

अपने जघन्य लक्ष्य को पूरा करने के लिए हिंदुस्तान स्थित ब्रिटिश-भारत सरकार के अधिकारियों ने सावरकर अभियोग से संबद्ध उपयुक्त कागजात भेजने

में जान-बूझकर जरूरत से ज्यादा समय लगा दिया। अदालती स्तर पर यह देरी जान-बूझकर मामले को लटकाने की नीयत से की गई थी। इससे सावरकर के अंतरंग संगी-साथियों में घोर निराशा व्याप्त हो गई। उनके सब्र का बाँध टूटने लगा। अब अय्यर भी बहुत उदास रहने लगे, लेकिन इतना कुछ हो जाने पर भी सावरकर के माथे पर शिकन तक नहीं थी। सावरकर पेरिस छोड़कर इंग्लैंड वापस चले आने के अपने निर्णय से कहीं भी किसी प्रकार के विक्षुब्ध-भाव से ग्रस्त नहीं थे। वह भलीभाँति जानते थे कि ऐसा करना निरापद नहीं होगा, लेकिन वह हर तरह का नतीजा भुगतने को तैयार थे। उनकी चेतना अपने चरम सोपान पर थी और सदा की भाँति उनका आंतरिक निर्णय एकदम अटल था। इसी मनस्चेतना में डूबकर सावरकर ने अपनी वहिनी (भाभी) को अपना प्रसिद्ध प्रपत्रक—"My will and Testament" (मेरा मृत्यु-लेख/इच्छा पत्र/वसीयतनामा) लिखा था। उसमें वह सहर्ष एवं सोल्लास उन क्षणों को याद करते हैं, जब उन्होंने सबके साथ मिलकर समवेत् स्वर में अंग्रेजी सत्ता के खिलाफ रण निनाद किया था तथा पवित्र लक्ष्य को पाने के लिए आत्मबलिदान/जीवनदान करने का संकल्प लिया था।

सावरकर ने लिखा है—"परीक्षा का क्षण आ चुका है; ओ! अरे! जिसने दुरंत कसमें खाई हैं तथा तुम्हारे सामने पवित्र शब्दों में अपना सर्वस्व समर्पित कर देने का संकल्प किया है। स्वयं को न्योछावर करते हुए, जो (हर तरीके से, हर स्तर पर) स्वातंत्र्य-समर की अग्नि-शिखाओं में अग्निस्नात हो जाने तथा आत्माहूत हो जाने के लिए तत्पर है, जो इन क्रांति ज्वालाओं से निःसृत होती हुई, अच्छाई की बुराई पर विजय के लिए प्राणपण से मिट जाना चाहता है। क्रांति तो होगी, अच्छाई की बुराई पर विजय तो होगी। माता के बंधन तो टूटेंगे। हम रहें न रहें, हमारा देश, हमारा भारत शान से सिर उठाकर खड़ा होगा। घबराने की, मन मसोसने की, शोर करने की, क्षुब्ध होने की घड़ी नहीं है। नंगी तलवार की धार पर पाँव रखकर स्वातंत्र्य-समर में तांडव नृत्य करने की घड़ी आ पहुँची है। उठो, मेरे बंधुओ, और रणनाद करो। शत्रु के लहू से स्वतंत्रता-भवानी का शृंगार करो···

"हे माँ! तेरे लिए उठाया गया हर कार्यभूत-चरण एक पवित्र कार्य है। प्रभु के लिए की गई साधना है, कर्माश्रित गत्यात्मकता है और हे माँ! हे भारत माता!!

हे मेरी मातृभूमि! मेरी भवानी! तेरी सेवा करते हुए मैं पा रहा हूँ प्रभु के चरणों का चरणामृत-पान!!

"माँ! तेरे तीस करोड़ बाल स्त्री-पुरुष! इनमें से जो तेरी अनुकंपा से ही तेरे चरणों पर अपना शीश चढ़ाते चले जाएँगे! उनकी दिव्य-मृत्यु दिव्य होकर अमर हो जाएगी और हमारा परिवार 'वटवृक्ष'! अरे बहना! इस तरह उच्छेदित हो जाने पर भी जड़-मूल समेत और कहीं गहरे मातृभूमि की धरती में उतर जाएगा। उस पर अमर-बेल चढ़ेगी। अमरत्व के फूल खिलेंगे!!

"बहनी! हमने स्वतंत्रता-भवानी/भारत-भू भवानी के ध्वज तले उसकी स्वतंत्रता, उसके सम्मान के लिए अपने प्राण देकर भी जो सतत संघर्ष करते रहने की शपथ ली थी, उसके पूर्ण होने की परीक्षा का क्षण समीप आ गया है। बड़े पुण्य से प्राप्त हुआ है, यह क्षण!! प्रभु की कृपा से ही हमें यह शक्ति मिल रही है कि हम मातृभू 'भवानी' के चरणों में स्वयं को आत्माहूत कर सकें। हमने अपने लक्ष्य को पाने के लिए पूरी निर्भीकता के साथ, बिना किसी छल-कपट के अपना कार्य किया है, हम लड़ते-लड़ते शहीद हो रहे हैं और यही सब तो हमारा आत्मभूत लक्ष्य भी था, जिसके लिए माता के मंदिर में हम प्रतिश्रुत हुए थे।"

जब सावरकर पर लगाए गए अभियोग से संबद्ध कागजात हिंदुस्तान से ब्रिटिश अधिकारियों के पास पहुँच गए, तब यह भी पता लग गया कि दोनों सरकारों के बीच कागजातों के स्थानांतरण को लेकर इतना विलंब किसलिए किया गया। वस्तुतः दोनों सरकारों ने मिलीभगत करके सावरकर के विरुद्ध एक पक्का षड्यंत्रयुक्त अभियोग गढ़ा था। उन्होंने अपनी बात को पुख्ता करने के लिए एक हिंदुस्तानी को गवाही के लिए चुना था तथा एक-दूसरे हिंदुस्तानी को झूठ का सहारा लेकर सावरकर के विरुद्ध आग उगलने के लिए चुना था, जिसके बयान को सावरकर के विरुद्ध अदालत में इस्तेमाल किया जा सके।

ब्रिटिश-भारत सरकार की हिंदुस्तानी नौकरशाही इस बात पर तुली हुई थी कि सावरकर पर लंदन के कानूनों के तहत मुकदमा न चले। बस, उन्हें एक अदालती फैसले के मुताबिक लंदन से हिंदुस्तान हथकड़ियों में जकड़ कर भेज दिया जाए। फिर हिंदुस्तान में ब्रिटिश-भारत सरकार द्वारा बनाए गए नियमों-कानूनों के तहत उन पर अभियोग चलाकर उन्हें कड़ी-से-कड़ी सजा दी जाए। भारत

के ब्रिटिश-आकाओं के चाटुकार नौकरशाहों की दृष्टि में यही एकमात्र उपाय था, जिसके आधार पर वे सदा-सदा के लिए सावरकर की बोलती बंद करके क्रांतिकारी गतिविधियों पर लगाम लगा सकते थे, जिसके कारण उनके अंग्रेज आकाओं को बेहद परेशानी का सामना करना पड़ रहा था।

सावरकर के विरुद्ध इस्तेमाल किए गए दस्तावेजी सबूतों में हरीशचंद्र कोरेगाँवकर नामक एक व्यक्ति का, जो 1908-09 में इंडिया-हाउस की 'फ्री-सोसाइटी' का एक सदस्य भी रहा था और जिसने 120 पृष्ठों से भी अधिक टाइप किए हुए कागजों में अपना बयान दर्ज करते हुए आरोप लगाया कि 'इंडिया-हाउस' में ब्रिटिश सरकार विरोधी गतिविधियाँ धड़ल्ले से आयोजित की जाती थीं और ये सारी गतिविधियाँ बड़े गुपचुप तरीके से अभिमंत्रित की जाती थीं। ज्यादा हैरानी की बात यह थी कि उसने अपने बयानों में सावरकर तथा अय्यर को बुरी तरह लपेट लिया था तथा जो कुछ भी 'इंडिया-हाउस' में घटित हुआ था या हो रहा था, उसका सारा ठीकरा सावरकर और वी.वी.एस. अय्यर के मत्थे फोड़ दिया था। उसने अपने बयानात में यह भी आरोप लगाया कि प्रमुखत: सावरकर और अय्यर ही मातृभूमि (भारतमाता) को मुक्त कराने के लिए 'इंडिया-हाउस' में नित्य-प्रति आनेवाले युवकों को, खासकर भारतवासियों को हथियार उठाने के लिए उकसाते रहते थे।

उधर, सावरकर के विरुद्ध एक मजबूत केस बनाने के इरादे से सत्तापक्षीय अधिकारीगण किसी तरह की कोई भी ढिलाई बरतने को तैयार नहीं थे। ब्रिटिश अधिकारीगण चेनचेरी रामाराव नामक एक व्यक्ति को बहला-फुसला कर यह बयान दिलवाने में सफल हो गए कि अपने बक्से में मिले रिवॉल्वरों की खेप के कारण वह जिस तरह ब्रिटेन की जेल में सजा काट रहा था, वे सारे हथियार उसके बक्से में सावरकर ने ही रखे थे। यह व्यक्ति बर्मा से लंदन आया था और कुछ समय के लिए 'इंडिया-हाउस' में ठहरा भी था। इसी ने स्वार्थवश अंग्रेज अधिकारियों के दबाव में आकर सावरकर पर यह झूठा मनगढ़ंत आरोप मढ़ दिया। सनद रहे, इस मिथ्या बयान के प्रतिफलस्वरूप ही ब्रिटेन के सत्ताधीशों ने उसे जेल से रिहा भी कर दिया और पुरस्कारस्वरूप उसे लंदन के पुलिस विभाग में एक शानदार नौकरी भी दे दी। **इसी बयान की बदौलत अधिकारीगण अदालत**

में यह साबित करने में कामयाब हुए कि हिंदुस्तान में जिस रिवॉल्वर से नासिक के कलेक्टर मिस्टर जैक्सन की हत्या की गई थी, उसे सावरकर ने ही मुहैया कराया था, इसलिए जैक्सन की हत्या में सावरकर का भी हाथ होना सिद्ध हो जाता है और इस तरह भारत में पुलिस, न्यायालय में यह सिद्ध करने में सफल हो गई कि ब्रिटिश क्राउन के विरुद्ध युद्ध छेड़ने अर्थात् राजद्रोह उकसाने तथा जैक्सन की हत्या करवाने में सावरकर की प्रमुख भूमिका रही है।

23 अप्रैल को जब श्री बॉडकिन ने मुकदमे की कार्रवाई शुरू की तो श्री वॉन ने भरसक प्रयास किया कि सावरकर का मुकदमा इंग्लैंड में ही चलाया जाए, पर बो-स्ट्रीट के न्यायाधीश ने 12 मई को यह निर्णय दिया कि सावरकर को भारत भेजकर वहीं उन पर मुकदमा चलाया जाए। इस निर्णय के विरोध में वॉन महोदय ने फिर अपील की पर मुख्य न्यायाधीश ने (जिनका अपना नाम भी वॉन विलियम्स था) पहले वाले निर्णय को ही बनाए रखा। इसके बाद एक अंतिम अपील 'अपीलों के विशेष न्यायालय' में भी की गई। यहाँ चार न्यायाधीशों में से कॉलरिज नामक एक न्यायाधीश को छोड़कर शेष तीन ने फिर उसी पूर्व निर्णय का अनुमोदन किया। इसका अर्थ यह था कि **अब सावरकर को भारत भेजे जाने और वहाँ मनगढ़ंत असत्य आरोपों पर आधारित अभियोगों के माध्यम से कुचलकर रख देने का षड्यंत्र, अंतिम व अपरिहार्य रूप से निश्चित हो चुका था।**

सभी कानूनों/नीति-नियमों, मर्यादाओं, मानवीय संवेदनाओं तथा औचित्य आदि को ताक पर रख दिया गया था। अंततः हर तरह के झूठ का सहारा लेते हुए सावरकर को घृणास्पद षड्यंत्र में फाँसकर भारत भेजा गया।

□

अध्याय-3

नासिक षड्यंत्र-अभियोग

जब सावरकर लंदन में अपने ऊपर थोपे गए मिथ्या अभियोग के विधिवत् परिचालन की प्रतीक्षा कर रहे थे, तब भारत स्थित अंग्रेजों की उपनिवेशवादी सरकार सावरकर के विरुद्ध मिथ्या आरोप गढ़ने, उन्हें सप्रमाण षड्यंत्रकारी रूप में तैयार करके विधिवत् अपने ब्रिटेन स्थित आकाओं को भेजने में लगी हुई थी, जिसमें ब्रिटिश कानूनी अधिकारियों से यह आश्वासन माँगा जा रहा था कि वे सावरकर को वहाँ ब्रिटेन के कानूनों के तहत कोई सजा न देकर हिंदुस्तान में हिंदुस्तानी कानूनों के तहत दूसरा अभियोग भुगतने के लिए अपने कड़े पहरे में भेज देंगे। इसी अनुमान के आधार पर हिंदुस्तान की ब्रिटिश-भारत सरकार सभी तरह की कानूनी तैयारियाँ पूर्ण करने में लगी हुई थी, ताकि सावरकर के हिंदुस्तान पहुँचते ही उन्हें गिरफ्तार कर उन पर मुकदमा ठोका जा सके तथा उन पर मन माफिक दोषारोपण करके अपने आरोपों को कानूनी जामा पहनाते हुए अदालत के आदेश पर सावरकर को हिंदुस्तान की धरती से दूर अंदमान की सेल्युलर जेल में आजीवन कारावास का दंड भुगतने के लिए भेजा जा सके और निष्कंटक होकर भारत के शासन की बागडोर सँभाली जा सके।

भारत सरकार किसी भी सूरत में सावरकर को अब खुला नहीं छोड़ना चाहती थी। वह सावरकर से बुरी तरह डरी हुई थी। उसे भय था कि कहीं सावरकर अपनी सोच तथा अपनी संगठन क्षमता के बल पर हिंदुस्तान की जनता को सन् 1857 जैसे हालात पैदा करने के लिए संगठित न कर दें। इसीलिए सावरकर के संभावित मुकदमे को देखते हुए ब्रिटिश-भारत सरकार ने उनके ऊपर अभियोग चलाने हेतु अलग से एक विशेष राजाज्ञा जारी करते हुए एक विशिष्ट 'जाँच

एवं न्याय आयोग' गठित कर दिया। इस न्यायाधीकरण में न तो 'जूरी' की कोई व्यवस्था रखी गई थी, न ही इस न्यायिक-प्राधिकरण के फैसले के विरुद्ध अपील करने का कोई प्रावधान सुलभ कराया गया था। यह न्यायिक-प्राधिकरण एक तरह से दंड देने के लिए कुछेक लोगों का जमावड़ा भर था, जिसे पूर्ण शासकीय-प्राधिकार प्राप्त था तथा इस बात में कोई संदेह नहीं कि इससे किसी न्यायोचित निर्णय की अपेक्षा नहीं की जा सकती थी। इंग्लैंड में भी अनेकानेक कानूनविदों/मीडियाकर्मियों, बुद्धिजीवियों तथा विवेकवान लंदनवासियों ने तथा भले मानस अंग्रेजों ने सच्चे हृदय से यह मान लिया था कि सावरकर को पिंजड़े में बंद करने के लिए ही यह सारा स्वांग रचा गया था तथा यह निश्चित कर लिया गया था कि या तो उन्हें फाँसी के फंदे तक पहुँचा दिया जाए अथवा उन्हें हिंदुस्तान की धरती से निष्कासित कर कालापानी की सजा सुनाकर अंदमान भेज दिया जाए।

सावरकर के भारत भेजते समय गाई-अल्ड्रेड ने ब्रिटिश जनता का ध्यान खींचते हुए स्पष्ट शब्दों में कहा—'वास्तविकता' तो यही है कि सावरकर पर चलाए गए मुकदमे में शामिल ब्रिटेन की सभी अदालतें 'बो-स्ट्रीट-पब्लिक-कोर्ट', 'डिवीजनल कोर्ट' लंदन तथा 'कोर्ट-ऑफ-अपील' गैर-जुम्मेदाराना तथा गैर-कानूनी तरीके से कार्य करती रही हैं। वस्तुतः इंग्लैंड की ब्रिटिश सरकार इस बात पर तुली हुई थी कि किसी-न-किसी तरह सावरकर को इंडिया वापस भेजकर छुट्टी पाई जाए। इसीलिए सारा अदालती ढोंग रचा गया, जो महान् ब्रिटिश चरित्र (मैग्नाकार्टा के प्रावधानों) के अनुरूप नहीं है। अगर यह सब इंग्लैंड जैसे कानून के संरक्षक देश में संभव हो सकता है, तो जरा सोचिए हिंदुस्तान में ब्रिटिश-भारत सरकार क्या नहीं कर सकती थी, जहाँ न्यायिक व्यवस्था ब्रिटिश-भारत सरकार के हितों की देखभाल के रवैए को देखकर ही कायम की गई थी। इस अवसर पर **लाला हरदयाल** ने दाँत पीसते हुए सख्त लहजे में कम-से-कम शब्दों में यही कहा था—"**सावरकर पर लगाया गया यह अभियोग केवल एक तमाशा भर होगा।**"

29 जून, 1910 को तत्कालीन ब्रिटिश प्रशासक (सेक्रेटरी ऑफ स्टेट) विंस्टन चर्चिल ने आदेश जारी करते हुए कहा कि सावरकर को इंग्लैंड से निष्कासित कर हिंदुस्तान भेज दिया जाए और इसके लिए तमाम इंतजामात

बाकायदा मुकम्मल तौर पर पूरी सावधानी के साथ किए जाएँ। इतना ही नहीं, फ्रांस की सरकार को एक सूचना-पत्र भेजकर आगाह भी कर दिया गया कि पी.एंड.ओ. जहाजरानी सेवा के जलयान 'एस.एस. मोरिया' से एक 'अत्यंत महत्त्वपूर्ण बंदी' को हिंदुस्तान भेजा जा रहा है, अतः पूरी सावधानी बरती जाए।

'एस.एस. मोरिया' एक जुलाई को इंग्लैंड का समुद्री तट छोड़कर हिंदुस्तान की समुद्री यात्रा की दिशा में निकला। सावरकर ने इस अवसर का लाभ उठाने की गरज से अपने भाग-निकलने के बारे में अंतर्मंथन किया। 8 जुलाई की भोर को शौचादि से निवृत्त होने के लिए शौचालय गए वहाँ बने पोर्ट होल से समुद्र में छलाँग लगा दी। जब बाहर खड़े चौकीदारों ने यह मंजर देखा, तब उन्होंने तेजी से चिल्लाना शुरू कर दिया, लेकिन सावरकर तो अत्यंत द्रुत गति से समुद्र के गहरे बर्फानी जल में हाथ-पाँव चलाते हुए तैरते हुए इंग्लैंड के तट से बहुत दूर फ्रांस के तटीय स्थल की तरफ बढ़ते ही चले जा रहे थे। सावरकर पर जलयान के पहरेदारों ने गोलियाँ भी दागीं, पर वे तमाम गोलियाँ निशाना चूक जाने तथा सावरकर के पानी के भीतर डुबकी मार-मारकर छिपते-छिपाते तैरने की वजह से सावरकर को लग नहीं पाईं। इस तरह सावरकर बिना कोई चोट खाए (बिना चुटिआए) फ्रांस के तट पर जा पहुँचे। वह तुरंत घाट (समुद्र चट्टी) पर चढ़ गए। अब वह एकदम उत्फुल्ल हो उठे, क्योंकि सावरकर को भरोसा हो गया था कि वह अंग्रेजों की गिरफ्त से अपने को बचाकर अब एक स्वतंत्र/संप्रभु जमीन पर/क्षेत्र में खड़े हैं। वहाँ पहुँच चुके हैं, जहाँ ब्रिटेन का कानून नहीं चलता, जहाँ विदेशी-दुश्मन उनका कुछ नहीं बिगाड़ सकता। जहाँ अंग्रेज घुसपैठ कर उन्हें छूने की भी हिम्मत या हिमाकत नहीं कर सकते।

दुर्भाग्यवश, सावरकर का यह सोचना सही साबित नहीं हो पाया। वहाँ पहुँचकर सड़क पर दौड़ते हुए सावरकर ने मदद के लिए एक फ्रांसीसी सिपाही को पुकारा भी, लेकिन फ्रांसीसी सिपाहियों ने एकदम अनुसना कर दिया। वस्तुतः सावरकर उस स्थान से तेजी से भाग रहे थे, क्योंकि जहाज से उतरकर ब्रिटिश सुरक्षा गार्ड उन्हें पकड़ने के लिए फ्रांस की समुद्र तटीय जमीन पर गैर-कानूनी ढंग से उनका पीछा कर रहे थे, उन्हें घेरने की कोशिश कर रहे थे। सावरकर को तेजी से भागते हुए देखकर तथा उनके पीछे 'चोर! चोर!!!' कहकर 'पकड़ो-

पकड़ो' चिल्लाते हुए ब्रिटिश पुलिसियों को दौड़ते हुए देखकर फ्रांस की पुलिस ने उन्हें आगे से घेरकर/रोककर पकड़ लिया और उन्हें ब्रिटिश पुलिस के सिपाहियों को सौंप दिया, जो सावरकर को पकड़कर पुनः ब्रिटिश जलयान (एस.एस. मोरिया) पर ले गए।

वास्तव में यह घटना बहुत दुर्भाग्यपूर्ण सिद्ध हुई। सावरकर को यह उम्मीद नहीं थी कि (अंतर्राष्ट्रीय कानूनों के तहत) फ्रांसीसी पुलिस उन्हें ब्रिटिश पुलिस को सौंप देगी। यह अपने आप में अंतर्राष्ट्रीय कानून का सीधा उल्लंघन था। कुछ भी रहा हो, अब यह मामला एक वैश्विक कानूनी विवाद बन गया था। सावरकर द्वारा किया गया यह असफल प्रयास दुनिया भर के तमाम देशों के बुद्धिजीवियों/कानूनविदों एवं प्रशासकों की बहस का मुद्दा बन गया। सारी दुनिया ने जान लिया कि ब्रिटिश साम्राज्यवाद दरअसल है क्या? समुद्री रास्ते से अपने निर्गमन के लिए ऐतिहासिक छलाँग लगाने के दुस्साहसी कृत्य से सावरकर ने सारी दुनिया का ध्यान अपनी ओर खींच लिया। इस मुद्दे की धमक बहुत दूर तक बहुत देर तक गूँजती रही और यह सावरकर पर चलाए गए दूसरे अभियोग का कारणभूत आधार बनी, जिसे आज 'हेग-ट्रायल' (अंतर्राष्ट्रीय-अदालत, हेग कोर्ट में चलाए गए मुकदमे) के रूप में जाना जाता है।

ब्रिटिश पुलिस ने सावरकर को एक-दूसरे संप्रभुता-संपन्न, स्वतंत्र देश फ्रांस की भूमि पर पकड़ा था, ऐसा करने के लिए कानूनतः अधिकृत नहीं थी। ब्रिटिश पुलिस किसी भी परिस्थिति में अपने 'अत्यंत महत्त्वपूर्ण बंदी' को अपने हाथों से निकलने नहीं देना चाहती थी। यह खेद और अंतर्राष्ट्रीय स्तर पर विवाद का विषय है कि फ्रांसीसी अधिकारियों ने जाने-अंजाने सावरकर को ब्रिटिश अधिकारियों को सौंप दिया। विडंबना यह है कि जिस स्थान पर यह सबकुछ हो रहा था, उससे कुछ ही दूरी पर नेपोलियन की प्रतिमा भी लगी थी। उस नेपोलियन की जिसे सबसे अधिक यातनाएँ अंग्रेजी सरकार ने ही दी थीं।

फ्रांसीसी पुलिस ने अपनी धरती पर ब्रिटिश पुलिस को कार्रवाई करने दी तथा खुद ही एक 'नॉन स्टेट' (एक पूरी-स्वतंत्र) व्यक्ति को विदेशी पुलिस को सौंप दिया। इस बिंदु पर सावरकर की स्थिति एक 'नॉन-स्टेट-प्लेयर' जैसी थी। सावरकर न तो ब्रिटेन के नागरिक थे, न ही फ्रांस के। वे हिंदुस्तानी जरूर थे, पर

हिंदुस्तान की धरती पर नहीं थे। अत: उनके साथ जो भी बर्ताव किया गया, वह अंतर्राष्ट्रीय कानून का सीधा-सपाट उल्लंघन था।

यह घटना सविस्तार फ्रांस के अखबारों की सुर्खियाँ बनी। हर किसी ने इसे पढ़ा तथा अत्यंत आक्रोशित होकर उसे एक अंतर्राष्ट्रीय साजिश (धोखाधड़ी) बताया तथा इसे शरणागत के मूलभूत मानवीय अधिकारों पर कुठाराघात कहा। सावरकर के फ्रांस स्थित मित्रों/हितैषिओं ने फ्रांस सरकार से इस घटना को गंभीरतापूर्वक लेने के लिए कहा तथा यह माँग की कि सावरकर को फ्रांस सरकार तुरंत अपने संरक्षण में ले ले। ब्रिटेन पर अंतर्राष्ट्रीय कानून के तहत फ्रांस सरकार दबाव बनाए तथा ब्रिटेन को मजबूर कर दे कि वह सावरकर को फ्रांस को सौंप दे, क्योंकि फ्रांस की धरती से एक शरणागत को अंतर्राष्ट्रीय कानून का उल्लंघन करते हुए गैर-कानूनी तरीके से उठाया गया है। मार्सेलीज (फ्रांस) के मेयर और कार्ल मार्क्स के पौत्र मिस्टर जीन जौरेस ने यह मुद्दा जोर-शोर से उठाया।

अंतर्राष्ट्रीय संस्था 'मानवाधिकार-लीग' (लीग ऑफ ह्यूमन राइट्स) के अध्यक्ष को सरदार सिंह राणाजी ने एक पत्र लिखते हुए अनुरोध किया कि वह इस मामले में कुछ करें। साथ ही उन्होंने एक पत्र फ्रांस के विदेश-विभाग के मंत्री को भी लिखा कि सावरकर को विधिवत् रूप से ब्रिटेन से छुड़ाकर फ्रांस की शरण में ले लिया जाए। **अगर ऐसा नहीं किया गया तो यह मुद्दा 'हेग' स्थित अंतर्राष्ट्रीय न्यायालय में पंच-फैसले के लिए ले जाया जाएगा।**

19 जुलाई को फ्रांस सरकार ने प्रत्युत्तर देते हुए लिखा—"फ्रांस सरकार ने ब्रिटिश सरकार से लिखित अनुरोध किया है कि उस समय तक के लिए सावरकर पर मुकदमे की सुनवाई स्थगित कर दी जाए, जब तक इस मामले में विस्तृत जाँच रिपोर्ट उसे हासिल नहीं हो जाती है, क्योंकि मुद्दा यह है कि सावरकर को फ्रांस की धरती से उठाया गया है।" फ्रांस के स्वतंत्र मीडिया ने अपने देश की पुलिस की तीक्ष्णतम भर्त्सना की, जिसने एक शरणार्थी व्यक्ति को, जो फ्रांस की धरती पर शरण का इच्छुक था, विदेशी ब्रिटिश पुलिस को सौंपकर शरणागति के मूलभूत मानवाधिकार का हनन किया है। उधर, इंग्लैंड में 'गाई-अल्ड्रेड' ने 'सावरकर निर्मुक्ति समिति' (रिलीज सावरकर कमेटी) का गठन कर दिया था तथा सावरकर की मुक्ति के लिए एक सर्वव्यापी अभियान छेड़ दिया था। फ्रेंच

पुलिस की कार्रवाई के खिलाफ दुनिया भर के राजदूतों ने अपना विरोध प्रकट किया था। इन्हीं सब बातों/प्रतिक्रियाओं के मद्देनजर फ्रांसीसी सरकार ने विवश होकर सावरकर को वापस फ्रांस भेज देने का अनुरोध ब्रिटेन से किया था। इसका परिणाम यह हुआ कि पंच-परिषद् के निर्णय के लिए अंतर्राष्ट्रीय न्यायालय में एक नया अभियोग 'हेग कोर्ट' में सुनवाई के लिए तैयार किया जाने लगा। जिस फ्रांसीसी पुलिसकर्मी द्वारा सावरकर को ब्रिटिश पुलिस को सौंप दिया गया था, उसे अपने काम में कोताही बरतने की वजह से जेल में डाल दिया गया। यह तथ्य भी बाद में उजागर हुआ।

उधर, फ्रांस की भूमि से सावरकर को पुनः पकड़कर लाने वाले ब्रिटिश जहाजी पुलिसिया चौकीदारों ने सावरकर को 'एस.एस. मोरिया' पर लाकर दुबारा से हथकड़ियों/बेड़ियों में जकड़ दिया। जब वह जहाज 'अदन' के बंदरगाह पर पहुँचा तो सावरकर को एक-दूसरे समुद्री जहाज 'एस.एस. सस्ती' पर भारी सुरक्षा बंदोबस्त के बीच स्थानांतरित कर दिया गया। उन्हें एक छोटे-से केबिन में बंद कर दिया गया, वह केबिन इतना छोटा और तंग था कि उसमें बंद होकर सावरकर हिल-डुल भी नहीं सकते थे। बस, केवल खड़े होकर चलते हुए जहाज के हिचकोले खा सकते थे। यहाँ तक कि उस केबिन में सूरज की रोशनी के आने का भी कोई रास्ता नहीं था, लेकिन सावरकर ने इन यातनाओं/कष्टों को बड़ी बहादुरी से पूरी सहनशीलता से बरदाश्त किया और **एक अमर काव्य रचना भी की, जिसका भावार्थ था—न मेरा आदि है, न अंत। और मुझे मारने वाला कोई माई का लाल अभी पैदा ही नहीं हुआ।** कृष्ण की 'गीता' की याद दिलाता यह जोशीला गीत महाराष्ट्र के बच्चे-बच्चे को कंठस्थ है।

22 जुलाई को 'एस.एस. सस्ती' ने हिंदुस्तान में मुंबई के समुद्र तट पर अपने लँगर डाले। हथकड़ियों में जकड़े सावरकर को जहाज से उतारकर बाहर लाया गया और सुरक्षाकर्मियों की खिंची हुई नंगी तलवारों/भालों की पंक्ति से उन्हें गुजारते हुए एक बख्तरबंद गाड़ी तक ले जाया गया। पूरी तरह चाक-चौबंद ट्रेन के एक डिब्बे में उन्हें सुरक्षाकर्मियों के बीच बेड़ियों में जकड़कर बिठा दिया गया। यह रेलगाड़ी उन्हें सीधे नासिक ले गई, जहाँ उन्हें नासिक की पुलिस को सौंप दिया गया। कुछ समय बाद उन्हें पूना की यरवदा जेल में स्थानांतरित कर दिया गया।

सावरकर पर लगाया गया अभियोग एक ऊल-जुलूल किस्म की व्यर्थ की बहस में उलझा दिया गया, क्योंकि सावरकर का मुकदमा चलाने से पूर्व उनके प्रत्यर्पण के मामले को भी सुलझाना था। इस बात को लेकर मुंबई स्थित गवर्नर जनरल के कार्यालय तथा लंदन स्थित इंडिया ऑफिस के अधिकारियों के बीच निरंतर टेलीग्राफिक बातचीत हो रही थी। इस बातचीत में आरोप-प्रत्यारोप जारी थे। मुंबई का गवर्नर कतई नहीं चाह रहा था कि सावरकर पर हिंदुस्तान में मुकदमा चलाने में किसी तरह की देरी हो। यहाँ तक कि उसने गवर्नरशिप से अपने त्यागपत्र देने की धमकी तक दे दी थी। उसे डर था कि कहीं सरकार द्वारा सावरकर के विरुद्ध जो गवाह तैयार कर लिये गए थे, वे कहीं गवाही देने से बिदक न जाएँ।

लंदन में लॉर्ड मौरले, जो सावरकर मुहिम को परिणाम तक पहुँचाने के लिए सरकार की ओर से नियुक्त एक उत्तरदायी अफसर था, परंतु जिसने अभी तक इस मामले में आगे अदालती कार्रवाई करने के आदेश नहीं दिए थे, को सरकार ने हटाकर काउंसिल में लॉर्ड अध्यक्ष बनाकर उस पद से स्थानांतरित कर दिया और उसकी जगह आए नए पदासीन अधिकारी ने तुरंत सावरकर पर मुकदमा चलाने के लिए यह कहते हुए आदेश दे दिया कि फिलहाल तो भारत में सावरकर पर मुकदमा चलाया जाए। अगर अंतर्राष्ट्रीय बाध्यताओं की वजह से हेग अभियोग के निर्णयानुसार सावरकर को फ्रांस हस्तांतरित करने की कभी भविष्य में जरूरत पड़ी, तो तब का तब देखा जाएगा। इस तरह 'नासिक-अभियोग', जो प्रकारांतर से 'लंदन अभियोग' से ही व्युत्पन्न हुआ था, पर तुरंत अमल शुरू कर दिया गया।

मैडम कामा की पहल पर पेरिस से एक जाने माने वकील श्री जोसेफ-बेपटिस्टा को सावरकर का मुकदमा लड़ने के लिए हिंदुस्तान भेजा गया। उधर, बंबई का अंग्रेज प्रशासनिक विभाग अपने अभियोग को पुख्ता तौर पर अदालत में पेश करने के लिए पूरी तैयारी कर चुका था—एक विशेष आयोग तो जैसा कि हम पहले भी बता आए हैं—सावरकर के विरुद्ध सरकार ने गठित कर ही रखा था। इस आयोग में सरकारी सदस्य थे। बंबई के मुख्य न्यायाधीश बेसिल स्कॉट, एन.जी. चंदावरकर तथा जस्टिस हीथॉर्न। अभियोजन के लिए नियुक्त

परामर्शदाता थे—मिस्टर जार्डिन, बंबई के महाधिवक्ता (एडवोकेट-जनरल) तथा मिस्टर सैल्टन, वेलिंकर एवं निकल्सन, सरकारी-अभिशंसक/इस्तगासा (पब्लिक-प्रॉजिक्यूटर)। सावरकर का पक्ष रखनेवाले वकील आदि थे—जोसेफ बेपटिस्टा, गोविंदराव गाडगिल, चितायरे तथा रंगनेकर।

नासिक में सावरकर पर **तीन तरह के आरोप-पत्र दाखिल किए गए। पहले में 38 लोगों को अपराधी बनाया गया तथा उनके साथ सावरकर का नाम अलग से जोड़ दिया गया। दूसरे अभियोग में केवल दो अभियुक्त थे—गोपालराव पातंकर तथा सावरकर और तीसरे अभियोग में केवल सावरकर को अकेले अभियुक्त ठहराया गया था।** कुल मिलाकर सावरकर पर 8 दोष लगाए गए थे। इन दोषों को सही ठहराने के लिए सरकार पहले से ही चार सरकारी गवाह तैयार कर चुकी थी। इन चारों के नाम थे—(1) काशीनाथ अंकुशकर, (2) दत्तात्रेय जोशी, (3) डब्ल्यू.आर. कुलकर्णी तथा (4) चतुर्भुज अमीन—यह चौथा सरकारी गवाह कुछ समय के लिए लंदन में इंडिया-हाउस में बतौर रसोइया काम कर चुका था और इसी ने सावरकर के खिलाफ गवाही देते हुए यह (मिथ्या) आरोप जड़ा कि इसी के हाथों सावरकर ने हिंदुस्तान में बीस पिस्तौल भिजवाए थे।

सावरकर पर यह अभियोग चलाने के लिए उन्हें यरवदा जेल से डोंगरी जेल में स्थानांतरित कर दिया गया। जब उन्हें भारी पुलिस बंदोबस्त के बीच उच्च-न्यायालय परिसर में लाया गया, तब उनसे कहा गया कि वे कैदियों के लिए खासतौर से बनाए गए कटघरे में खड़े हो जाएँ। जब सावरकर कटघरे में खड़े हो गए, तब वहाँ उपस्थित तमाम दूसरे कैदियों/आरोपियों ने भी खड़े होकर सावरकर का अभिनंदन किया। उनमें से बहुत से ऐसे भी अभियुक्त थे, जिन्होंने सावरकर के इशारे पर ही कभी किसी रूप में, कभी किसी रूप में ब्रिटिश विरोधी गतिविधियों में भाग लिया था, फिर भी वे सावरकर को देखकर पूरी संजीदगी के साथ प्रसन्न हुए थे। जब सावरकर को एक विशिष्ट छूट देते हुए वकीलों के साथ बैठने के लिए एक कुरसी दी गई तो सावरकर ने कुरसी पर बैठने से मना कर दिया तथा दूसरे अभियुक्तों/कैदियों के साथ खड़ा होना ही पसंद किया। जैसा कि उम्मीद ही थी किसी को भी पूरी कार्रवाई को देखने-सुनने की अनुमति नहीं

दी गई थी। अदालत के बरामदे एकदम खाली थे—सुनसान, किसी को वहाँ खड़े होने/ठहरने की इजाजत नहीं थी। (आज की भाषा में कहें तो कहा जा सकता है कि पूरी सुनवाई, पूरी कार्रवाई कैमरे में हो रही थी।)

'मुख्य अभियोग-परामर्शकर्ता' जार्डिन ने आरोप लगाते हुए मुकदमे की पहल शुरू की। वह लगभग दिनभर बोलता रहा। आरोप पर आरोप मढ़ते हुए जुबान हिलाता रहा। जब अदालत 10 दिन की छुट्टियों के बाद पुनः खुली, तब 26 सितंबर, 1910 को बचाव-पक्ष के वकील ने बहस करते हुए आयोग से कहा कि वह तब तक के लिए मुकदमे को मुल्तवी कर दे, जब तक सावरकर फ्रांस की भूमि पर अपनी गिरफ्तारी को लेकर विरोधस्वरूप अपील दायर न कर दें, लेकिन माननीय अदालत द्वारा बचाव पक्ष की दलील को खारिज कर दिया गया।

जार्डिन ने 27 तथा 28 सितंबर, 2010—दो और दिनों तक आरोप लगाते हुए अपनी बहस को जारी रखा। अभियुक्तों के चश्मदीद गवाहों के बयानात लिये गए तथा प्रतिरोधी बयानात भी लिये गए। वकीलों ने खूब सवाल-जवाब किए। सावरकर को भी अभियुक्तों से पूछताछ करने का विकल्प दिया गया, लेकिन सावरकर ने ऐसा करने से मना कर दिया। सावरकर ने तर्क रखा कि **उनको उस आयोग का वैधानिक न्याय-अधिकार ही स्वीकार नहीं है, जो उन पर मुकदमा चलाने के लिए अधिकृत किया गया है। कारण—वह फ्रांस की धरती पर शरण पाने के अधिकारी हैं तथा फ्रांसीसी कानून के तहत अपने बचाव के विधि सम्मत हकदार हैं। उन्होंने इतना भी कहा कि उन्होंने अपने को समानता, स्वतंत्रता और भ्रातृभाव की भूमि फ्रांस के हवाले कर दिया है।** यह कहकर सावरकर ने आगे इस अभियोग की किसी भी सुनवाई/जिरह में भाग लेने से साफ मना कर दिया, क्योंकि उनकी निगाह में मुकदमे का यह सारा तमाशा एकदम गैर-कानूनी था। कानून का घोर मजाक/उपहास था। सावरकर के वकील बैपटिस्टा ने भी बहस करते हुए यही तर्क पेश किया कि सावरकर की गिरफ्तारी एकदम गैर-कानूनी तथा गलत है। जैसा कि उम्मीद ही थी सावरकर और उनके वकील द्वारा उठाए गए एतराज एकदम निखालिस तौर पर अदालत द्वारा खारिज कर दिए गए। लेकिन 1 अक्तूबर, सन् 1910 को प्रत्यर्पण-कानून (एक्स्ट्रेडिशन-ऐक्ट) के कुछ प्रावधानों पर बहस हुई, उन पर

खुलकर विचार किया गया। इस ठौर सावरकर से भी पूछा गया, उनसे जिरह की गई; लेकिन सावरकर अपनी पूर्व कथित स्थिति पर कायम रहे और किसी भी सवाल का उत्तर न देते हुए उन्होंने अपना मुँह सी लिया। सावरकर ने किसी भी बात का किसी भी पहलू से जवाब न देने का दृढ़ निश्चय कर लिया था। अब वे पूरी खामोशी बरत रहे थे। अंततः नासिक की अदालत ने निर्णय दे दिया कि भले ही सावरकर की फ्रेंच भूमि मार्सेलीज पर की गई गिरफ्तारी गैर-कानूनी हो, लेकिन इससे हिंदुस्तान में ब्रिटिश-भारत सरकार की कानूनी-अदालत से तथा उसके अधिकारों से सावरकर को मुक्त नहीं माना जा सकता तथा हिंदुस्तान की कानूनी अदालत को इस तर्क से बाधित/प्रभावित नहीं माना जा सकता।

इसी बीच, जब 'नासिक-षड्यंत्र-अभियोग' चल रहा था, तब हिंदुस्तान और हिंदुस्तान के बाहर के भी तमाम बुद्धिजीवी और सही सोच के लोग इस मुकदमे के अंतिम परिणाम को लेकर तथा सावरकर की सुरक्षा को लेकर काफी चिंतित थे। श्यामजीकृष्ण वर्मा ने दो मुद्दों पर अपनी गहन चिंता व्यक्त करते हुए 'बिहारी' पत्र के संपादक रामभाऊ मांडलिक को एक पत्र लिखा था। रामभाऊ मांडलिक सावरकर के स्वास्थ्य और उनकी सुरक्षा को लेकर पहले ही अपने पत्र में अपनी चिंता जता चुके थे। श्यामजी कृष्णवर्मा के उद्वेग-प्रपत्रक में लिखा गया था—

"मुझे खेद के साथ कहना पड़ रहा है कि हिंदुस्तानी पुलिस के चालबाजी भरे कुटिल तौर-तरीकों के बारे में जितना मुझे पता है, उससे मेरा हृदय एकदम आहत है और मैं किसी भी रूप में हिंदुस्तानी पुलिस पर विश्वास नहीं कर सकता हूँ कि वे सावरकर के साथ इनसाफ करेंगे। हर तरह की हथकंडेबाजी अपनाते हुए और तमाम टेढ़े-मेढ़े (मिथ्या) तौर-तरीकों से वे अपना मतलब तो साध ही लेंगे``मैं हतभागी, हिंदुस्तानी पुलिस की बहुत सी पाशविक/राक्षसी कारगुजारियों के तमाम उदाहरण देखकर पूरी तरह सतर्क भी हूँ और चिंतित भी और इस वक्त 'नासिक पुलिस' के खुफिया-तंत्र के हाथों में सावरकर की जिंदगी और शारीरिक सुरक्षा को लेकर काफी भयभीत हूँ। अभी हाल ही में हिंदुस्तान से प्राप्त एक टेलीग्राफिक सूचना से ज्ञात हुआ है कि नासिक-षड्यंत्र मामले में 48 नए लोगों को और भी गिरफ्तार कर लिया गया है। (मेरे खयाल से यह

सब सावरकर को फँसाने और उनके विरुद्ध मामले को पुख्ता करने की गरज से ही किया जा रहा है)।"

ज्यों-ज्यों अभियोग खिंचता गया, त्यों-त्यों अभियोजक यह आरोप बढ़ाते गए कि सावरकर ने राजा के खिलाफ/ब्रिटिश क्राउन के विरुद्ध एक राजद्रोहात्मक युद्ध छेड़ दिया है और इस तरह नासिक अभियोग का फतवा जारी कर दिया गया, जबकि अभी तक तो विधिक रीति से अभियोग प्रारंभ भी नहीं हुआ था। यानी कि मुकदमे को बाकायदा शुरू करने से पहले ही मुकदमे में फँसाए गए व्यक्ति को अपराधी मान लिया गया था। यह था साम्राज्यवादी ब्रिटिश-भारत सरकार का कोरा अदालती स्वाँग।

कुल मिलाकर 300 गवाह पेश किए गए थे, उनसे जवाब-तलब किया गया था। उनमें से अधिकांश ने खुलेआम स्वीकार कर लिया था कि उन्हें अभियुक्त के खिलाफ बोलने के लिए जबरन मजबूर किया गया है। उन्हें बाकायदा धमकाया गया है कि अगर उन्होंने पुलिस के कहे अनुसार बयान नहीं दिए तो उन पर कहर बरपा दिया जाएगा। इतना ही नहीं, भारी तादाद में (झूठे) दस्तावेजी प्रमाण भी पेश कर दिए गए। इतना सबकुछ हो जाने के तदंतर मुख्य न्यायाधीश ने सावरकर से (दिखावटी अंदाज में) एक बार फिर पूछा कि क्या उन्हें अपने बचाव में कुछ कहना है, इस पर सावरकर ने टका-सा जवाब दे दिया—"नहीं/कुछ नहीं!!"—सावरकर ने इस पर केवल यह ही निम्नोक्त टिप्पणी की थी—

"मैं अपने ऊपर लगाए गए तमाम दोषों/आरोपों को पूरी तरह खारिज करता हूँ। मैं एकदम निर्दोष हूँ। मैं इंग्लैंड में रहते हुए उन तमाम अदालती कार्रवाईयों में भाग ले चुका हूँ। अपना पक्ष रख चुका हूँ, जो अदालतें इंग्लैंड में वहाँ की जनता द्वारा अनुमोदित प्रजातांत्रिक नीति-नियमों के तहत कायम की गई हैं। ऐसी ही अदालतों में कोई भी न्याय-संगत तथा यथोचित अदालती न्याय की उम्मीद कर सकता है। जहाँ तक हिंदुस्तानी अदालतों के न्याय-तंत्र की बात है, यहाँ कानूनी औचित्य एकदम उलट और वीभत्स रूप से हास्यास्पद एवं प्रदूषित है। मैं हिंदुस्तानी अदालतों की कानूनी कार्रवाई तथा उसके औचित्य के प्रति विश्वस्त नहीं हूँ। मुझे हिंदुस्तानी अदालतों पर रत्ती भर भी विश्वास नहीं है। अत: मैं अपने

बचाव में कुछ कहने, किसी तरह का कोई विवरण देने से तथा कोई भी सबूत पेश करने से इनकार करता हूँ।"

क्योंकि सावरकर किसी भी अदालती सवाल का जवाब न देने की अपनी जिद्द पर अड़े रहे, तो बचाव पक्ष भी पूरे 'नासिक-अभियोग' की गैर-कानूनी स्थिति, अवैधता (न्यायविरुद्धता) को लेकर ही जिरह (तर्क-वितर्क) करता रहा। इससे महान्यायवादी सरकारी अभिकर्ता को एक लंबी जिरह का और मौका मिल गया। अदालती ड्रामा चलता रहा जो लगभग सात दिन और चला। जिस तरह से सारे मुकदमे को चलाया जा रहा था, सावरकर भलीभाँति समझ चुके थे कि अंतिम फैसला क्या होगा।

लगभग 10 हफ्तों तक चले अदालती-नाटक के बाद 23 दिसंबर, सन् 1910 को आखिरकार 'नासिक अदालत' ने अपना फैसला सुना ही दिया। जिन अभियुक्तों को आजीवन कारावास का दंड देकर कालापानी की सजा दी गई थी—देश से निर्वासित कर अंदमान की सेल्युलर जेल में आजीवन कारावास की सजा दी गई थी तथा जिनकी कुछ संपत्ति को सरकार द्वारा हड़प लेने का आदेश सुना दिया गया था—***ऐसे अभियुक्तों की सूची में 'सावरकर' का नाम शीर्षस्थ रखा गया था। वाह रे ब्रिटिश भारत के न्याय! अनन्य राष्ट्र-प्रेमी सावरकर को कालापानी तथा उनकी संपूर्ण संपत्ति के हरण की सजा सुना दी गई।***

यहाँ यह बात ध्यान में रखने योग्य है कि सावरकर के विरुद्ध चलाया गया 'नासिक अभियोग' जान-बुझकर काफी लंबे समय तक खींचा गया था, जिससे लोगों में यह संदेश जाए कि ब्रिटिश-भारत सरकार ने पूरी ईमानदारी के साथ सावरकर की भारत-विरोधी, राज-विरोधी, सम्राट्-विरोधी गतिविधियों पर विधि सम्मत् तरीके से विचार किया है। इस मुकदमे में विस्तारपूर्वक हिंदुस्तान की आजादी को लेकर सावरकर प्रायोजित कार्यक्रमों का जिक्र किया गया था। सावरकर अपने स्कूली दिनों से ही अपनी बाल्यावस्था से ही अपने लंदन प्रवास के दिनों तक किस तरह ब्रिटिश-भारत सरकार के विरुद्ध कार्य करते रहे थे, इसका पूरा विवरण बहुत कमजोर शब्दों में सरकारी-महाअधिवक्ता ने कोर्ट में प्रस्तुत किया था। यह सब इसीलिए किया गया था, जिससे सावरकर की तमाम

गतिविधियों का खुलासा करते हुए, उनके तमाम देशभक्तिपूर्ण शृंखलाबद्ध कार्यों की लानत-मलानत करते हुए सरकार उनके विरुद्ध लगाए गए अपने अभियोग को पुख्ता कर यह साबित कर सके कि सावरकर ने ब्रिटिश-भारत की राजसत्ता के खिलाफ एक 'क्रांतिपूर्ण-साजिश' रची है तथा पिस्तौल/रिवॉल्वर आदि घातक उपकरणों का सहारा लेकर अनेक राजनीतिक हत्याएँ करने के लिए दूसरों को उकसाया है/अभिप्रेरित किया है। ये तमाम साजिशें देश के अनेक शहरों यथा—नासिक, मुंबई, औरंगाबाद तथा दक्षिण-भारत और अन्य क्षेत्रों में रची गई हैं। इन्हें साजिशाना तौर पर अंजाम दिया गया है और इन सबके पीछे सावरकर का ही हाथ है। सावरकर का ही दिमाग है। अत: यह अदालत सावरकर को दोषी करार देती है।

एक तरह से आज इस बात को यूँ भी लिया जा सकता है कि 'नासिक-अभियोग' का यह दस्तावेजी विवरण एक ऐतिहासिक प्रमाण है, जिनमें सावरकर की तमाम गतिविधियों का ब्योरेवार विवेचन है, जो सावरकर की अनन्य देशभक्ति-मातृभूमि के प्रति सर्वस्व-समर्पण की भावना—को प्रामाणिक तौर पर प्रत्यक्ष करता है। अर्थात् सावरकर के बारे में आज जो कुछ भी देश जानता है, वह कोई कोरी कल्पना नहीं है, अपितु वह अदालत के दस्तावेजी आधार पर प्रामाणिक है।

इस अदालती निर्णय के दौरान दिए गए विस्तृत भाषणों से ही यह तथ्य सार्वजनिक हुआ कि सावरकर ने इटली के महान् क्रांतिकारी 'मैजिनी का चरित्र' नामक पुस्तक का मराठी भाषा में अनुवाद किया था और उसे पूरे मराठी भाषा-भाषी क्षेत्र में प्रसारित भी किया था। सावरकर मैजिनी के क्रांतिदर्शन से अभिभूत थे। मैजिनी के दर्शन में वह महाराष्ट्र के प्रख्यात संत समर्थ स्वामी रामदास के राष्ट्रोत्थान एवं 'स्वतंत्रता भवानी' के आह्वान-मंत्रों का स्वर गुंजरित होते हुए देखते थे। वह कहा करते थे, जिस तरह शिवाजी के दरबार में समर्थ स्वामी रामदास ने 'हिंदुत्व' की अलख जगाई थी, शिवाजी को 'हिंदू पदपादशाही' की स्थापना के लिए विधर्मियों से टकरा जाने के लिए उत्प्रेरित किया था, कुछ ऐसा ही कार्य इटली के मैजिनी ने अपने क्रांति-दर्शन से यूरोप में किया था। सावरकर ने बार-बार इस बात को रेखांकित किया है कि मैजिनी किस तरह अपने देश

की युवा शक्ति पर भरोसा रखता था, उन्हें स्वाधीनता संघर्ष में अपना सर्वस्व होमकर देने के लिए उत्प्रेरित करता था तथा उन्हें साथ लेकर फिर किस तरह वह अपने विरोधियों-प्रतिरोधियों से स्वातंत्र्य-समर में जूझ गया। सावरकर की प्रेरणा भी समर्थ स्वामी रामदास तथा मैजिनी जैसे क्रांत-पुरुष ही थे।

नासिक-अभियोग एवं निर्णय का एक और अनोखा पहलू यह भी है कि इसी की वजह से उन अनेक विचारधाराओं तथा विचारकों की सावरकर के साथ सहभागिता या विरोध की बारीकियों का पता चलता है, जिसके लिए देश के तथाकथित 'राष्ट्रवादी' (चाटुकार) इतिहासवेत्ताओं ने सावरकर को जान-बूझकर कोई महत्त्व नहीं दिया है। तथाकथित राष्ट्रवादी-इतिहासकार/बुद्धिजीवी जान-बुझकर राष्ट्र-संघर्ष में सावरकर के अवदान की अवहेलना करते रहे हैं, लेकिन नासिक-अभियोग का विवरण उनकी इन नामुराद कोशिशों पर पानी फेर देता है। उदाहरणार्थ—यह 'स्वदेशी' को लेकर सावरकर की अवधारणा को एक दूसरे ही संदर्भ में, दूसरे ही अर्थ में पेश करता है। सावरकर ने भी 'स्वदेशी' का अभियान चलाया था और भारत के राजनीतिक मंच पर गांधीजी के प्रवेश से वर्षों पहले यह 'स्वदेशी' का अभियान स्वदेशी की अवधारणा को बद्धमूल करता था। "स्वदेशी से सावरकर का अभिप्राय था कि स्वयं पर वांछित संयम रखते हुए, स्वयं को आत्म-नियंत्रित करते हुए दूसरों को, दूसरों की नीतियों-रीतियों, वृत्तियों, कृतियों को, दूसरों की लूट-खसोट, डाकाजनी, साँठ-गाँठ, प्रवृत्तियों-अभिरुचियों को अपने ऊपर हावी न होने देना तथा अपने हितों की रक्षा करना यह 'स्वदेशी' है। सच्चे अर्थों में पूर्णतः भारतीयता है। इसीलिए विदेशी (उपभोक्ता) वस्तुओं का बहिष्कार प्रकारांतर से विदेशियों का, विदेशी-सत्ता का बहिष्कार है। 'स्वदेशी' को लेकर सावरकर ने यह बात बहुत पहले ही कही थी और इस पर बहुत पहले ही अमल भी शुरू कर दिया था, जबकि 'भारतीय-राष्ट्रीय-कांग्रेस' के पटल पर यह बात बहुत बाद में आई और जिसे कांग्रेस ने अपने स्वतंत्रता संघर्ष में जोर-शोर से विज्ञापित भी किया तथा जिसका सारा श्रेय महात्मा गांधी को दे दिया, जबकि हकीकत में 'स्वदेशी' की अवधारणा का श्रेय गांधी को नहीं, सावरकर और तिलक को दिया जाना चाहिए।

इसी नासिक-अभियोग के विस्तृत अदालती विवरण से सावरकर की

लंदन स्थित गतिविधियों पर भी प्रामाणिक प्रकाश पड़ता है। इनमें सावरकर के लेखों/वक्तव्यों, सभाओं-गोष्ठियों तथा प्रतिरोधात्मक आयोजनों का हवाला दिया गया है, उनके द्वारा जारी किए गए उत्प्रेरक दस्तावेजों का जिक्र है, इश्तिहारों का जिक्र है, हिंदुस्तान भेजे गए प्रपत्रों/रिसालों आदि का जिक्र है तथा उनकी अपीलों का जिक्र है, जिसमें सावरकर ने तत्कालीन हिंदुस्तानी राजाओं/नवाबों/सामंतों/ताल्लुकेदारों-ठाकुरों, जमींदारों से ब्रिटिश-सत्ता के खिलाफ सशस्त्र कार्रवाई करने के लिए तथा अपने विकल्प समझदारी से चुनने के लिए उन्हें संप्रेरित किया है।

इस तरह सावरकर के विरुद्ध नासिक न्यायालय ने एकतरफा तथा मनमाना फैसला दे दिया, जो अभियोजन पक्ष द्वारा पेश किए उन सभी आरोपों तथा साक्ष्यों पर आधारित था, जिनको भरी अदालत में प्रश्नचिह्न सहित बना रहने दिया गया। बार-बार कहने पर भी अदालत ने इस तथ्य का संज्ञान नहीं लिया कि सावरकर की गिरफ्तारी के सिलसिले में अंतर्राष्ट्रीय हेग-न्यायालय में वाद विचाराधीन है और अभी गिरफ्तारी का निर्णय नहीं लिया जा सकता।

अदालती फैसले के बाद जो दृश्य देखने को मिला वह अविस्मरणीय है। न्यायालय-परिसर 'वंदे मातरम्' तथा 'भारतमाता की जय' के घोष से गुंजरित हो उठा। पूरे परिसर में 'भारतमाता की जय' का स्वर गूँज रहा था। जो लोग परिसर के बाहर काफी संख्या में जमा हो गए थे, वे समवेत् गान की ध्वनि में पूरे वातावरण को गुंजायमान किए हुए थे। पुलिस लाख कोशिशें करने पर भी इस देशभक्ति भावभरित स्वर को रोक नहीं पा रही थी, लेकिन पुलिस ने सावरकर को कटघरे से उतरकर बाहर आने तथा अपने भाई से भेंट करने से भी रोक दिया।

सावरकर का नाम लेने मात्र से जिस तरह ब्रिटिश-भारत सरकार भयभीत हो पूरी तरह थर्राई हुई थी, घबराकर लॉर्ड सिघनेहम (अंग्रेज प्रशासक) ने सावरकर को बंदी बनाए रखा तथा बाद में जो कुछ भी सावरकर के साथ घटित हुआ, वह बुरी तरह भयभीत ब्रिटिश साम्राज्यवादी सरकार की मनोवृत्ति को स्पष्ट करता है। नासिक-निर्णय के बाद भी सावरकर पर बंदिशें बनाए रखी गईं। सावरकर पर तुरंत एक और दूसरा मुकदमा ठोंक दिया गया, जिसमें नासिक के कलेक्टर जैक्सन की हत्या

में उनकी मिलीभगत होने का आरोप मढ़ा गया। उसी न्यायाधीकरण को इस मामले की सुनवाई करने के लिए भी अधिकृत कर दिया गया, जिसने पहले ही नासिक-अभियोग मामले में मनमाने ढंग से सुनवाई कर सावरकर को दोषी करार दे दिया था। इस तरह पूरे नासिक-अभियोग की गैर-कानूनी प्रक्रिया मानवाधिकार तथा मनुष्यता की तमाम राष्ट्रीय एवं वैयक्तिक कसौटियों पर कसे जाने पर पूरी तरह असंगत, भारत विरोधी, सत्तात्मक-हठधर्मिता, षड्यंत्रयुक्त, हास्यास्पद, पूर्वनिर्धारित व अमानुषिक सिद्ध हो जाती है।

ब्रिटिश-भारत सरकार को आशंका थी कि 25 वर्ष के आजीवन कारावास का दंड भुगतने के बाद भी सावरकर का भारत भूमि पर पदार्पण होगा और जनता जनार्दन का आक्रोश झेलना असंभव हो जाएगा। इसी कारण षड्यंत्रपूर्वक जैक्सन की हत्या वाले अभियोग में सावरकर की मिलीभगत का आरोप मढ़ा गया। सावरकर को एक के बाद एक, दो-दो सावधि-दंड देने की साजिश रची गई। सावरकर यहाँ भी अपनी बात पर कायम रहे और उन्होंने इस मुकदमे की भी तमाम कार्रवाइयों में भाग लेने तथा किसी तरह की जिरह में मुँह खोलने से साफ इनकार कर दिया। सावरकर नासिक-अभियोग में मुँह नहीं खोलने की अपनी नीति पर इसीलिए चल रहे थे कि वह नहीं चाहते थे कि अंतर्राष्ट्रीय न्यायालय में उन पर चल रहा अभियोग किसी तकरीर-तहरीर की वजह से विकृत हो जाए।

यह अभियोग 23 जनवरी, सन् 1911 को शुरू किया गया था यानी कि दिल्ली 'दरबार' होने से लगभग ग्यारह महीने पहले। सरकारी महाधिवक्ता ने सावरकर के विरुद्ध इस अभियोग में अपने तमाम पुराने तर्कों को दोहराते हुए बहस को समाप्त किया था। इसके बाद सावरकर को अपने बचाव में कुछ कहने का मौका दिया गया। जैसा कि पहले की ही तरह उम्मीद थी, सावरकर ने इतना ही कहा कि वह एकदम निर्दोष हैं, निरपराधी हैं तथा जैक्सन-हत्याकांड से उनका कुछ लेना-देना नहीं है। जैक्सन की हत्या में उनका प्रत्यक्ष या परोक्षतः कोई हाथ नहीं है। सरकार की तरफ से सावरकर के विरुद्ध प्रमाणस्वरूप केवल 'वंदे मातरम्' का एक इश्तिहार पेश किया गया था, जो चंगेरीराव के पास से सरकार ने पकड़ा था। यहाँ इस बात पर भी गौर करना जरूरी है कि यह इश्तिहार

भी जैक्सन की हत्या हो जाने के बहुत दिनों बाद लंदन से भारत भेजा गया था। सावरकर ने इस बात से भी इनकार कर दिया कि जैक्सन को मारने के लिए जो पिस्तौल भेजी गई थी, वह भी उन्हीं के द्वारा मुहैया कराई गई थी। इस तरह सावरकर ने अपनी तकरीर में जो कुछ भी कहा, जजों ने उसे मानने से इनकार कर दिया और इस अदालत से यही उम्मीद भी थी कि वह पूर्वाग्रहग्रस्त होकर ही अपनी पूर्व-नियोजित योजना के अनुसार इस मामले में भी पहले की ही तरह कोई निर्णय देगी और अंततः हुआ भी ऐसा ही। न्यायाधीशों ने तो केवल दिखावे भर के लिए मुकदमे को विधिवत् चलाने का एक ड्रामा भर किया था, ताकि वे दूसरों की आँखों में धूल झोंकते हुए यह सिद्ध कर सकें कि उन्होंने वाकई न्याय किया है **और दुनिया के न्यायिक इतिहास में पहली बार अंतर्राष्ट्रीय बिरादरी ने जो कुछ देखा/सुना, वह स्वयं में कितना बड़ा तमाशा था, कितना बड़ा चमत्कार, कितना हास्यास्पद, कितना दिमागी खोखलापन, न्याय-व्यवस्था का कितना क्रूर मजाक, जो जिसने भी सुना, वह हतप्रभ रह गया। नासिक में हुए इस दूसरे मुकदमे के नाटक का पटाक्षेप करते हुए मक्कार किस्म के बिके हुए जजों ने सावरकर को पुनः 25 वर्ष का आजीवन कारावास देते हुए उन्हें कालापानी भेज देने की सजा सुना दी थी। जरा सोचिए—एक ही जन्म में 25-25 वर्ष के दो आजन्म कारावासों का दंड और वह भी 2-2 बार कालापानी भेज देने की सजा? यह सारा ड्रामा इसीलिए खेला गया था, ताकि सावरकर हिंदुस्तान की जमीन पर कभी भी कोई सक्रियता दिखा ही न सकें। सावरकर को हिंदुस्तान से दूर सेल्युलर जेल में बंदी बनाकर मार दिया जाए। निष्क्रिय होकर मरने के लिए छोड़ दिया जाए। सावरकर स्वयं भी Andaman को 'End-a-man' कहा करते थे।**

नासिक अदालत में जजों के इस निर्णय को सुनकर सावरकर ने हँसते हुए व्यंग्यात्मक लहजे में जो अट्ठहास किया था, वह जानने और सुनने लायक है। उसे पढ़-सुनकर रोमांच हो जाता है। सावरकर ने अपनी प्रतिक्रिया व्यक्त करते हुए भावभावित शब्दों में कहा था—

"आपके द्वारा नियोजित कानूनों के तहत आपने अतिवादिता की

तमाम हदें लाँघते हुए मुझ पर जो विवेकशून्य फैसला ठोका है, उसे मैं बिना ना-नुकर किए, बिना किसी द्वेष या डाह से स्वीकारता हूँ, आपके द्वारा दी गई हर चुनौती को स्वीकारता हूँ, क्योंकि मैं जानता हूँ कि तमाम तरह की बेइन्तहा तकलीफें तथा हर तरह की कुरबानी झेलते हुए उस रास्ते से गुजरने पर ही मैं अपनी प्यारी मातृभूमि, अपनी भारतमाता की गुलामी की जंजीरों को तोड़ सकूँगा। इसी कष्ट-साध्य कंटकाकीर्ण पथ से मातृभूमि की स्वतंत्रता का मार्ग जाता है। इस मार्ग पर चलते हुए माँ की शृंखलाओं को तोड़ने में देरी भले ही लग जाए, पर माँ की बेड़ियाँ तो टूटेंगी ही। हम जीतेंगे, भले ही जल्दी न जीत पाएँ, विलंब से ही सही, पर हम ही जीतेंगे, जरूर जीतेंगे। दो-दो क्या, बीसियों आजीवन कारावास भी दे दिए जाएँ तो भी भारत माँ के लाड़लों की लड़ाई को आप रोक नहीं सकते। 'भारत माता की जय!' 'लांग-लिव-इंडिया', 'लांग-लिव-हिंदुस्तान', 'लांग-लिव-भारत!' दो-दो आजीवन कारावास का दंड सुनाए जाने पर सावरकर ने व्यंग्यात्मक लहजे में अपनी प्रतिक्रिया देते हुए कहा था—

"मिस्टर-लॉर्ड (महामहिम), मुझे आपकी एक बात पर आपको धन्यवाद अवश्य देना चाहिए कि आपने एक ही व्यक्ति को दो-दो जन्मों का आजीवन कारावास का दंड सुनाकर हिंदुओं के इस विश्वास का समर्थन कर दिया है कि 'इस जीवन के बाद भी कोई और जीवन है'।

स्वभावत: ही यह दंड न्याय-व्यवस्था के इतिहास में एकदम अनोखा तथा विशिष्ट दंड था। इस तरह का दंड इतिहास में पहले कभी नहीं दिया गया था, न ही इस तरह के दंड के बारे में पहले कभी सुना गया था। (रामायण/महाभारत, कथासरित्सागर से लेकर फराहो, ग्रीक, रोमन-काल से आज तक तिलस्म-होशरुबा, पर्शियन/ऐरेबिक कथा साहित्य तक) इस तरह के दंड की घोषणा सपनों में भी कभी किसी ने नहीं की थी। यह अंग्रेजों की दंडात्मक प्रक्रिया के मानसिक-दीवालिएपने का कलुषतम प्रमाण है। खैर, इस तरह के फैसले को लेकर मीडिया में, जनता में तथा अंतर्राष्ट्रीय बिरादरी में तीखी प्रतिक्रिया हो सकती है, जो ब्रिटिश-सत्ता की राजनीतिक विवेकशीलता को खतरे में डाल सकती है। इस संभावना से डरकर ब्रिटिश-भारत सरकार ने फैसला किया कि न्याय संबंधी

अपनी कार्रवाइयों/फैसलों के दस्तावेजीकरण तथा प्रकाशन में इन फैसलों को प्रकाशित करने से रोक लिया जाए। इन्हें गुप्त रखा जाए। इन फैसलों से संबद्ध पूरी कार्रवाई, तमाम तहरीरों/तकरीरों को जनता से छुपा लिया जाए, फलस्वरूप अखबारों को भी सेंसर कर दिया गया कि वे दो-दो कारावासों का दंड दिए जाने की घटना पर विश्लेषणात्मक/विवेचनात्मक तरीके से कुछ न छापें तथा पूरे मामले को अप्रकाशित/अप्रसारित ही रहने दें।

इस फैसले के तुरंत बाद सावरकर को हथकड़ियाँ पहना दी गईं तथा सशस्त्र अदालती पहरेदारों की गिरफ्त में उन्हें अदालत परिसर से बाहर ले जाया गया। इस वक्त भी सावरकर के होंठों पर एक मराठी-भाषिक गीत गुंजरित हो रहा था—

'हे माँ! तुझे सलाम, तू प्रसन्न-वदना रहे,
अपने पुत्रों की इस छोटी-सी सेवा पर
अपने आशीषों का बहाती झरना रहे,
माँ! तेरे दूध का बहुत कर्ज है मुझ पर
ताउम्र उसे भरपाने की हिम्मत देती रहे,
हे 'भारतमाता'! हे ममत्वमयी 'मातृभूमि'!!
हम हैं तेरे अबोध-शिशु-हे माँ, मातृभू—
हमें अपना स्तन्यपान कराती रहे—
हमें भावभरित, ऊर्जस्वित, करती रहे-हमारी
शिराओं में अपना 'अमृत' बहाती रहे...।'
देख माँ! तू भी देख ले, अब हम, तेरे 'अमृतपुत्र'
इस पवित्र स्वातंत्र्य अग्नि-शिखा में—
अग्निस्नात होने के लिए उतरते हैं, चिता की
आग पीने के लिए प्रतिश्रुत हम, तेरे पुत्र
कर्ज की पहली किस्त अदा करते हैं,
माँ! शक्ति दे, साहस दे, इस कायनात को जी सकूँ
खलिश की गर्दिश को अपनी उत्फुल्ल
चेतना से भावभरित कर सकूँ—मुझे शक्ति दे माँ॥

और तब इस तरह एक नया जन्म लेकर स्वयं को आत्माहूत करके, स्वयं को स्वातंत्र्य-अग्नि में स्वाहित करते हुए माँ! मैं बार-बार तेरे अंक में ही जन्म लूँ, तेरी गोद में ही खेलूँ, तेरे लिए ही प्राणपण से जूझता हुआ तेरे ही अंक में भस्मीभूत होता रहूँ! माँ! मुझे यही आशीर्वाद दे दे। जब तक महात्याग/परित्याग का देवता तृप्त न हो जाए, तब तक मैं दधीचि की तरह अस्थिदान करता रहूँ। जब तक तेरे मस्तक पर स्वातंत्र्य, संप्रभुतासंपन्न-छत्र सुशोभित न हो जाए, तेरा गौरव तुझे वापस न मिल जाए, तब तक मैं जूझता रहूँ। अपनी शृंखलाओं की कड़कड़ाहट से, मेघगर्जनावत् अपने अस्थि-कंकाल के रव से शत्रुओं को कँपकँपाता रहूँ, उन्हें हड़काता रहूँ, शक्ति दे माँ! मुझे शक्ति दे! एक बार फिर से तेरे रणांतक सिंहासन पर आरूढ़ श्रीकृष्ण के हाथों में तेरे अश्वों की चतुधर्मी-वल्गाएँ हों। एक बार फिर से महानायक श्रीराम (प्रभु श्रीराम) तेरी संप्रभुता को संस्थापित करने के लिए तीस करोड़ हिंदू-सैनिकों का नेतृत्व करते हुए तेरे 'धर्मध्वज' के तले महा-अभियान कर रहे हों। '**जननी जन्मभूमिश्चस्वर्गाद्अपिगरीयसी**' का महा-मंत्रगान कर रहें हों। 'राम की देवसेना' का अभियान कभी रुके नहीं। कभी ठहरे नहीं, भले ही हम एक-एक करके गिरते रहें, शहीद होते रहें। स्वातंत्र्य-समर तब तक शेष नहीं होगा, जब तक देश से दुश्मनों का, आतंकी-आक्रमणों का, बुराई का, म्लेच्छों की सत्ता का अंत नहीं हो जाता। जब तक माँ! तेरा दाहिना (दक्षिण) वरद-हस्त अभय-दान की मुद्रा में खचित होकर उठ नहीं जाता। जब तक हे माँ! तेरे ही हिमालय-शीर्ष पर तेरे लाल स्वातंत्र्य-समर का विजय-किरीट अपने हाथों से पहना नहीं देते, अपने हाथों में लिए स्वातंत्र्य-ध्वज के स्वर्णिम-दंड को तेरे हाथों में थमा नहीं देते, जब तक न्यायसंगति/सदाशयता की—अर्थात् सत्यं शिवं सुंदरम् की वल्गाएँ तुझे थमा नहीं देते, तब तक माता, तेरे लाल चुप नहीं बैठेंगे। तुझसे ही पाथेय प्राप्त कर तेरे लिए ही अनवरत संघर्ष करते रहेंगे।"—सावरकर ने इस तरह अपने युग में हुंकार भरते हुए समस्त स्वतंत्रता-सेनानियों के अंतर्मन तक को आंदोलित कर दिया था।

तदुपरांत सावरकर को डोंगरी जेल से, जहाँ उन्हें अभियोग के दौरान हथकड़ियों में जकड़कर कैद रखा गया था, मुंबई/नासिक की भायखला जेल में स्थानांतरित कर दिया गया, जहाँ से उन्हें थाना (मुंबई) ले जाया गया। वहाँ से

सावरकर को सीधे अंदमान भेज दिया गया। वहाँ अंदमान में उन्हें सेल्युलर जेल में 3 जुलाई, सन् 1911* को ठूँस दिया गया। अंदमान में उन्हें एकांकी काल कोठरी में रखा गया था तथा फिर उन्हें 10 वर्ष बाद ही मई 1921 में पुनः भारत की मुख्य-भूमि पर लाया गया। इस दौरान देश की राजनीति में बहुत पानी बह चुका था। प्रथम विश्व युद्ध का त्रासद आरंभ और अंत हो चुका था। 1921 में भी उन्हें अंदमान से लाकर पुनः यरवदा जेल में ही बंद कर दिया गया। फिर सन् 1924 में उन्हें सशर्त ही रिहा किया गया।

□

* आजादी मिलने के ठीक 64 साल, 1 महीने और 12 दिन गुजर जाने के बाद 3 जुलाई से 9 जुलाई, सन् 2011 तक पूरे देश में, खासकर अंदमान स्थित सेल्युलर जेल के बाहर और भीतर दोनों जगह बड़े जोशो-खरोश के साथ सावरकर के कालापानी की सजा निमित्त अंदमान जेल पहुँचने के 100 वर्ष पूरे होने पर इस महात्रासदी की स्मृति को पुनर्स्मृत करने के लिए 'सावरकर-दंड-स्मृति-सप्ताह' मनाया गया। इस साप्ताहिक त्रासद-स्मृति-उत्सव में भाग लेने के लिए दुनिया भर से सावरकर दर्शन के प्रशंसक एवं उनकी नीतियों के समर्थक बुद्धिजीवी अंदमान पहुँचे थे और उन्होंने भावभीनी श्रद्धांजलि देते हुए सावरकर के अवदान को याद किया था। खेद के साथ कहना पड़ता है कि इस अवसर पर भी महाधूर्त्त कांग्रेसी-सांसद तथा निहायत घटिया किस्म के बतोलेबाज सावरकर पर फिकरे कसने से बाज नहीं आए थे और अपनी संकीर्ण दृष्टि का परिचय देते हुए तमाम ऊलजुलूल किस्म की बकवास कांग्रेसियों तथा कम्युनिस्टों ने की थी। विशेषकर जब पोर्ट ब्लेयर के हवाई अड्डे को 'वीर सावरकर एयरपोर्ट' के नाम से सुशोभित किया गया।

अध्याय-4

हेग-अभियोग

8 जुलाई की भोर, बस पौ फटने की थी। पूर्व की खिड़की पर उषःकाल की लाली छा रही थी। इसी बीच मार्सेलिस के निकट ब्रिटिश पुलिस के पहरे में सावरकर को कैद करके ले जा रहे पानी के जहाज 'एस.एस. मोरिया' ने लँगर डाला हुआ था और सावरकर ने निश्चय किया कि वह तैरकर फ्रांस की धरती पर पहुँच सकते हैं। अतः शंका-निवृत्ति के बहाने उन्होंने शौचालय के 'पोर्ट-होल' से गहरे समुद्र में छलाँग लगा दी और तैरकर फ्रांस की धरती पर पाँव रखने में सफल हो गए। अंतर्राष्ट्रीय विधि के अनुसार, वह फ्रांस में पहुँचे एक शरणार्थी थे और फ्रांस की सरकार का संरक्षण उन्हें मिलना चाहिए था, परंतु यह हो न सका। एक फ्रांसीसी की मदद से सावरकर का पीछा कर रही ब्रिटिश पुलिस सावरकर पर पुनः हावी हो गई तथा उन्हें पकड़कर, अपने काबू में करके 'एस.एस. मोरिया' जहाज पर बनी एक कोठरी में ले गई। क्योंकि सावरकर को फ्रांस की भूमि से उठाया गया था, जो अंतर्राष्ट्रीय-कानूनों का सीधा उल्लंघन था। शरणागति के अंतर्राष्ट्रीय नियमों पर तीखी चोट थी। विश्व के अनेक देशों के राजनयिकों तथा विधि-विशेषज्ञों ने ब्रिटिश क्राउन की भर्त्सना की। वैश्विक जनमत में अत्यधिक आलोचना का परिणाम यह हुआ कि फ्रेंच सरकार पर दबाव पड़ने लगा कि वह ब्रिटिश सरकार पर दबाव बनाकर सावरकर को अपने संरक्षण में ले ले।

4 तथा 5 अक्तूबर, सन् 1910 को फ्रांस तथा ब्रिटेन की सरकार में इस मुद्दे को लेकर पत्र-व्यवहार हुआ, लेकिन दोनों सरकारों ने इस मुद्दे को स्वयं आपसी बातचीत से न सुलझाकर पूरे मामले को 'पंच-परिषद्' के निर्णय के लिए हेग स्थित अंतर्राष्ट्रीय न्यायालय में ले जाने का फैसला किया। अतः 25

अक्तूबर, सन् 1910 को लंदन में ब्रिटेन के विदेश सचिव सर एड्वर्डग्रे व लंदन में फ्रांस के राजदूत एम. पॉल केमबों के बीच इस प्रकरण से संबंधित एक संधि हुई। दोनों सरकारों के मध्य एक समझौते-पत्र पर हस्ताक्षर किए गए, जिसके अनुसार एक 'पंच-परिषद्' का गठन किया गया। इस अंतर्राष्ट्रीय न्यायाधीकरण के अध्यक्ष थे, बेल्जियम के भूतपूर्व प्रधानमंत्री श्री बर्नर्ट। अन्य चार सदस्य थे—नॉर्वे के भूतपूर्व मंत्री एम. ग्राहम, हॉलैंड के जान्कियर लोमन, इंग्लैंड के अर्ल ऑफ डिजर्ट तथा फ्रांस के एम. लुई. रेनॉल्ड। रूस तथा जर्मनी जैसे शक्तिशाली देशों के प्रतिनिधियों को इस न्यायाधीकरण में सम्मिलित नहीं किया गया। स्पष्ट है कि यह न्यायाधीकरण पक्षपातयुक्त निर्णय निर्धारित करने की नीयत से गठित किया गया था। अंतर्राष्ट्रीय-कानून की निम्नोक्त धाराओं के आधार पर इस न्यायाधीकरण को पूरे मामले पर जाँच करने, पूछताछ करने तथा सही प्रक्रिया को अपनाने एवं अपना निर्णय दे देने के लिए अधिकृत कर दिया गया। ये धाराएँ थीं—

धारा संख्या-1 : इस तदर्थ आयोग को यह विचार करना था कि क्या अंतर्राष्ट्रीय नियमों के अनुसार ब्रिटिश सरकार, फ्रांस की सरकार द्वारा सावरकर को फ्रांस को सौंप देने के लिए किए गए आग्रह पर ध्यान दे अथवा नहीं?

धारा संख्या-2 : इस आयोग में 5 पंचों/जजों को नियुक्त किया जाना था, जिन्हें हेग न्यायालय के स्थायी जजों में से ही चुना जा सकता था। इसके अतिरिक्त दोनों सरकारों को यह भी छूट दी गई कि वे पारस्परिक विचार-विमर्श के बाद अपने-अपने नागरिकों में से एक-एक पंच को चुनकर आयोग का विधिवत् सहायक पंच बना सकेंगे।

धारा संख्या-3 : हेग स्थित स्थायी न्यायालय को दोनों पक्षकार वांछित एवं आवश्यक दस्तावेजों की पूर्व-प्रमाणित 15-15 प्रतिलिपियाँ सौंपेंगे और फिर हेग-न्यायालय का कार्यालय इन दस्तावेजों को विधिवत् संगठित पंच-परिषद् के मान्य पंचों/जजों को तथा दोनों पक्षकारों को इनकी एक-एक प्रतिलिपि सौंप देगा। दो प्रतियाँ हेग न्यायालय के कार्यालय में अभिलेख स्वरूप सुरक्षित रख ली जाएँगी। साथ ही, यह भी प्रावधान कर दिया गया कि समझौते के अनुसार दोनों पक्ष (ब्रिटेन और फ्रांस) अपने-अपने पक्ष-प्रतिपक्ष से संबद्ध अपने-अपने वक्तव्यों को नियमानुसार सभी सहायक/संबंधित कागजातों सहित उसी तरीके/

प्रक्रिया से जमा करेंगे, जिस तरह की प्रक्रिया अपर-पंच-परिषद् के सदस्यों तक पहुँचाने के लिए निर्धारित की गई है। क्योंकि इन सभी प्राश्निक दस्तावेजों का उत्तर देना/पाना भी संभावित हो सकता है, अत: पक्ष-विपक्ष के कागजातों के प्रस्तुतीकरण के पश्चात् 15 दिनों के भीतर-ही-भीतर इन्हें अनिवार्यत: प्रस्तुत करना होगा। यदि दोनों पक्षकार आपसी सहमति से चाहें, तो पूरे मुद्दे से संबद्ध अपने-अपने पक्ष के दस्तावेजी तर्कों-वितर्कों तथा उत्तरादि की तिथियों को/अवधि को बढ़ा भी सकते हैं।

धारा संख्या-4 : इसके अनुसार यह निश्चय किया गया कि 'पंच-परिषद्' की पहली अधिकृत बैठक 14 फरवरी, 1911 को हेग में होगी। इस बैठक में हर पक्ष का प्रतिनिधित्व उनके द्वारा मनोनीत एक-एक एजेंट करेगा। यह एजेंट आयोग तथा ब्रिटिश एवं फ्रेंच सरकार के मध्य एक बिचौलिए के रूप में काम करेगा। अदालत को यह अधिकार होगा कि वह बिचौलिए से मौखिक तथा लिखित-दोनों रूपों में सवाल कर सके, किसी भी बिंदु पर उससे जवाब-तलब कर सके, स्पष्टीकरण माँग सके और ऐसी स्थिति में दूसरे पक्ष के प्रतिनिधि को भी उत्तर देने की पूर्ण स्वतंत्रता होगी।

धारा संख्या-5 : इसके अनुसार यह प्रावधान कर दिया गया कि दोनों पक्ष तथा पंच-परिषद् के सदस्य/जज अपनी-अपनी इच्छा एवं सुविधा के अनुसार बहस/विचार-विनिमय/तर्क-वितर्क के लिए अंग्रेजी तथा फ्रेंच भाषा का प्रयोग कर सकते हैं। वे इनमें से किसी भी एक भाषा को चुन सकते हैं। जब पंच-परिषद् अपना निर्णय देगी तो वह पंच-निर्णय फ्रेंच तथा अंग्रेजी, दोनों भाषाओं में ही अनिवार्यत: उल्लिखित किया जाएगा।

धारा संख्या-6 : इस धारा के साथ यह सुनिश्चित कर दिया गया कि पंच-परिषद् का निर्णय, जहाँ तक संभव होगा, यथाशीघ्र दे दिया जाएगा, लेकिन हेग न्यायालय में की गई बैठक के बाद अथवा तमाम तर्क-वितर्क/बहस आदि के खत्म हो जाने और दोनों पक्षों तक दस्तावेजी-निक्षेपण कर देने के बाद 30 दिनों के भीतर पंच-परिषद् का निर्णय सुना दिया जाएगा/संप्रेषित कर दिया जाएगा। आवश्यकतानुसार इस अवधि को पंच-परिषद् द्वारा बढ़ाया भी जा सकेगा, बशर्ते दोनों पक्ष इसके लिए राजी हों।

इतना ही नहीं दोनों पक्षों (ब्रिटेन और फ्रांस) ने इस बात पर भी अपनी सहमति जता दी कि अगर पंच-परिषद् की सुनवाई में उठाए गए प्रश्नों पर नियमानुसार सहमति न बन पाए, तो इन प्रश्नों का निपटारा 18 अक्तूबर, 1907 को हेग में किए गए (हस्ताक्षरित समझौते के तहत) अंतर्राष्ट्रीय विवादों के शांतिपूर्ण निपटान से संबद्ध अंतर्राष्ट्रीय सम्मेलन में किए गए समझौते के प्रावधानों/उपबंधों के अनुसार होगा। दोनों सरकारों (पक्षों) को पंच-परिषद् के गठन पर होनेवाले व्ययों को समान अनुपात में वहन करना होगा तथा पंच-परिषद् की बैठकों के दौरान यात्रादि पर होनेवाले तमाम व्ययों को दोनों पक्षों को अपने-अपने स्तर पर स्वयं ही वहन करना होगा।

पंच-परिषद् के विचारार्थ पूछे गए सभी प्रश्न निम्नलिखित दो बातों से संबद्ध थे—

1. पूरे मामले से संबंधित सभी आवश्यक तथ्य, तथा
2. अंतर्राष्ट्रीय कानून से संबद्ध मामले।

पंच-परिषद् के लिए सावरकर मुद्दे से संबद्ध सभी तथ्यों की जानकारी लेना अपिरहार्य था। सभी तथ्य जुटा लेने के बाद ही हेग न्यायालय पूरे मुद्दे पर गौर कर सकता था। तभी तमाम अंतर्राष्ट्रीय कानूनों के प्रकाश में न्यायालय के पंच/जज अपना फैसला दे सकते थे कि सावरकर को इंग्लैंड के हाथों से निकालकर फ्रांस को सौंपा जाए या नहीं। इसके लिए उन सभी तथ्यों को जानना अत्यावश्यक था, जिनके अनुसार सावरकर को इंग्लैंड में (गिरफ्तार करके) इंग्लैंड वापस न ले जाकर भारत ले जाकर ब्रिटिश-भारत सरकार को सौंप दिया गया था। दोनों पक्षों ने अपने-अपने तरीके से इन तथ्यों को अंतर्राष्ट्रीय कानूनों की आड़ में अपने-अपने तर्क पेश करते हुए अपने-अपने फलितार्थों की दृष्टि से पंच-परिषद् के सामने रख दिया। संक्षेप में ये तथ्य निम्नोक्त थे—

सावरकर को 13 मार्च, 1910 को विभिन्न आरोपों/दोषों के कारण लंदन में गिरफ्तार कर लिया गया था। अल्बर्ट-द-सरजेन की अगुवाई में एक अदालती मजिस्टेटी जाँच बिठाई गई, यह पता लगाने के लिए कि क्या सावरकर को बतौर अभियुक्त हिंदुस्तान मुकदमा भुगतने के लिए भेजा जा सकता है या भेजा जाना चाहिए? हिंदुस्तान से प्राप्त 'फ्युजिटिव ऑफेंडर्स-एक्ट, 1881' के तहत तथा

वहाँ दिए गए मौखिक गवाहों के बयानात का लिखित प्रारूप मिलने पर मजिस्ट्रेट ने व्यापक अध्ययन/विश्लेषण तथा जाँच आदि करने के बाद फैसला दे दिया कि सावरकर को हिंदुस्तान भेज देना चाहिए, जिससे वह वहाँ मुकदमा भुगत सके। यद्यपि सावरकर ने इंग्लैंड में मान्य अनेकानेक ब्रिटिश कानूनों की दुहाई देते हुए अपने हिंदुस्तान प्रत्यर्पण के विरुद्ध तमाम दलीलें दीं तथा अदालत से मजिस्ट्रेट के फैसले को निरस्त करने के लिए अपील की, लेकिन लंदन की अदालत ने सावरकर की सभी दलीलों को खारिज करते हुए नियमानुसार मजिस्ट्रेट के फैसले को सही एवं मान्य ठहराया। फिर सारी कानूनी कार्रवाई पूरी हो जाने के बाद 29 जून, 1910 को इंग्लैंड के गृह-विभाग के सचिव विंस्टन चर्चिल ने सावरकर के हिंदुस्तान प्रत्यर्पण के लिए वारंट-पत्र पर हस्ताक्षर करके आदेश दे दिया कि लंदन में पधारे बंबई प्रांत के पुलिस विभाग के उपायुक्त को, मिस्टर चार्ल्स जॉन पॉवर के माध्यम से, सावरकर को सौंपकर उन्हें हिंदुस्तान रवाना कर दिया जाए। फिर 1 जुलाई सन् 1910 को 'एस.एस. मोरिया' नामक जलयान पर मिस्टर जॉन पॉवर की कमान में सावरकर को जबरन चढ़ा कर 'मार्सेलीज' की तरफ रवाना कर दिया गया, जहाँ से जहाज को डाक तथा कुछेक यात्रियों को लेकर आगे बढ़ना था। सावरकर को भारी पुलिस बंदोबस्त में पूरी निगरानी के साथ 'एस. एस. मोरिया' से ले जाया जा रहा था। इस पुलिस टीम के सदस्यों में लंदन के अभियुक्त-जाँच-विभाग के एक ब्रिटिश पुलिस अधिकारी इंस्पेक्टर 'पार्कर' भी थे, जिन्हें हिंदुस्तान पहुँचकर सावरकर पर वहाँ लगाए जानेवाले अभियोग में अपनी गवाही भी देनी थी तथा दो भारतीय पुलिस कांस्टेबल भी थे, जो जॉन पॉवर की कमान में सावरकर पर निगाह रखने के लिए उस जहाज पर सवार थे और पुलिस टीम का अधिकृत हिस्सा थे।

29 जून, सन् 1910 को लंदन पुलिस के मुख्य आयुक्त सर ई. हेनरी ने फ्रांस की पुलिस के चीफ मि. हेन्नियोन को एक खत लिखा, जिसमें सूचित किया गया था कि सावरकर को 'मोरिया' जलयान से हिंदुस्तान भेजा जा रहा है तथा फ्रेंच पुलिस से अनुरोध किया जाता है कि वह सावरकर की सुरक्षा एवं उन पर कड़ी निगाह रखने का उचित बंदोबस्त करे, खासकर उस समय जब सावरकर का जलयान उनके तटवर्ती समुद्री-क्षेत्र में पहुँच रहा हो। कारण, पूरा खतरा है

कि इस समुद्री क्षेत्र में छुपे हिंदुस्तानी अतिवादी तत्त्व सावरकर को छुड़ाने के लिए सावरकर के साथ चल रहे लंदन पुलिस के सुरक्षा/अनुरक्षण दल पर घात लगाकर हमला कर सकते हैं। हेन्नियोन ने 9 जुलाई को इस निवेदन पत्र का जवाब भेज दिया, जिसमें उसने सूचित कर दिया कि लंदन पुलिस के अनुरोध पर उसने आवश्यक निर्देश जारी कर दिए हैं। इस जवाब को भेजने से पहले फ्रेंच पुलिस चीफ हेन्नियोन फ्रांस में अपने उच्चतर अधिकारियों/अफसरों को पहले ही सूचित कर उनसे परामर्श कर चुका था और उनकी सहमति भी प्राप्त कर चुका था।

7 जुलाई, सन् 1910 को जब 'मोरिया' जलयान मार्सेलीज (बंदरगाह पर) पहुँचा, तब बंदरगाह का विशिष्ट आयुक्त (कमिस्सेयर अर्थात् कमिश्नर) मिस्टर लेबलेइस (फ्रांसीसी अधिकारी) उस जहाज पर दौरा करने के बहाने से आया। 'पार्कर' ने उसका परिचय जॉन-पॉवर से करवाया तथा सावरकर की ओर भी इंगित किया। जब फ्रेंच पुलिस अधिकारी जहाज पर बने अपने केबिन की तरफ जा रहा था तो उसने लंदन के पुलिस अधिकारी मिस्टर पार्कर को एक पत्र थमाया, जिसमें साफ-साफ लिखा गया था कि फ्रांस पुलिस सावरकर पर निगाह रख रहे लंदन पुलिस के सुरक्षा गार्डों को हर तरह का सहयोग देने को तैयार है। उसके बाद पार्कर फ्रांसीसी पुलिसकर्मियों से उसका परिचय कराने के लिए उसे बाहर 'डेक' पर भी ले गया। यह सारा तमाशा सावरकर द्वारा ज़हाज से समुद्र में छलाँग लगाने से पहले ही घटित हो चुका था।

यद्यपि 8 जुलाई, 1910 को जो कुछ भी हुआ था, उसे लेकर ब्रिटेन तथा फ्रांस दोनों पक्षों के अपने-अपने दृष्टिकोण की संभावनाएँ जरूर थीं, फिर भी एक बात शीशे की तरह साफ नजर आ रही थी कि उसके बाद घटनाएँ जिस तरह से घटीं, उन्हें लेकर ब्रिटिश तथा फ्रांसीसी पुलिस अधिकारियों के दृष्टिकोण, उनकी सोच और प्रतिक्रिया में कोई खास अंतर, कोई विशेष मतभेद नहीं रह गया था। '**चोर-चोर मौसेरे भाइयों**' की तरह दोनों एक ही थैली के चट्टे-बट्टे सिद्ध हो रहे थे। उसी दिन सुबह लगभग साढ़े छह बजे सावरकर को दो भारतीय पुलिस कांस्टेबल की निगरानी में दे दिया गया। सावरकर ने उनसे शौचालय के अंदर जाने की अनुमति ली। अंदर जाकर कुंडी लगा ली और दरवाजे पर लगी शीशे की खिड़की को अपना कोट उतारकर उससे ढक दिया, ताकि बाहर खड़े पुलिस गार्ड

भीतर ताक-झाँक न कर सकें। फिर सावरकर ने अपने शरीर को योग-क्रिया से एकदम सिकोड़ते हुए वहाँ के 'पोर्ट-होल' से समुद्र में नीचे की ओर छलाँग लगा दी तथा तेज गति से समुद्र तट की ओर तैरना शुरू कर दिया, लेकिन बाहर खड़े दोनों पुलिस गार्ड इस घटना का पता लगते ही जोर-जोर से चीखने/चिल्लाने लगे और इस तरह उन्होंने वहाँ गश्ती दल के रूप में आई फ्रांसीसी पुलिस का ध्यान अपनी ओर खींच लिया तथा उन्हें आगाह कर दिया कि सावरकर फ्रांसीसी समुद्री तट की ओर समुद्र में तैरता हुआ तेजी से बढ़ा जा रहा है। उधर सावरकर फ्रांस के समुद्री तट पर पहुँचकर तेजी से लगभग 300 गज तक का फासला तय करते हुए फ्रांस की धरती पर दौड़ने लगे, तब वहाँ उन्हें एक फ्रांसीसी पुलिसकर्मी ने दौड़ते हुए बीच रास्ते में ही रोककर पकड़ लिया और बाद में जहाज के पुलिसकर्मियों की मदद से सावरकर को पकड़कर पुनः जहाज पर ले आए। इस पूरी प्रक्रिया में जहाज के परिचारक तथा दोनों पुलिस कांस्टेबिलों ने फ्रांसीसी पुलिस को सावरकर को पकड़कर पुनः जहाज पर चढ़ाने में मदद करने का काम किया था। इसके बाद वह जहाज 'अदन' के बंदरगाह की ओर रवाना हो गया, जहाँ सावरकर को दूसरे जलयान पर स्थानांतरित कर दिया गया।

18 जुलाई, 1910 को ही, जब 'मोरिया' नामक जहाज 'अदन' के बंदरगाह से भी अपने लँगर उठा चुका था, तभी ब्रिटिश सरकार को फ्रांसीसी सरकार से 'मार्सेलीज' में हुई पूरी घटना का ब्योरेवार विवरण प्राप्त हुआ। इस सरकारी विज्ञप्ति पत्र में ब्रिटेन स्थित फ्रांसीसी राजदूत मिस्टर कैम्बों ने ब्रिटेन के विदेशी मामलों/विभाग के राज्यसचिव (सेक्रेटरी-ऑफ-स्टेट) सर एड्वर्ड-ग्रे को लिखे गए नोट में साफतौर पर बताया था कि फ्रांस के विदेश मंत्री को इस पूरी घटना से अवगत करा दिया गया है तथा नोट में अनुरोध किया गया था कि सावरकर को (अंतर्राष्ट्रीय कानून/संधि के तहत) क्योंकि फ्रांस की धरती पर शरण पाने का हक मिल चुका है और गलती से फ्रांस की पुलिस ने उसे ब्रिटिश पुलिस को सौंप दिया है—अत: नियमानुसार सावरकर को फ्रांस को वापस सौंप दिया जाए। लेकिन ब्रिटिश सरकार ने यह अनुरोध मानने से साफ मना कर दिया।

फ्रांस सरकार ने इस मुद्दे पर जो भी जाँच पड़ताल की थी, उसे आधार बनाते हुए पंच-परिषद् में तीन प्रस्ताव स्वीकार किए गए—

(क) कि फ्रांस की भूमि पर पहुँचते ही सावरकर को शरणागत होने का कानूनी हक हासिल हो गया। इसे फ्रेंच भाषा में 'ड्रोएट-द-एसॉइल', (Droit-d' Asile) अर्थात् 'एसाइलम' (Assylum) का हकदार कहा गया।

(ख) कि ब्रिटिश पुलिस अधिकारियों ने बेजा तरीके से संप्रभु फ्रांस की भूमि पर उतरकर सावरकर को गिरफ्तार करके फ्रांस की संप्रभुता का हनन किया है।

(ग) कि एक लघु स्तरीय कर्मचारी यानी फ्रांसीसी सिपाही ने गलती से सावरकर को विदेशी ब्रिटिश पुलिस को सौंप दिया है, जो फ्रांस के नागरिक कानून तथा अंतर्राष्ट्रीय कानून की दृष्टि से पूरी तरह गलत तथा अनधिकृत कर्म है।

अत: फ्रांस सरकार ब्रिटिश सरकार से कानूनन सावरकर को उसे वापस सौंप देने की माँग करती है। इन उक्त तीन बिंदुओं को लेकर ब्रिटिश अधिकारियों ने अपने तरीके से एक के बाद एक वितर्क प्रस्तुत किए। पहले तर्क के प्रत्युत्तर में अंग्रेजों ने कहा कि किसी भी विदेशी को 'Droit-d'-asile' के अंतर्गत शरणार्थी नहीं माना जा सकता, जहाँ किसी विदेशी भूमि पर किसी विदेशी ने ही शरण पाने का प्रयास किया है। अर्थात् ब्रिटेन की निगाहों में सावरकर एक भारतीय है, ब्रिटिश नागरिक नहीं है। ब्रिटेन में भी उसकी हैसियत एक शरणार्थी जैसी ही है, अत: एक शरणार्थी किसी दूसरे देश में शरणार्थी नहीं हो सकता। सावरकर भारतीय होने की वजह से ब्रिटेन का शरणार्थी है, फ्रांस का नहीं। इसीलिए सावरकर को पकड़ने तथा एक शरणार्थी के रूप में उसके जान-माल की सुरक्षा करने और उसके देश में उसे सकुशल छुड़वा देने में ब्रिटेन ने कोई गलत काम नहीं किया है, किसी अंतर्राष्ट्रीय कानून का उल्लंघन नहीं किया है। ब्रिटेन ने कुछ मामलों का हवाला देते हुए तर्क दिया कि शरण देने वाले की इच्छा/अनिच्छा पर ज्यादा निर्भर करता है कि वह शरणागत की सुपुर्दगी स्वीकार करे या नहीं, न कि शरण पाने वाले को मिले किसी अधिकार या हक पर। अर्थात् उस मामले में शरणागत की मर्जी को नहीं, शरणदाता की मर्जी को देखना होगा कि वह क्या चाहता है और प्रकारांतर से भारतवासी सावरकर फ्रांस का नहीं इंग्लैंड का शरणार्थी है,

क्योंकि वह इंग्लैंड में शरण लेकर विद्याध्ययन प्राप्त कर रहा है, तथा तमाम दूसरे कार्यों को अंजाम दे रहा है, ऐसे में सावरकर का वास्तविक शरणदाता इंग्लैंड है, फ्रांस नहीं। फ्रांस की पुलिस ने सावरकर को इंग्लैंड पुलिस के सुपुर्द करके कोई गैर-कानूनी कार्य नहीं किया है। इस तरह यह मुद्दा अंतर्राष्ट्रीय कानूनों की परिधि में आता ही नहीं है, अपितु यह तो दो देशों के मध्य उनके संवैधानिक टकराव/विवाद का मामला बनता है। अत: फ्रांसीसी गणराज्य का तर्क किसी भी तरह के किसी अंतर्राष्ट्रीय कानून पर आधृत नहीं है।

दूसरे, जहाँ तक ब्रिटिश पुलिस द्वारा फ्रांस की संप्रभुता के उल्लंघन का प्रश्न है, तो इस तथ्य पर बल दिया गया कि हर देश को यह अधिकार है कि वह किसी भी पराए या परदेसी व्यक्ति को शरण देने से इनकार कर दे। सावरकर ब्रिटिश तथा फ्रेंच, दोनों ही सरकारों के लिए विदेशी थे। यह भी कह दिया गया कि कोई भी किसी भी विदेशी को अपने यहाँ रहने/ठहरने/रुकने-आने-जाने तथा बसने के लिए शर्तें लगा सकता है कि उन तमाम शर्तों या बंधनों का अनुपालन करने की दशा में ही किसी भी विदेशी को अपने देश में घुसने दिया जाए। फ्रांस की सरकार पहले ही सावरकर की सुरक्षा को लेकर वायदा कर चुकी थी कि वह सावरकर पर पूरी तरह अंकुश रखेगी। उसे किसी भी हालत में उसकी अपनी मर्जी पर अपने समुद्र तटवर्तीय क्षेत्र में नहीं आने देगी या फ्रांस स्थित हिंदुस्तानी अतिवादियों की मदद से अपने मुल्क के तटवर्ती समुद्र-क्षेत्र के आसपास फटकने भी नहीं देगी। लेकिन जब फ्रांसीसी पुलिस के एक सिपाही ने सावरकर को समुद्र के किनारे दौड़ते देखा तो वह उसके पीछे दौड़ा। उसको घेरकर पूछताछ की, तथा भाग जाने की फिराक में सक्रिय सावरकर को पकड़ लिया और ऐसा सब उसने इसीलिए किया था, क्योंकि उसे तथा दूसरे तमाम फ्रांसीसी पुलिस अधिकारियों को फ्रांसीसी सरकार के ऊपरी अफसरों ने ऐसा ही कुछ करने का आदेश पहले से ही दे रखा था।

यह भी तर्क दिया गया कि 'मोरिया' जहाज के सेवक तथा हिंदुस्तानी पुलिस कांस्टेबलों ने फ्रांस की संप्रभुता को कोई चुनौती नहीं दी थी। फ्रांस के राष्ट्रीय संप्रभुता के अधिकार का प्रतिकार नहीं किया था। बस, उन्होंने तो केवल इतना किया था कि जब सावरकर ने उनकी पकड़ से छूटकर अपने बचाव में तेजी से

भागना शुरू कर दिया तो उन्होंने जोर-जोर से चीखते-चिल्लाते हुए सावरकर को पकड़ने के लिए, उसका पीछा करते हुए दौड़ लगाई तथा फ्रांसीसी सिपाही के पीछे-पीछे वे भी दौड़ पड़े। फ्रांसीसी कांस्टेबल ने तो भागते हुए सावरकर को पहले ही पकड़ लिया था और सावरकर पूरी तरह उस सिपाही की गिरफ्त में था, जबकि हिंदुस्तानी सिपाही तो एकदम बाद में नजदीक पहुँचे और उन्होंने बढ़कर सावरकर की एक बाँह कसकर थाम ली। ऐसे में यह कहना पूरी तरह गलत और भ्रांतिपूर्ण है कि ब्रिटिश अधिकारियों ने फ्रांस की धरती पर सावरकर को पकड़ा या पकड़ने के लिए कोई दबाव बनाया। ब्रिटिश-भारत सरकार के हिंदुस्तानी सिपाहियों ने या जहाज के ब्रिटिश कर्मचारी ने फ्रांस की धरती पर सावरकर को नहीं पकड़ा, न ही उन्होंने सावरकर को पकड़ने में फ्रांसीसी सिपाही को रोका-टोका या किसी तरह से बरजा, अपितु उन्होंने तो बस फ्रेंच सिपाही की मदद भर की। अत: यह कहना कि ब्रिटिश सुरक्षा गार्डों ने फ्रांस की धरती पर उतरकर फ्रांस की संप्रभुता का अपमान करते हुए गैर-कानूनी तरीके से अंतर्राष्ट्रीय नियमों का उल्लंघन कर सावरकर को पकड़कर उसके शरणागत होने के अधिकार पर डाका डाला है, स्वयं में एक गलत तथा मिथ्या आरोप है।

जहाँ तक फ्रेंच पुलिस कांस्टेबल द्वारा सावरकर को गलती से ब्रिटिश पुलिसियों को सौंप देने का सवाल है, तो ब्रिटिश पक्ष की ओर से तर्क दिया गया कि फ्रांसीसी सरकार ने विस्तार से उस गलती का कोई विश्लेषणात्मक विवेचन नहीं किया है, जो उन्हीं के सिपाही (कांस्टेबल) ने की है। बताया जाए कि क्या सावरकर को पहचानने में उसने कोई गलती की/भूल की या उसके भागने/पकड़कर छूटने तथा अपने को छुपाने में पुलिस कांस्टेबल से कर्तव्य पालन में कोई चूक हुई? कहने का अभिप्राय यह कि फ्रांसीसी पुलिस ने वही किया, जो उसका कर्तव्य का, जो उसे करना चाहिए था और उसने पूरी मुस्तैदी के साथ किया भी वही, जैसा कि उसे अपनी ड्यूटी निभाने का आदेश दिया जा चुका था और यह आदेश फ्रेंच अधिकारियों द्वारा ही दिया गया था। इस तरह पंच-परिषद् के सामने ब्रिटिश अधिकारियों ने तर्क यह दिया कि तथ्य यह नहीं है कि ब्रिटिश पुलिस सावरकर को फ्रेंच भूमि से जबरदस्ती उठाकर ले गई, अपितु हकीकत यह है कि अधिकारी को पहले ही निर्देश दे दिया गया था कि सावरकर की गिरफ्तारी

को लेकर किसी भी तरफ से कोई दखलंदाजी नहीं है, जब फ्रांसीसी कांस्टेबल ने पुलिस वालों की चीख-चिल्लाहट सुनी, तब वह यह सोचने और फैसला ले लेने के लिए मजबूर हो गया कि इस वक्त एक पुलिस कांस्टेबल होने के नाते उसे अपना फर्ज निभाना चाहिए। अपनी वर्दी के प्रति अपने को पूरी तरह कर्तव्यबद्ध समझकर अपना कार्य करना चाहिए तथा बिना एक पल की देरी किए तुरंत सावरकर पर झपटकर उसे अपनी गिरफ्त में ले लेना चाहिए, क्योंकि वह क्षण किसी भी प्रकार की चूक करने का नहीं था। उस क्षण विशेष में उसके बीच बस इतना ही हुआ कि सावरकर के सवाल करने पर उसने इतना ही कहा कि वह एक फ्रांसीसी पुलिस का सिपाही है। वह ब्रिटिश पुलिस वालों के साथ भी कुछ नहीं बोला। सावरकर को पहचानने में उससे कोई चूक नहीं हुई।

बस, एक और सवाल बाकी रह गया था, वह यह कि क्या फ्रांसीसी अधिकारी (ब्रिगेडियर पॉस्की) ने फ्रांस के कानून अथवा अंतर्राष्ट्रीय कानूनों से बाहर जाकर कुछ किया था? इसके जवाब में फ्रांस ने अपने अधिकारी के द्वारा उठाए गए कदम को अवैध सिद्ध कर देने के लिए फ्रांसीसी नागरिक कानूनों के बारे में किसी प्रकार की कोई जानकारी नहीं दी। जहाँ तक रही अंतर्राष्ट्रीय कानून के उल्लंघन की बात, तो वहाँ यह बात साफ हो चुकी थी कि वह फ्रेंच अधिकारी सावरकर जैसे बंदी को लेकर दोनों सरकारों (ब्रिटेन की सरकार तथा फ्रांस की सरकार) के बीच पहले से ही बन गई पारस्परिक सहमति के आधार पर अपना कार्य कर रहा था। उसने तो सद्भावना सहित पूरी ईमानदारी से अपना कर्तव्य-कर्म किया और निश्चय ही उसने किसी भी अंतर्राष्ट्रीय कानून को नहीं तोड़ा। जब किसी भी तरह का कोई कानूनी उल्लंघन हुआ ही नहीं है तो ऐसे में ब्रिटिश सरकार के लिए यह कैसे जरूरी हो जाता है कि वह सावरकर को फ्रेंच सरकार को सौंप दे?

पंच-परिषद् ने दोनों सरकारों द्वारा प्रतिपादित अपने-अपने तर्क-वितर्कों में तथा अपने-अपने तरीके से स्थिति के आकलन एवं पूरे मामले के प्रस्तुतीकरण में कुछ विशेष अंतर नहीं पाया। वास्तविकता तो यह है कि फ्रांसीसी सरकार का कदम प्रकारांतर से ब्रिटिश सरकार के कदम को ही मजबूत कर रहा था। ब्रिटेन और फ्रांस, दोनों एक ही थैली के चट्टे-बट्टे सिद्ध हो रहे थे। दोनों ही यूरोप के

साम्राज्यवादी देश थे। दोनों की सोच उपनिवेशवादी थी। दोनों ही एशिया में चल रहे स्वाधीनता संघर्ष से खुश नहीं थे। दोनों ही भारत के स्वतंत्रता सेनानियों के पक्षधर नहीं थे। फिर भला सावरकर जैसे जुझारू स्वतंत्रता सेनानी एवं मातृभूमि के प्रति समर्पित देशभक्त के विरुद्ध दोनों ही प्रत्यक्ष अथवा परोक्ष रूप से नाटक का पटाक्षेप क्यों न करते? इधर फ्रांस सरकार ने ब्रिटिश सरकार की सावरकर संबंधित नीति-रीति को अपनी लिखित पत्रावलियों का समर्थन देकर प्रकारांतर से सुदृढ़ ही किया, उधर पंच-परिषद् के सभी सदस्य कहीं-न-कहीं ब्रिटिश सरकार के चाटुकार ही थे। ब्रिटेन तथा फ्रांस की मिलीभगत रंग ला रही थी। फ्रांस ने ब्रिगेडियर पॉस्की से हुई तथाकथित गलती पर अपना दृष्टिकोण भी स्पष्ट कर दिया। 23 जुलाई, 1910 को ब्रिगेडियर ने बड़ी चालाकी और मासूमियत से अपने फ्रेंच आकाओं से कह दिया कि उसे तो पता ही नहीं था कि जिस भगोड़े अभियुक्त को ब्रिटिश पुलिस को पकड़वाकर सौंप देने में वह सहायक हो रहा है, उसका नाम सावरकर है और वह एक भारतीय है। अत: अब फ्रांसवालों का तर्क केवल इसी एक भूल/गलती पर ही टिका रह गया था। इसी एक गलती की वजह से सावरकर फ्रांस में शरणार्थी नहीं माने गए और अवैध प्रत्यर्पण के शिकार हो गए।

दूसरी ओर ब्रिटिश सरकार का तर्क था कि ऐसे किसी भी अभियुक्त की पहचान, जिसने आत्मसमर्पण कर दिया है, या जिसे गिरफ्तार कर लिया गया है—केवल नागरिक अदालत में नागरिक कानूनों के अनुसार ही हो सकती है। वहीं ऐसे अभियुक्त की पहचान को लेकर सवाल-जवाब किए जा सकते हैं, यहाँ इस अंतर्राष्ट्रीय पंच-परिषद् में इस मुद्दे पर बातचीत करने अथवा निर्णय करने की कोई तुक ही नहीं है। साथ ही, यह तर्क भी कि फ्रेंच-ब्रिगेडियर को सावरकर की असलियत के बारे में कुछ पता ही नहीं था, निपट मूर्खतापूर्ण लगता है। उसने स्वयं ही यह स्वीकार किया कि उसने सावरकर को शौचालय के पोर्ट-होल से बाहर निकलते देखा और पीछे दौड़कर उसे पकड़ लिया। भारतीय पुलिस के अधिकारियों से वह इसलिए कुछ बात नहीं कर सका, क्योंकि उसे उनकी भाषा नहीं आती थी और भारतीय पुलिस के अधिकारियों को फ्रेंच नहीं आती थी।

इंस्पेक्टर पार्कर को लगा कि फ्रांसीसी ब्रिगेडियर का बयान अधूरा है। उसने बताया कि वह (फ्रेंच-ब्रिगेडियर) पार्कर के साथ जहाज के संदेश वाहक तथा

पुलिस के सिपाहियों के साथ जहाज के डेक पर होते हुए नीचे उस केबिन में भी गया था, जहाँ सावरकर को बंदी बनाकर उसके समुद्र में छलाँग लगाने से पहले रखा गया था और जब वह जहाज में नीचे के हिस्से में था, तब पार्कर ने उसे देखकर उससे फ्रेंच भाषा में कुछ बातचीत भी की थी, लेकिन ब्रिगेडियर ने तब भी उससे (बंदी सावरकर के बारे में) कोई सवाल नहीं किया था। अगर वह जरा-सा भी कुछ पूछता तो उसे फौरन बता दिया जाता कि वह 'सावरकर' है, और वह कौन है, कहाँ से आया है, कहाँ ले जाया जा रहा है, क्यों ले जाया जा रहा है, उसने लंदन में किया क्या है तथा भारतीयों के द्वारा आयोजित क्रांतिकारी गतिविधियों में उसकी भूमिका क्या है ? वह किस तरह का अत्यधिक षड्यंत्रकारी आतंकवादी है तथा ब्रिटेन की राज-व्यवस्था एवं कानून के लिए कितना बड़ा खतरा है ? इस तरह ब्रिटिश-अधिकारियों/प्रवक्ताओं-वकीलों/ एजेंटों ने पंच-परिषद् के सामने सावरकर कांड को लेकर अपने पक्ष को पुख्ता तौर पर प्रस्तुत किया। आगे कुछ और भी कहा गया कि अगर फ्रेंच-ब्रिगेडियर पॉस्की के बयान पर ध्यान से गौर किया जाए तो एक बात और साफ तौर पर उभरकर सामने आती है कि उसकी निगाहों में दौड़कर पकड़ लिया गया व्यक्ति कोई मामूली सामुद्रिक (मल्लाह/मछुआरा आदि) नहीं था, ऐसा व्यक्ति नहीं था, जो किसी समुद्री जहाज के नाविक दल का हिस्सा रहा हो और जिसे अपने कार्य से च्युत होने के कारण भगोड़ा मानकर जहाज के कप्तान ने जहाज के बंदीकक्ष में जंजीरों में जकड़ कर रख छोड़ा हो। फ्रेंच-ब्रिगेडियर ने स्वयं अपने बयानों में स्वीकार किया है कि जो लोग सावरकर का पीछा कर रहे थे, वे उस पर कड़ी चौकसी रख रहे थे। इससे साफ होता हो जाता है कि उसने जिस व्यक्ति को पकड़ा, वह कोई साधारण समुद्री भगोड़ा नहीं था, जो बंदरगाह पर अपने जहाज के खड़ा होने पर उससे कुछ फायदा लेता और जो समुद्री तट की तरफ जान बचाकर भाग निकलने की फिराक में था। कोई भी व्यक्ति, जिस पर निगरानी रखी जा रही हो, वह निस्संदेह ऐसा व्यक्ति ही हो सकता है, जिसने कुछ अपराध किया हो, फरार हो जाने की जुगत भिड़ा रहा हो ऐसा व्यक्ति केवल कोरा-भगोड़ा नहीं कहा जा सकता, अपितु एक भगोड़ा-कैदी/अपराधी की कहा जा सकता है।

इसके अलावा यह तर्क भी दिया गया कि यह मानना भी संगत ही लगता

है कि फ्रेंच-ब्रिगेडियर ने निश्चय ही अपने वरिष्ठ अधिकारियों को खासकर आयुक्त (कमिश्नर) लैबलैस को जरूर इस घटना का ब्योरा दिया होगा और जो (आयुक्त) भलीभाँति जानता था कि सावरकर क्या है ? कौन है ? जब लैबलैस 'मोरिया' जहाज के समुद्री संतरण पर छूटने से कोई बीस घंटे पहले दोपहर बाद जहाज पर आया, तब उसे बाकायदा बताया गया कि सावरकर जहाज से कैसे, कहाँ से छूटकर भागा था और फिर किस तरह उसे (पकड़कर) जहाज पर पुनः वापस लाया गया। उस समय तो कमिश्नर लैबलैस ने कोई एतराज नहीं जताया, न ही उसने अपने अधीनस्थ फ्रेंच-ब्रिगेडियर के अंजान होने पर आश्चर्य ही किया। उसने बस इतना ही कहा था कि इस सारे कांड की सूचना उसे अपने उच्चतर प्रशासनिक अधिकारियों को देनी होगी।

इसके अतिरिक्त मार्सेलिस के प्रशासनाधिकारी को 13 जुलाई, सन् 1910 को मिले तार में ऐसा कोई जिक्र नहीं किया गया था कि फ्रेंच-बिग्रेडियर से कोई गलती हुई है। ब्रिटिश पक्ष ने पंच-परिषद् के सामने जोरदार तरीके से यही सिद्ध करने का प्रयास किया कि भगोड़े बंदी सावरकर के भागने और उसका पीछा करके उसे पुनः पकड़ लेने एवं जहाज पर लाकर दुबारा से जंजीरों में जकड़ देने और भारत भेज देने की ब्रिटिश मुहिम में कुछ भी गैर-कानूनी तरीके से नहीं किया गया था।

लेकिन इस पूरे-के-पूरे उक्त विवरण को एक-दूसरे तथ्यात्मक दृष्टिकोण से भी देखने-समझने की आवश्यकता है और वह यह कि ब्रिटिश तथा फ्रेंच सरकारों के बीच हुए पत्र-व्यवहार में खासकर कूटनीतिक चिट्ठी-पत्रियों के आदान-प्रदान में कहीं भी सावरकर प्रत्यर्पण मामले को पंच-परिषद् के सामने लाने से पूर्व तक, कोई जिक्र नहीं किया गया है कि सावरकर कोई और अन्य सामान्य-सा व्यक्ति था, अथवा वह समुद्री/जहाजी भगोड़ा था, जिसने जहाज के अपने संगी साथी कार्मिकों को छोड़कर जहाजी नौकायन/नाविक के कर्तव्यों से मुँह मोड़कर भाग जाना चाहा था। कारण, ऐसे भगोड़े नाविकों को पकड़ने तथा गिरफ्तार करने के लिए नियमतः जहाज के स्वामी/ कैप्टन को लिखित रूप में उस क्षेत्र के प्रशासक को आवेदन-पत्र लिखना पड़ता है, अनुमति प्राप्त करनी होती है, तभी क्षेत्र विशेष पर भाग कर चले गए भगोड़े को पकड़ा जा सकता है, और सावरकर के मामले में

इस नियम का कहीं कोई पालन नहीं किया गया था। अत: उक्त सारा तर्क-वितर्क एकदम बेकार और अमान्य हो जाना चाहिए था। पर ऐसा हुआ नहीं।

ब्रिटेन की तरफ से यह तर्क भी रखा गया कि सावरकर को 'एस.एस. मोरिया' जहाज पर दुबारा पकड़कर ले आने के उपक्रम में मिस्टर पार्कर कहीं गलती पर था तथा उसने जान-बुझकर फ्रेंच-ब्रिगेडियर से सावरकर की पहचान को छुपाया। यह बात इस बात पर ज्यादा निर्भर है कि वह इस संदर्भ में एकदम अनभिज्ञ था, जिसे स्वीकार कर पाना तर्कसंगत नहीं लगता है, क्योंकि फ्रेंच-ब्रिगेडियर भी बंदी सावरकर को गिरफ्तार करनेवाले फ्रेंच पुलिस दल का सदस्य था, जिसे पहले ही आवश्यक निर्देश जारी किए जा चुके थे कि वे सतर्क रहें तथा कुछ भी असंगत न होने दें। अपने आँख, कान खोलकर अपनी ड्यूटी निभाएँ तथा कुछ भी अलग देखें तो तुरंत हरकत में आ जाएँ और अपना कर्तव्य पूरा करें। सनद रहे, सावरकर को भी इसी निर्देश के तहत फ्रांस की भूमि से पकड़ा गया था। अंग्रेजों ने यह तर्क भी रखा कि ब्रिगेडियर ने कभी यह नहीं कहा कि "मिस्टर पार्कर ने कभी भी उसे गुमराह किया, या उस पर कोई दबाव बनाया या पार्कर से कोई चूक हुई या पार्कर ने कोई गलत काम किया।"

इस तरह ब्रिटिश अधिकारियों ने दावा किया कि फ्रांस का तर्क तो उस समय मान्य और स्वीकार योग्य होता, जब ब्रिटेन फ्रांस पर हमला करके फ्रांस के भू-क्षेत्र से सावरकर को जबरन उठा ले जाता, तब तो यह माना जाता कि फ्रांस की संप्रभुता का उच्छेदन किया गया है, जो अंतर्राष्ट्रीय कानूनों की निगाह में एकदम अवैध होता अथवा ब्रिटेन ने धोखाधड़ी करके, गलत बयानी करके, फ्रांस की सरकार को गुमराह करके, झूठ बोलकर या फ्रांस को किसी तरह जबरन फाँसकर सावरकर को हथियाया होता। ऐसा होने पर ही पंच-परिषद् ब्रिटेन को आदेश दे सकती है कि वह सावरकर को फ्रांस का शरणागत मानते हुए उसे फ्रांस को सौंप दें। लेकिन जिस प्रकार से एक-के-बाद एक तथ्य घटते चले गए हैं और खुद-ब-खुद फ्रांस ने भी उन तथ्यों के सिलसिलेवार घटित होते चले जाने की सच्चाई पर मुहर लगाई है तो ऐसे में, जब न तो कोई हिंसा हुई, न ही कोई धोखाधड़ी की गई, न ही कहीं कोई मिथ्या-आचरण किया गया तथा फ्रेंच पुलिस कर्मियों ने सावरकर को स्वयं ही स्वेच्छया वापस सौंप दिया और फ्रांस के एक

उत्तरदायी पुलिस अधिकारी ने ऐसा किया, और अगर अब वही पुलिस अधिकारी यह दावा करे कि वह नहीं जानता था कि वह कर क्या रहा है, अथवा उसे करना क्या चाहिए था तो ऐसे में भारतीय ब्रिटिश पुलिस अधिकारी पर ऐसा कोई दबाव नहीं बनता है कि वह अपने ही देश के एक भगोड़े को फ्रांस सरकार को सौंप दे। अतः जिस तरह से तमाम तथ्य शीशे की तरह साफ हो गए हैं, तो ऐसे में फ्रांसीसी अधिकारियों का सावरकर को वापस पा लेने का यह दावा स्वीकार नहीं किया जा सकता कि इस हस्तांतरण में किसी अंतर्राष्ट्रीय कानून का उल्लंघन किया गया है। अतः पंच–परिषद् का असली काम है, सभी पेश किए गए तथ्यों पर गौर करना और पूरे मामले से जुड़ी सभी परिस्थितियों का वस्तुपरक आकलन करना तथा अंतर्राष्ट्रीय कानूनों के तहत देशों के अधिकारों तथा बाध्यताओं की व्याख्या करना और इसके बाद ही अपना अंतिम निर्णय सुनाना। ब्रिटेन ने अंततः पंच–परिषद् के समक्ष यही तर्क पेश किया।

यहाँ दिलचस्प बात जो जानने योग्य है, वह यह कि पेरिस की अपीलीय अदालत में एटॉर्नी (महाधिवक्ता) मिस्टर लैंगुएट ने भी सावरकर की तरफ से उनका मुकदमा लड़ा था। उनकी सारी बहस इस बिंदु पर टिकी थी कि ऐसा कोई न्यायमूल सिद्धांत नहीं है, जो एक प्राइवेट व्यक्ति को अदालत में अपना पक्ष रखने या उसके हितों पर गौर करने से अदालत को बहिष्कृत या प्रतिबंधित कर सके। अर्थात् **सावरकर को यह कहकर अपना केस रखने से रोका जा रहा था कि मामला दो देशों के बीच है, न कि सावरकर और अदालत के मध्य। अतः सावरकर से सिर्फ सवाल ही किया जा सकता है, उन्हें इस विवाद में समानधर्मा तीसरा पक्ष नहीं बनाया जा सकता। इस पर सावरकर के वकील लैंगुएट का कहना था कि विवाद भले ही दो देशों के बीच हो, फिर भी अदालत को सावरकर को मौका देकर उनके सच्चे कथनों की जानकारी लेनी चाहिए। साथ ही, उन तमाम सबूतों का भी विस्तृत संज्ञान लेना चाहिए, जो इस विवाद में कारणभूत रूप से तमाम घटनाओं में संयुक्त रहे हैं। इस तरह 'लैंगुएट' द्वारा किए गए तर्कों से सावरकर को पकड़ने तथा फ्रांस की धरती से उन्हें उठाकर ले जाने के हादसे के अनेक कानूनी–पहलू नए ढंग से ही उभर कर सामने आते।**

अपनी दलील को सही संदृष्टि से पेश करने की गरज से एटॉर्नी लैंगुएट ने सावरकर प्रायोजित, गतिविधियों को पुनर्गठित कर अदालत को बताया कि हिंदुस्तान में किस तरह उन्होंने विदेशी सत्ता को अपनी धरती से उखाड़ फेंकने और अपनी मातृभूमि को आजाद कराने का आगाज किया था, किस तरह उसी संदर्भ में कानून की पढ़ाई करने लंदन/इंग्लैंड गए थे, ताकि **ब्रिटिश कानूनों की पूरी जानकारी प्राप्त करके कानूनी धरातल पर भी ब्रिटिश साम्राज्यवाद तथा उपनिवेशवाद को परास्त किया जा सके तथा न्यायालय के स्तर पर भी यह सिद्ध किया जा सके कि ब्रिटेन का भारत पर शासन एक आक्रमणकारी का शासन है और भारत की धरती पर बने रहने तथा शासन करने का उसे कोई कानूनी हक नहीं है।** इसी लक्ष्य को सामने रखकर सावरकर लंदन में भी अपने सहयोगियों का एक दल तैयार कर रहे थे तथा वहाँ भी राजनीतिक परिदृश्य की सभाएँ तथा जलसे आयोजित कर रहे थे और जिन आयोजनों में अन्यथा कुछ भी नहीं था, न है—क्योंकि ब्रिटेन का कानून इस तरह के प्रजातांत्रिक आयोजनों को (बकौल मैग्नाकार्टा भी) अनुमति देता है। अत: ब्रिटेन में रहते हुए सावरकर ने कहीं भी ऐसा कोई काम नहीं किया, जिससे किसी भी ब्रिटिश कानून का उल्लंघन हुआ हो। लंदन प्रवास के दौरान सावरकर ने ब्रिटिश व्यवस्था को भंग करने अथवा उसको हानि पहुँचाने का कोई काम किया ही नहीं, अत: मात्र देशभक्ति भावपरक बात कहने, साहित्य रचने, भाषण देने से सावरकर अपराधी/अभियुक्त कैसे मान लिये गए? **सावरकर ने हिंदुस्तान में भी तथा लंदन में भी कलम के अलावा कोई शस्त्र उठाया ही नहीं, अत: सावरकर पर हिंसा का दोषारोपण कैसे और क्यों कर किया जा सकता है?** लंदन की 'ग्रे-इन' ने सावरकर के विरुद्ध जो भी अभियोग लगाया है, वह पूरी तरह मिथ्या, गैर-कानूनी तथा मनगढ़ंत सबूतों के आधार पर बनाया गया है। यह सावरकर के मूलभूत मानवाधिकार का उल्लंघन है, उनकी शाब्दिक अभिव्यक्ति के आधार पर डाका है। अत: मैं अपीलीय अदालत से अनुरोध करता हूँ कि वह सावरकर कांड पर उक्त तथ्यों के आधार पर भी गौर करें और मेरे मुवक्किल को बाइज्जत-बरी कर, उसके साथ उचित न्याय करें।

लैंगुएट द्वारा सावरकर के पक्ष में दी गई इस दलील का सार यह था कि

सावरकर कोई सामान्य व्यक्ति नहीं, कोई अपराधी या अभियुक्त नहीं थे, अपितु वे एक सर्वज्ञात/सर्वमान्य तथा सर्वविख्यात एवं सर्वानुमोदित राजनीतिक व्यक्तित्व थे। इसीलिए जब सावरकर जैक्सन की मृत्यु हो जाने के बाद पेरिस चले गए, तथा वहाँ फ्रांस में रहते हुए उन्हें चार महीने गुजर गए, तब तो ब्रिटिश सरकार ने उनके प्रत्यर्पण के लिए फ्रांस की सरकार से कहा नहीं, कोई आवेदन-पत्र भेजा नहीं, कारण! ब्रिटिश सरकार यह बात भलीभाँति जानती थी कि उसका ऐसा कोई भी आग्रह/अनुरोध फ्रांस द्वारा स्वीकार नहीं किया जाएगा, क्योंकि सावरकर न तो कोई खतरनाक आवारागर्द किस्म का खानाबदोश है, न ही कोई अपराधी या हिंसक व्याघ्र। उसने फ्रांस में रहते हुए कभी भी कोई ऐसा काम नहीं किया है, जिससे फ्रांसीसी नियमों का उल्लंघन हुआ हो। इसी कारण ब्रिटिश सरकार ने फ्रांस से सावरकर का प्रत्यर्पण नहीं माँगा। ब्रिटेन जानता था/है कि सावरकर को वे तभी तंग कर सकते हैं, तभी गिरफ्तार कर सकते हैं, जब सावरकर ब्रिटेन की जमीं पर हों, वह लंदन वापस चले आएँ और जब सावरकर खुद-ब-खुद दुबारा लंदन पहुँचे तो देखते-ही-देखते उनपर यह दोषारोपण करते हुए कि वह सन् 1906 में हिंदुस्तान में रहते हुए वहाँ ब्रिटिश-भारत सरकार विरोधी गतिविधियों में शामिल थे, वह एक राजद्रोही हैं, अतः उन्हें भारत में घटित ब्रिटिश शासन विरोधी घटनाओं के लिए उत्तरदायी मानते हुए गिरफ्तार किया जाता है, ताकि उन्हें भारत भेजकर कठोर से कठोर दंड दिया जा सके।

सावरकर के वकील ने मार्सेलिज में हुई घटना का ब्योरेबार वर्णन किया और तर्क दिया कि जब जलयान 'मोरिया' फ्रांस की समुद्री सीमा के भीतर आ चुका था, तो यह कैसे मान लिया जाए कि उस सीमा के भीतर अंग्रेजों का न्यायाधिकार मान्य होगा? यह एक ऐसी दलील थी, जिसकी तथ्यात्मकता से आँखें मूँदना असंभव था और कानून विशेषज्ञ होने के नाते सावरकर भी स्वयं कानून की इस बारीकी को भलीभाँति समझते थे कि ब्रिटिश पुलिस ने अपने कानूनी अधिकारों की सीमा से बाहर जाकर एक-दूसरे देश की सीमा में घुसकर उन्हें जबरन गिरफ्तार किया है। लैंगुएट ने अपने तर्क के पक्ष में अपनी बात को पुख्ता करते हुए मैक्सिको के एक शरणार्थी मिस्टर गोमेज का उदाहरण दिया, जिसे इसी प्रकार के हालात का शिकार होना पड़ा था। तत्पश्चात् लैंगुएट ने फ्रांस

की धरती से सावरकर को उठाए जाने का सावरकर कथित अभिमत भी अपीलीय अदालत के जजों के सामने विश्लेषण-विवेचन सहित प्रस्तुत किया तथा यह सिद्ध करने का प्रयास किया कि सावरकर को ब्रिटिश पुलिस द्वारा पकड़ा गया था, न कि फ्रेंच पुलिस द्वारा।

इसी तरह इस पूरे कांड पर हुए अदालती ड्रामे का एक विवेचन उस दौर के पत्रकार **मिस्टर जिब्राइल एम बेल्लिन** ने भी किया है। पत्रकार महोदय ने कहा है कि सावरकर दोनों देशों के पुलिसकर्मियों द्वारा पकड़े गए थे। उसका कहना है कि जब पुलिसिए सावरकर को पकड़ रहे थे, तब वे नहीं जानते थे कि वे कोई गैर-कानूनी काम कर रहे हैं। उन्हें लग रहा था कि वे तो केवल अपनी ड्यूटी निभा रहे हैं। पत्रकार पूरे घटना पर अपनी ओर से टिप्पणी करते हुए लिखता है कि जिन हालात में सावरकर को पकड़ा गया था, उनको देखते हुए बेहतर यह होता कि सावरकर को किसी फ्रांसीसी मजिस्ट्रेट के सामने पेश कर दिया जाता तो मजिस्ट्रेट स्वभावत: ही अंतर्राष्ट्रीय कानूनी दाँव-पेंचों को पुलिस की तुलना में ज्यादा बेहतर तरीके से समझता और तद्नुरूप कार्रवाई करता।

लेकिन इस पूरे मामले पर ब्रिटेन का रुख यही था कि फ्रांस सरकार ने ही सावरकर को पकड़ा था तथा ब्रिटिश पुलिस ने तो सिर्फ सावरकर की सुपुर्दगी ही ली थी। उधर, सावरकर के वकील का कहना यह था कि ब्रिटिश तर्क को स्वीकार कर पाना कठिन है क्योंकि तथ्यात्मकता का एक पहलू यह भी है कि 'मोरिया' जलयान पर सवार हिंदुस्तानी पुलिस से अधिकारियों ने पूरे घटनाक्रम से जुड़े तमाम प्राधिकृत सबूतों को तथा तथ्यों के विश्लेषण विवेचन से संबद्ध कागजातों को पहले ही नष्ट कर दिया था (या गायब कर दिया था)। जहाँ उन्होंने यह दावा किया था कि सावरकर को पकड़ने में उन्हीं की अहम भूमिका है। अत: विवाद के इस बिंदु से उत्पन्न आशय को नकारा नहीं जा सकता।

इस तरह सावरकर की गिरफ्तारी को लेकर वकीलों द्वारा दी गई दलीलों के वैविध्य को देखते हुए, सावरकर के वकील मिस्टर लैंगुएट ने 13, 14 और 15 जनवरी, सन् 1911 को अपने ही कनिष्ठ सहयोगी कानूनविदों तथा जाँचकर्ताओं का एक दल मार्सेलीज की तरफ मौका-ए-वारदात का मुआयना करने के लिए भेजा। वहाँ पहुँचकर जाँच दल ने पाया कि फ्रेंच-बिग्रेडियर का बयान हु-ब-हू-

वैसा ही है, जैसा कि उसने पंच-परिषद् की अदालत में दिया है। जब सावरकर समुद्र में तेजी से तैरकर बाहर फ्रांस के समुद्री तट पर पहुँचे और फ्रांस की धरती पर अपने को बचाने के लिए दौड़ रहे थे, तो मोटर नावों में उनका पीछा करते हुए गोरे सिपाही दौड़ते हुए 'चोर-चोर' 'पकड़ो-पकड़ो' चिल्लाते हुए उन्हें घेरने की कोशिश कर रहे थे। तब वहीं फ्रेंच-बिग्रेडियर (पुलिसमैन) भी तेजी से दौड़ पड़ा और उसने सावरकर को बाँह से पकड़कर अपनी गिरफ्त में जकड़ लिया। इतने में ही ब्रिटिश पुलिस दल के सिपाही भी दौड़ते हुए आ पहुँचे और उनमें से एक ने सावरकर का दायाँ हाथ पकड़ लिया तथा दूसरे ने सावरकर को गर्दन से पकड़कर दबोच लिया। सावरकर के वकील का तर्क था कि अगर इकतरफा मिस्टर पॉस्की की दलील पर भरोसा कर भी लिया जाए, तब भी लाख-टके का यह प्रश्न तो बाकी रह ही जाता है कि क्या पॉस्की को फ्रांसीसी राज्य से यह अधिकार मिला हुआ था कि वह फ्रांस सरकार के प्रतिनिधि के रूप में व्यवहार करे तथा फ्रांस सरकार द्वारा क्या वह कानूनी तौर पर सावरकर के विरुद्ध कुछ भी कर गुजरने के लिए प्राधिकृत था? तमाम कानूनी पहलुओं तथा पूर्व घटित घटनाओं को देखते हुए (जो कानूनी पत्र/पत्रिकाओं में बाकायदा उपलब्ध हैं।) यही पता चलता है कि पॉस्की केवल एक स्थानीय पुलिस कार्मिक मात्र था और उससे ज्यादा कुछ भी नहीं। अत: मात्र एक छोटे से पुलिसकर्मी के होते हुए पॉस्की के बयान को बहुत बढ़-चढ़कर एक कानूनी सबूत कैसे माना जा सकता है? इसके अलावा इस मामले में गौर करने लायक बात यह भी है कि 'चोर-चोर' की चिल्लाहट भरी आवाज पुलिस द्वारा तभी नहीं की गई, जब वे सावरकर के पीछे फ्रेंच भूमि पर दौड़ रहे थे, अपितु जहाज के डेक पर घबराए हुए सुरक्षा गार्ड भी समवेत् स्वर में 'चोर-चोर' शब्द चिल्ला रहे थे। इससे साफ पता चल जाता है कि फ्रांसीसी पुलिस अधिकारी को जान-बुझकर गुमराह किया गया था। उसको न यह बताया गया कि वह एक क्रांतिकारी लेखक तथा राष्ट्रवादी स्वदेशभक्त है। उसे षड्यंत्रकारी तरीके से यह मानने के लिए मजबूर किया गया था कि भगोड़ा एक अपराधी था, और इस तरह उस पर लगाए गए सभी राजनीतिक आरोपों/दोषों को गलत तरीके से पुख्ता किया गया था।

अत: सावरकर के वकील के तमाम उपलब्ध सबूतों के मद्देनजर तथा

सावरकर की गिरफ्तारी के तमाम विवरणों को नजर-अंदाज करते हुए कतिपय निष्कर्ष निकाले जा सकते हैं, जो निम्नोक्त हैं—

- पुलिस ने सावरकर को निश्चय ही एक विदेशी जमीन/फ्रांस की जमीन/गैर-मुल्की भूमि से गिरफ्तार किया था और उन्हें 'मोरिया' जहाज के सुरक्षाकर्मियों/ परिचालकों को पुनः सौंप दिया था।
- इस पूरे प्रकरण में पॉस्की की भूमिका निहायत छोटी सी भूमिका थी। वह तो मात्र एक सहायक की भूमिका निभा रहा था।
- अपना रोल अदा करते हुए पॉस्की केवल एक वफादर कर्मचारी की तरह ही काम कर रहा था। फ्रांसीसी उच्चाधिकारियों को उसकी किसी भी अभिक्रिया के लिए उत्तरदायी नहीं बनाया जा सकता।
- पूरे प्रकरण में पॉस्की की भूमिका बहुत साधारण-सी थी। जिस तरह फ्रांस की समुद्र तटीय पुलिस को गुमराह किया गया था, उसी तरह सावरकर के व्यक्तित्व की वास्तविकता से उसे भी अँधेरे में रखा गया तथा 'चोर-चोर' शब्दों की चिल्लाहट के पीछे छिपे राज को भी उस पर प्रकट नहीं होने दिया गया।

इस तरह अब सरलता से निष्कर्ष पर पहुँचा जा सकता है कि सावरकर की गिरफ्तारी के तमाम कारण एकदम पूरी तरह निराधार और खंडनीय है, क्योंकि सावरकर को एकदम उच्छृंखल तरीके से निरंकुशतापूर्वक तथा अवैध रूप में गिरफ्तार किया गया तथा धोखाधड़ी बरतते हुए और तमाम तरह की साजिशाना गलत हरकतें करते हुए उन्हें फ्रांस की धरती से उठा लिया गया। अतः सावरकर को अब नियमानुसार तुरंत फ्रांस को वापस सौंप देना चाहिए। वकील ने अपने इस निर्णयात्मक-अभिमत के पक्ष में अनेक कानूनी निर्णय भी उद्धृत किए। उधर, सावरकर को जबरन हिंदुस्तान में लाकर नासिक में उन पर तुरंत ही मुकदमा भी दायर कर दिया गया था तथा उस मुकदमे की सुनवाई भी शुरू कर दी गई थी, जिससे प्रमाणित हो जाता है कि वह एक राजबंदी थे। राजनीतिक बंदी कोई साधारण सामान्य अपराधी या कैदी नहीं, इसीलिए फ्रांस में शरण पाने के पूरे हकदार थे।

लेकिन जैसा कि पहले भी कहा जा चुका है—'पंच-परिषद्' ने अपना फैसला ब्रिटेन के पक्ष में ही सुनाया और इस बात पर भी जोर दिया कि सावरकर

को गिरफ्तार कर लेने में कुछ अनियमितता जरूर हुई है तथा उसे ब्रिटिश पुलिस के हाथों सौंपने में भी कायदे-कानून का उचित ध्यान नहीं रखा गया है। फिर भी चूँकि सावरकर को पकड़ लेने की ब्रिटिश-भारत सरकार को जरूरत है और सावरकर अब हिंदुस्तान पहुँचाए भी जा चुके हैं, अतः अदालत ब्रिटिश सरकार के हक में फैसला देते हुए सावरकर की गिरफ्तारी में की गई चूक से ब्रिटेन को अवमुक्त करती है तथा सावरकर को फ्रांस को सौंप देने की माँग को निरस्त करती है। पंचों ने अपना फैसला सुनाते हुए कहा, "चुनांचे, जो कुछ अब तक कहा गया है, उसकी प्रतिक्रिया के फलस्वरूप अब यह स्पष्ट हो जाता है कि यह मामला एक ऐसे व्यक्ति को धोखाधड़ी या जोर-जबरदस्ती से अपनी गिरफ्त में ले लेने का नहीं है, जो भागकर एक विदेशी भूमि पर पनाह पाने की दृष्टि से चला गया है तथा जिन परिस्थितियों में सावरकर को गिरफ्तार करके ब्रिटिश अधिकारियों के सुपुर्द किया गया तथा उसे हिंदुस्तान भेज दिया गया, उससे कहीं भी फ्रांस देश की राष्ट्रीय संप्रभुता का हनन नहीं हुआ है और इस मामले में जिन लोगों ने भी भाग लिया और जो कुछ भी, जैसा कुछ भी उन्होंने किया वह सब उन्होंने अपने-अपने विवेक के अनुसार युक्तियुक्तपूर्ण तरीके से अपना कर्तव्य मानकर किया और किसी भी बिंदु पर उन्हें कभी भी ऐसा नहीं लगा कि वे कोई गैर-कानूनी कार्य कर रहे हैं।"

ऊपर दिए जिन तथ्यों का खुलासा किया गया है, उनके संदर्भ में देखा जाए तो यह बात साफ हो जाती है कि ब्रिगेडियर का आचरण भी जब तक कि 9 जुलाई की सुबह तक से पहले उसके आचरण पर उसी के फ्रेंच अधिकारियों ने प्रश्न खड़े नहीं कर दिए अर्थात् जब तक 'मोरिया' जलयान मार्सेलिज की ओर चल नहीं पड़ा, गलत नहीं माना जा सकता। क्योंकि ब्रिटिश पुलिस तो स्वाभावतः ही यह मान रही थी कि ब्रिगेडियर उनके ही निर्देशों के अनुसार व्यवहार कर रहा है और उसके फ्रांसीसी उच्चाधिकारियों को पता है कि वह क्या कर रहा है!

और यह मान भी लिया जाए कि सावरकर को पकड़ लेने तथा ब्रिटिश पुलिस को पुनः सौंप देने में कहीं काई असावधानी बरती गई है, फिर भी अंतर्राष्ट्रीय कानूनों के तहत इस तरह के मामलों में, जैसा कि सावरकर मामले में है ऐसी कोई बाध्यता उस देश या व्यक्ति पर नहीं हो जाती, जिसकी गिरफ्त/पकड़ में कोई व्यक्ति बंदी हो और उसे यह कह दिया जाए कि वह उसे छोड़ दे या उस विदेशी

एजेंट को सौंप दें, जिसने उसे स्वयं ही पकड़कर उसी व्यक्ति की सुपुर्दगी में दुबारा से थमा दिया है। कहने का अभिप्राय यह कि जब फ्रांसीसी पुलिसकर्मी ने खुद ही एक भगोड़े को पकड़कर ब्रिटिश पुलिस कर्मियों को सौंप दिया, फिर यह कहना तर्कसंगत नहीं है कि ब्रिटिश पुलिस उसे वापस फ्रेंच सरकार को सौंप दे।

अत: यह पूरी तरह सिद्ध हो जाता है कि पंच-परिषद् ने ब्रिटिश पक्ष का तर्क स्वीकार कर लिया था और इसीलिए उनके पक्ष में मामले का निपटारा कर दिया। लेकिन फिर भी अपने फैसले को थोड़ा-बहुत पक्षपातशून्य दिखाने की गरज से निर्णय में इतना और जोड़ दिया कि "थोड़ी-बहुत असावधानी जरूर बरती गई है"—यह वाक्य केवल फैसले के नागवार न लगने की नीयत से जोड़ा गया था, **क्योंकि पंच-परिषद् का फैसला ब्रिटिश सत्ताधीशों के पक्ष में जान-बुझकर पक्षपातपूर्ण तरीके से दिया गया था, इससे सारे संसार में तहलका मंच गया। विश्व भर की न्याय व्यवस्था को झटका लगा। कानूनविदों ने प्रतिक्रिया जाहिर करते हुए कटु आलोचना की कि अंतर्राष्ट्रीय कानून की हत्या की गई है। अंतर्राष्ट्रीय कानून में शरणागत के अधिकार को लेकर जो नीति-नियम निर्धारित किए गए हैं, यह निर्णय उन पर कुठाराघात है। उन नियमों का मजाक उड़ाया गया है। यह फैसला एकदम हास्यास्पद है और दिमागी खोखलेपन का उदाहरण है। यद्यपि फ्रांस के अभिमत को 'हेमलिन-इन-लॉ-अफेयर्स-सावरकर' नामक अखबारी लेख में सही साबित करने का प्रयत्न किया गया था, लेकिन 'लॉ-मैगजीन एवं रिव्यू' नामक कानून की पत्रिका में इस पर काफी कटु आलोचना की गई।**

श्यामजी कृष्णावर्मा ने 'इंडियन सोशियोलोजिस्ट' पत्र में लिखा—**"अंतर्राष्ट्रीय (पंचाट) आयोग के निर्णय ने राजनीतिक रूप से शरण पाने के इच्छुक शरणार्थियों के मानव अधिकारों के प्रति बद्धमूल विश्वास को खंडित कर दिया है। शरणागतों के मानवाधिकारों को कैसे सुरक्षित रखा जाए, इस पर प्रश्नचिह्न लगा दिया गया है। सबसे बड़ा झटका तो यह देखकर लगा है कि जो मुल्क स्वतंत्रता, समानता और बंधुत्व को मानव का मूलभूत अधिकार मानते हुए अघाते नहीं हैं, वे ही अब मानवाधिकार के इस पहलू से आँखें मूँद रहे हैं।** अपनी-अपनी राजनीतिक/कूटनीतिक लनतरानियों

को लेकर मानव की मूलभूत **स्वतंत्रता एवं उसके आश्रय पाने के अबाधित अधिकार के आदर्श को नकार रहे हैं।** आखिरकार 'ह्यूमेनाइत' का यह कहना सुसंगत एवं न्यायसिद्ध ही था कि सावरकर कांड को पंच-परिषद् के निरंकुश निर्णय के लिए सौंप देना ही फ्रांस सरकार की प्रथमत: एक सामरिक चूक थी और अब हमारे एक मित्र जो संयोग से ब्रिटिश संसद् के एक सामान्य सदस्य हैं, का कहना है कि फ्रांस सरकार ने जिस तरह पंच-परिषद् के सामने पूरे मामले को पेश किया है, उससे तो यही बू आती है कि फ्रांस चाहता ही नहीं कि सावरकर उसकी जमीन पर पैर रखे। इसीलिए लगता यही है कि फ्रांस ने इरादतन पूरे मसले को जान-बूझकर कमजोर कर दिया, ताकि पंच-परिषद् जैसा चाहे, वैसा कर ले। फ्रांस ने जान-बूझकर सावरकर मसले के महत्त्वपूर्ण बिंदुओं को तर्क-वितर्क की तुलना पर उभरने ही नहीं दिया। बहस के कई बारीक मुद्दों को जान-बुझकर छोड़ दिया गया। अब हमारे पास सावरकर के प्रति एक हार्दिक संवेदना प्रकट करने के अलावा कोई और चारा शेष नहीं रह जाता है। हम अपने मित्र, अपने अंतरंग सहयोगी वीर विनायक दामोदर सावरकर की स्थिति को लेकर बहुत शोकमग्न हैं, वह जिस कठोर दुर्भाग्य तथा दुरभिसंधि का शिकार हो गया है, और नियति ने जिसे हमसे उस समय छीन कर अलग-थलग कर दिया है, जबकि हम सब उसके एक बार फिर से अपनों के बीच आकर रह सकने तथा कुछ कर गुजरने का बेताबी से इंतजार कर रहे थे। हम उसके समस्त परिजनों के प्रति भी अपनी शोक-संवेदना प्रकट करते हैं, जिन्होंने परिवार के स्तर पर तीन-तीन भाइयों को नियतिवश एक के बाद एक मातृभूमि की खातिर अपना सर्वस्व बलिदान करते देखा है, जिनमें से दो तो 'कालापानी' की राक्षसी-मृत्युमयी सेल्युलर जेल में आजीवन कारावास की यातना भोगने के लिए अंदमान भेज दिए गए और तीसरे सावरकर पर कहर बरपाया जा रहा है। श्यामजी कृष्णवर्मा की यह शोकाकुल प्रतिक्रिया प्रत्येक संवेदनशील हृदय अंतरंगता के साथ समझ सकता है। दोनों श्यामजी तथा सावरकर एक-दूसरे को बहुत अच्छी तरह समझते थे। दोनों मिलकर भारत माँ की स्वाधीनता के लिए मिशनरी भावना से कार्य कर रहे थे। दोनों ही क्रांतिकारी थे, तथा सशस्त्र क्रांति के पक्षधर थे। इंग्लैंड में भी इस निर्णय की तीव्र-प्रतिक्रिया हुई, अपितु यह कहना भी अन्यथा न होगा कि इंग्लैंड में फ्रांस की

तुलना में इस फैसले की प्रतिक्रिया अधिक भास्वर थी। इंग्लैंड के (फ्री) प्रेस ने इस निर्णय का जमकर मखौल उड़ाया और गहन आलोचना की।

इंग्लैंड में प्रकाशित होनेवाले अत्यंत लोकप्रिय समाचार-पत्र **'दि डेली न्यूज' में अंतर्राष्ट्रीय कानून के विशेषज्ञ डॉ. ओपेनहाइम** ने सावरकर कांड पर टिप्पणी करते हुए लिखा—'पंच-परिषद्' का यह फैसला मनुष्य के शरण प्राप्त करने के अधिकार को अत्यंत सीमित कर देता है। इस फैसले के मुताबिक, इस पूरे प्रसंग को अगर अतिवादी दृष्टिकोण से देखा जाए, तब तो अनुमेय-दृष्टि से किसी भी राजकुमार को, मसलन उसे 'क्रोपोटकिन' ही कह लिया जाए, रशियन एजेंट्स ब्रिटिश पुलिस के साथ मिलीभगत करके उसका अपहरण करके ले जा सकते थे तथा फिर ब्रिटिश सरकार की जानकारी के बगैर या उससे सलाह किए बिना उसे धर पकड़कर कहीं भी पहुँचा सकते थे, किसी को भी सौंप सकते थे तथा फिर उसके प्रत्यावर्तन के लिए तो कुछ कहा ही नहीं जा सकता था, क्योंकि फिर किसी भी किस्म के अंतर्राष्ट्रीय कानून को तो ऐसे प्रसंग में लागू करने का प्रश्न ही नहीं उठता। अगर अंतर्राष्ट्रीय कानून की व्याख्या इसी तरह करनी हो, तो भला इससे बड़ा मजाक और क्या होगा। अत: पंच-परिषद् के इस ऊल-जुलूल किस्म के निर्णय से अब जरूरी हो जाता है कि अंतर्राष्ट्रीय कानून का गठन एवं संरक्षण करनेवाला हेग-स्थित स्थायी अंतर्राष्ट्रीय न्यायालय/पंच-परिषद् के परिपूरक-आयोगों/न्यायाधिकरणों का भी शीघ्रताशीघ्र गठन करे, जिनसे विवादास्पद पक्षों के मध्य पारस्परिक सहमति से सृजित नकारात्मक निर्णयों को महत्त्व न देकर तर्कसंगत सुविचारित, एकदम साफ-पक्षपातरहित निर्णयों को प्राप्त किया जा सके।

'फ्री-कंजर्वेटिव-सोसाइटी' का मुखपत्र 'बर्लिन पोस्ट' सावरकर कांड पर दी गई अपनी प्रतिक्रिया में लिखे गए संपादकीय में कहीं ज्यादा कठोर शब्दों में पूरे मसले पर अपनी टिप्पणी करता दिखा। 'बर्लिन पोस्ट' में इसके संपादक ने लिखा था—

"हमने कभी हेग-स्थित पंच-न्यायालय की पक्षपातपूर्ण प्रकृति तथा न्याय के प्रति उसकी वस्तुपरक प्रतिश्रुति/समर्पित सच्ची संक्रियात्मक भावना के बारे में संदेह नहीं किया था। यह जरूरी नहीं है कि हम यह मान लें कि वे लोग अर्थात् हेग-पंचाट-आयोग से जुड़े लोग हमेशा कुछ बेहतर

एवं अधिक न्यायसंगत, निष्पक्ष, स्वतः विवेकसंबद्ध निर्णय ही देंगे। कुछ हद तक तो यह माना जा सकता है कि विदेशी मुल्क एक अलग अथवा तटस्थ तथा अधिक कार्यक्षम रवैया रखते हैं, मानव-मूल्यों को लेकर उनका नजरिया अधिक तर्कसंगत और संतुलित हो सकता है। खासकर अपने देश के हितों तथा विशुद्ध न्याय/निर्णय के मध्य वे एक संतुलित रवैया अपनाने की कोशिश भी करते हों, लेकिन यह भी तय है और एक सच्चाई भी है, कि राष्ट्रीय राग-द्वेष तथा पूर्वाग्रह शुरू से ही उनके फैसलों की दशा और दिशा भी तय करने लगते हैं।"

तिस पर भी, हमें यह सोच लेना चाहिए कि उस बात की कितनी संभावना हो सकती थी कि सावरकर के मामले में गठित 'पंच-परिषद्' इस हद तक ऐसी किसी निश्छलता का प्रदर्शन करेगा, जैसा कि सावरकर कांड के वास्तविक मुद्दे को ठंडे बस्ते में डालकर अपना पूर्वनिश्चित, पूर्वनियोजित निर्णय सुनाया है। असली मुद्दा तो यह था कि एक तथाकथित राजनीतिक अपराधी, जो एक विदेशी भूमि पर उस जहाज से अपने को छुड़ाकर/भागकर जा पहुँचा है, जो उसे बंधक बनाकर ले जा रहा था, तथा जिसे भागते हुए एक फ्रांसीसी पुलिसकर्मी ने उसका पीछा करते एक अंग्रेज की मदद से पुनः पकड़ लिया और वह भी समुद्री जल के भीतर नहीं, अपितु समुद्र तटवर्ती एक संप्रभु अन्य मुल्क की धरती पर, क्योंकि सावरकर तब तक विदेशी सीमारेखा में पहुँच चुके थे तथा बिना किसी औपचारिक कानूनी प्रक्रिया को अपनाए आनन-फानन में उसे ब्रिटिश जहाज पर वापस चढ़ाकर पुनः कैद भी कर लिया गया। **असली मुद्दा तो यह था और यह अपने आप में अंतर्राष्ट्रीय कानून का सीधा-साधा उल्लंघन है तथा इस बात का खुला सबूत है कि अपने को अहंकारी तथा ताकतवर समझने वाला फ्रांस किस तरह इंग्लैंड के पावों की धूल चाटता रह गया? पंचाट आयोग का फैसला तो जैसे यह कहता-सा नजर आता है कि किसी भी तरह की राज्यक्षेत्रीयता का कोई उल्लंघन हुआ ही नहीं। जबकि हकीकत इस सत्य से एकदम उलट है।**

'पोस्ट' नामक समाचार-पत्र में सावरकर कांड पर जो भी प्रतिक्रियात्मक टिप्पणी प्रकाशित हुई, उससे लोगों का ध्यान इस तथ्य की ओर गया कि सावरकर का मामला किसी समुचित/संगत न्यायप्रियता के अंतर्गत न निपटाकर विशुद्ध

राजनीतिक नजरिए से ही देखा गया और निपटा दिया गया और वह राजनीतिक दृष्टिकोण यही था कि फ्रांस-ब्रिटेन की मिलीभगत तथा अंतर्राष्ट्रीय शरण कानून और पंच-परिषद् के गठन की प्रक्रिया पर भयानक तरीके से शब्दाघात किया गया था। लंदन से छपने वाले कुछ समाचार-पत्र जर्मनी के पत्रों में न्यस्त तर्कों की तीखी चुभन के सामने रिरिया रहे थे, फिर भी लंदन के कुछेक पत्र थे, जिन्होंने 'पोस्ट' समाचार-पत्र में प्रकाशित टिप्पणी का समर्थन करते हुए स्वीकार किया था कि **पूरे मामले में फ्रांस ने ब्रिटेन के आगे भयभीत होकर घुटने टेक दिए, जिसके प्रतिफलस्वरूप ही सावरकर को अंतर्राष्ट्रीय नियमों के तहत फ्रांस वापस अपनी सुपुर्दगी में नहीं ले सका। इस तरह यह प्रकरण भी प्रकारांतर से ब्रिटेन के राजकीय वर्चस्व को ही प्रमाणित करता है।**

एक अन्य पत्र में अपने लेख '**दि हेराल्ड ऑफ रिवोल्ट**' में अपने आक्रोश से परिपूर्ण संपादकीय में जिसका शीर्षक था—'**एक बदनाम अग्निपुंज—सावरकर'—गाई-ऐ-एल्ड्रेड ने लिखा—सावरकर को जिंदगी भर के लिए एक हिंदुस्तानी काल-कोठरी में सड़ने के लिए अभिशप्त कर दिया गया है। उसे एक दोषी/अपराधी घोषित करके ऐसा किया गया है, जिस पर आरोप मढ़ा गया है कि उसने पहले कभी फ्रांसीसी सर्वहारावर्ग की भावनाओं के साथ खिलवाड़ किया था और इसी कारण वह फ्रांस में एक बदनाम व्यक्ति माना जाता था। लेकिन बाद में इसी हिंदुस्तानी देशभक्त की गैर-जुम्मेवाराना/गैर-कानूनी गिरफ्तारी को लेकर जो पिछली 8 जुलाई को फ्रांस की ही समुद्र तटवर्ती जमीन पर की गई और जिसके संबंध में फ्रांस द्वारा अपनाए गए राजनीतिक रवैए को देखकर फ्रांस के कई कद्दावर राजनेता भड़क उठे; मिस्टर एम. ब्रायन को भय हुआ कि कहीं फ्रांस का श्रमजीवी समाज फ्रांसीसी शासन द्वारा किए गए राष्ट्रीय अपमान को लेकर भड़क न उठे, कोई शोर-शराबा/हड़ताल या आम-उत्पात न कर बैठे, ब्रायन ने अपना इस्तीफा दे दिया।** इस तरह यह बात साफ हो जाती है कि सावरकर प्रकरण का निपटारा हो जाने के बाद कुछ ही दिनों में फ्रांस के प्रधानमंत्री एम. ब्रायन को मजबूरन अपने प्रधानमंत्री पद से हटना पड़ा, क्योंकि फ्रांस की जनता उनकी भूमिका को लेकर बुरी तरह क्रोधित हो चुकी थी। **यह बात साफ**

तौर पर प्रमाणित कर देती है कि सावरकर को ब्रिटेन तथा फ्रांस, दोनों की ही मिलीभगत से फँसाया गया और उनके साथ न्याय नहीं किया गया।

बेल्जियम के अखबार 'ला' सोसाइटी वाउवेले' ने अपने एक ज्वलंत समाचार में छापा—"इंग्लैंड का संपूर्ण बदनाम साम्राज्य मात्र दूसरों के रक्तशोषण, पाशविक एवं आतंकी घात-प्रतिघात, क्रूर/खूँखार दमन तथा निरंकुश तानाशाही व उत्पीड़न पर टिका हुआ है।" अर्थात् सावरकर को ब्रिटिश क्राउन को इसी निरंकुश तानाशाही का शिकार बनाया गया है।

सनद रहे, जब ब्रिटिश अधिकारियों ने पूरी मक्कारी के साथ सावरकर के विरुद्ध हिंदुस्तान में लगाए गएं अवैध एवं मिथ्या 'नासिक अभियोग' के तहत उन्हें सजा सुनवाकर 'अंदमान निष्कासन' अर्थात् मौत के मुँह में धकेल देने का अपना अदालती नाटक पूरा कर लिया, तभी उसके बाद हेग के पंच-परिषद् का फैसला सुनाया गया। हिंदुस्तान में औपनिवेशिक ब्रिटिश-भारत सरकार के अधिकारियों ने हर तरह के अनाप-शनाप प्रतिबंध लगाकर सावरकर को निष्क्रिय कर दिया तथा इंग्लैंड की ब्रिटिश सरकार ने पूरी तरह आश्वस्त कर दिया कि हेग अदालत का निर्णय उनके द्वारा हिंदुस्तान में सावरकर के अस्तित्व को सदा-सदा के लिए समाप्त कर देने की योजना में कभी भी कोई बाधा पैदा नहीं होने देगा, अतः स्पष्ट हो जाता है कि **सावरकर पर लगाया गया 'हेग-अभियोग' ब्रिटिश साम्राज्यवाद की जड़ों को मजबूत करने के लिए यूरोप में फ्रांसीसी साम्राज्यवाद के साथ मिलकर किया गया एक गहरा षड्यंत्र था, जिससे भारत ही नहीं, पूरा एशिया बुरी तरह त्रस्त किया जा रहा था।**

स्वतंत्रता के नाम पर किसी एक व्यक्ति द्वारा किया गया संसार का शायद यह सबसे साहसिक एवं सराहनीय प्रयास था, पर यह भी उतना ही सच है कि इसी स्वतंत्रता के दो सबसे बड़े हिमायती राष्ट्र, फ्रांस व इंग्लैंड द्वारा किसी एक व्यक्ति को उसकी मूल स्वतंत्रता से वंचित करने का यह सबसे घिनौना व निंदनीय दृष्टांत भी था।

□

अध्याय–5

गांधी-वध : महाभियोग

अन्य दिनों की भाँति 30 जनवरी, 1948 को भी दिल्ली स्थित बिड़ला हाउस के बाग में अपनी सायंकालीन प्रार्थना–सभा में महात्मा गांधी एकत्र जन–समूह को संबोधित करने के लिए अपने विश्राम कक्ष से बाहर आए तो नाथूराम गोडसे, जो पहले से ही वहाँ गांधीजी को घेरे खड़ी भीड़ में खड़ा था, बड़ी शालीनता के साथ कुछ कदम आगे बढ़ा। दोनों हाथ जोड़कर उसने गांधीजी का नमस्कार की मुद्रा में अभिवादन किया। उसकी हथेलियों के बीच एक पिस्तौल छिपी हुई थी, जिसे उसने एक झटके से बाहर की तरफ मोड़ा तथा तुरंत आनन–फानन में तीन गोलियाँ गांधीजी के सीने में उतार दीं। फलतः गांधीजी तुरंत गिर पड़े और मिनटों में ही उनका देहावसान हो गया।

वस्तुतः इस हत्या की पूरी योजना गोडसे ने स्वयं ही तैयार की थी। इसमें उसके साथी नारायण आप्टे का भी हाथ था और उसे मूलतः तो 20 जनवरी, 1948 को ही इस काम को संपन्न करना था। उस दिन वह अपने चार साथियों सहित (गोपाल गोडसे, विष्णु करकरे, दिगंबर वाडगे तथा मदनलाल पाहवा) सहित दिल्ली आया भी था और उसने गांधी–वध की समुचित योजना भी तैयार कर ली थी। उसने चारों साथियों को इस योजना को क्रियान्वित करने के लिए समुचित उत्तरदायित्व भी दिया।

योजना की रूपरेखा कुछ इस तरह थी कि पाहवा एक विस्फोटक (बम) छुपाकर गांधी की प्रार्थना सभा को भंग करने के लिए सभा स्थल के पास ही भीड़ में छुपकर एक बम विस्फोट करेगा, विस्फोट होने पर जब भगदड़ मचेगी, अफरा–तफरी होगी, तब पूरे बिड़ला हाउस में हड़कंप मंच जाएगा। तब बाकी

साथी लोग एक के बाद एक इस अफरा-तफरी का फायदा उठाते हुए हथगोले फेंकेंगे तथा गांधीजी को मौके पर ही खत्म कर देंगे, लेकिन 20 तारीख को बात नहीं बन सकी। जो योजना बनाई गई थी, वह धरी-की-धरी रह गई, पाँचों कुछ नहीं कर सके। उस दिन पाहवा ने तो अपने दिए काम को अंजाम देते हुए बम फोड़ दिया था, लेकिन उसके बाद बाकी लोगों से तुरंत हमला कर देने का जो मनसूबा बनाया गया था, उसे क्रियान्वित नहीं किया जा सका। पाहवा के द्वारा फेंका गया बम भी ऐन प्रार्थना-सभा के बीचोबीच न गिरकर कुछ अलग हटकर थोड़ी सी दूरी पर जाकर गिरा। वहाँ जैसे ही बम फटा, लोगों में भगदड़ मची, लेकिन गांधीजी ने वहाँ एकत्र भीड़ को भागने से रोक लिया। वस्तुत: गांधीजी ने उन्हें पुन: तसल्ली से बैठ जाने के लिए कहा और स्वयं एक चुप्पी-सी ओढ़ ली। इस दृश्य को देखकर पाहवा के तीनों साथी एकदम हक्के-बक्के रह गए और वहाँ से चुपचाप खिसक लिये, लेकिन पाहवा को दबोच लिया गया तथा पुलिस के हवाले कर दिया गया।

तब गोडसे ने यह विचार किया कि इस कार्य को अंजाम देने में बहुत सारे लोगों को मिलाना कोई युक्तियुक्त समझदारी नहीं होगी। अत: गोडसे ने स्वयं ही इस काम को करने का पूरा उत्तरदायित्व अपने ऊपर ले लिया।

सनद रहे, जो दल 20 जनवरी, सन् 1948 को गांधी-वध का इरादा करके पूरी तैयारी के साथ दिल्ली आया था, उस दल में सावरकर कहीं नहीं थे जिससे सिद्ध होता है कि इस योजना में सावरकर का कोई हाथ नहीं था। उन्हें तो स्वप्नों में भी नहीं पता था कि गांधीजी के साथ क्या होने जा रहा है ?

नाथूराम गोडसे ने भरी अदालत में दिए गए अपने लंबे बयान में साफ-साफ शब्दों में कहा था, "मैंने जो कुछ भी किया है, उसमें सावरकर का कोई हाथ नहीं है। सावरकर दूर-दूर तक उसके कृत्य से पूरी तरह अनभिज्ञ हैं, कुछ उसी तरह जिस तरह पृथ्वी और आकाश एक-दूसरे से अलग हैं। जो कुछ भी गांधीजी के साथ किया गया है, वह केवल मैंने किया है। मेरी सोच ने, मेरी योजना ने गांधीजी को उनके ठिकाने पहुँचा दिया है, जहाँ से वे इस धरती पर आए थे, उन्हीं ईश्वर के चरणों में गांधीजी को पहुँचा कर मैंने ही यमदूत का मिथकीय धर्म निभाया है।

इसमें किसी भी सूरते-हाल में सावरकर को खींच ले आना अत्यधिक भ्रामक, मिथ्या तथा शरारतपूर्ण कार्य होगा। साथ ही, यह मेरे यमदूतत्व की तौहीन होगी कि गांधीजी की आत्मा को परमात्मा के चरणों में अपनी जान पर खेलकर ले जाऊँ मैं, और उसका सेहरा आप लोग बाँधना चाहें सावरकरजी के सिर पर।

"अरे भाई! कुछ कहना है, आग उगलनी है, तो मुझ पर उगलो, उँगली उठाओ, तो मुझ पर उठाओ, सावरकर को क्यों नाहक बदनाम करने पर तुले हुए हो? सावरकर को तो स्वप्नों में भी आभास नहीं था कि 30 जनवरी की प्रार्थना, गांधीजी की आखिरी प्रार्थना होगी। गांधीजी प्रभु श्रीराम के चरणदास थे, प्रार्थी थे, उन्हें प्रभु श्रीराम के चरणों में ही मैंने पहुँचा भी दिया। गांधीजी जीवन भर 'सत्य के प्रयोग' करते रहे। मैंने उन्हें सत्य के देवता के दर्शन करा दिए। यकीन रखिए, आपके झूठ का समर्थन तो गांधीजी की आत्मा भी नहीं करेगी। 'सत्य का खोजी' सावरकर पर उँगली उठाए जाने पर दुःखी और अवसादग्रस्त ही होगा। गांधीजी बेचारे वैसे भी जीवन भर अवसादग्रस्त रहे। यह तो आप लोगों को मेरा शुक्रिया अदा करना चाहिए कि मैंने गांधीजी को अवसाद से मुक्ति दे दी।" नाथूराम गोडसे ने इसी उपरोक्त भाव को हृदय में रखकर पुनः कहा था—"मैं वकील की भाषा में नहीं, अपितु सीधी-सादी शब्दावली में पूरी तरह सरकारी वकील की इस दलील से इनकार करता हूँ, जो लगातार हर तरह के झूठ का सहारा लेते हुए केवल कोरी कल्पना के आधार पर यह कह रहा है कि गांधी-वध के लिए मुझे वीर सावरकर ने उत्प्रेरित किया था। सरकारी वकील के इस कोरे काल्पनिक आरोप का पूरी तरह खंडन करता हूँ। उसका यह झूठ मेरी तौहीन है, मेरे कार्य, मेरे व्यक्तित्व, मुझ नाथूराम गोडसे के राष्ट्र रक्षण कार्य की अवमानना एवं अपमान है, जो मैंने गांधीजी को उनके ठिकाने पहुँचा दिया है। गांधी की हत्या मैंने की है—सावरकर ने नहीं। सावरकर का इस गांधीकांड से तो कोई रिश्ता है ही नहीं।" इसका सेहरा मेरे सिर बाँधना चाहिए। इस तरह नाथूराम गोडसे ने साफ-साफ शब्दों में सावरकर को गांधी-वध प्रकरण से पूरी तरह अलग कर देने की गुहार भरी अदालत में लगाई थी।

वकील का एक तर्क यह भी था कि दिल्ली की ओर रवाना होने से पूर्व नाथूराम गोडसे तथा आप्टे सावरकर से मिलने उनके आवास पर गए थे तथा

गांधीजी की हत्या में सफलता प्राप्त करने के लिए उनका आशीर्वाद माँगा था और सावरकर ने आशीर्वाद दिया था।

यह बात सब जानते हैं तथा भरी अदालत में नाथूराम गोडसे ने स्वयं इस बात को स्वीकार किया था कि वह सावरकर के विचारों से शत-प्रतिशत सहमत है। सावरकर के विचार-दर्शन, उनकी इतिहास-दृष्टि, देशभावना, मातृभूमि-प्रेम, कार्य संचालन प्रणाली को पूरी तरह प्रशंसा की दृष्टि से देखता है। जब सावरकर को अंदमान की सेल्युलर जेल से लाकर 'रत्नागिरी' में नजरबंद किया गया था, तब भी गोडसे वहीं पर 'रत्नागिरी' में ही सामान्य जीवन जी रहा था। अपनी क्रांतिकारी विचारधाराओं, गतिविधियों तथा भारतमाता के प्रति अपनी अभूतपूर्व आस्था के कारण सावरकर पूरे 'रत्नागिरी' जिले में हर किसी की आँख का तारा बने हुए थे। हर कोई सावरकर को जानने, देखने—पहचानने के लिए उतावला रहता था। पूरे जिले में वे सबसे प्रतिष्ठित व्यक्तित्व माने जाते थे। स्वातंत्र्य-यज्ञ में अपनी आहुति देने के लिए हर कोई उनका मुँह जोहता रहता था। गोडसे भी उनका प्रशंसक था। इतना ही नहीं, बहुत थोड़े से वक्त के लिए उसने उनके सचिव/सहयोगी का कार्य भी किया था। जब सावरकर को 'अखिल भारतीय हिंदू महासभा' का अध्यक्ष चुना गया तो नाथूराम गोडसे को अपार हर्ष हुआ था। कारण, उस दौर में लाखों-करोड़ों लोग जो किसी-न-किसी संगठन से जुड़े हुए थे, वे सब सावरकर में अपने ऐसे राष्ट्रनायक के दर्शन करते थे, जो हिंदुत्व की खातिर, हिंदू भारत की खातिर हर स्तर पर एक वैचारिक लड़ाई लड़ रहा है, हर किसी से जूझ रहा है तथा हिंदू जीवन-दर्शन, हिंदू राज्य-व्यवस्था, हिंदू-संस्कृति, हिंदू-इतिहास के पुनरावर्तन का प्रयास कर रहा है। सावरकर हिंदुओं के हिंदुस्थान का प्रतीक बन चुके थे। दुनिया भर के लोगों की आँखों के सामने '**हिंदुस्थान**' शब्द का उच्चारण करते ही सावरकर का चेहरा प्रतिबिंबित होने लगता था। अतः सावरकर जैसे व्यक्तित्व का वह भी घोर प्रशंसक बन गया था।"—जब उसने अपने मित्र आप्टे के साथ मिलकर एक समाचार-पत्र 'अग्रणी' निकालना चाहा तो सावरकर ने उन्हें 15 हजार रुपए देकर पत्र निकालने में आर्थिक मदद भी दी थी, लेकिन साथ ही यह भी कह दिया था कि इस रुपए-पैसे को वे शेयरों में तब्दील कर दें, और उन्होंने ऐसा ही किया भी। उस समाचार-पत्र का कार्यालय भी सावरकर सदन की निचली

मंजिल पर स्थापित किया गया था। क्योंकि उन दोनों को यह पत्र प्रकाशित करना होता था, अतः उन दोनों को प्रतिदिन सावरकर-सदन भी जाना पड़ता था। अगर हमें कभी-कभार उनसे कुछ पूछना भी होता था, समाचार में प्रकाशनार्थ किसी घटना या विचार पर उनकी राय लेनी भी होती थी तो इसके लिए हमें पहले उनसे मिलने/मुलाकात करने के लिए विशेष रूप से नियत समयादेश लेना पड़ता था। पहले से मुलाकात का समय स्वीकृत हुए बिना उनसे नहीं मिला जा सकता था। बस, सरकारी वकील ने गोडसे तथा सावरकर की इस नजदीकी को ही अपने आरोप का आधार बना लिया था।

गांधी से नाथूराम गोडसे को यही भारी शिकायत थी कि देश में मुसलमानों को लेकर गांधीजी की सोच और उनकी कार्यप्रणाली एकदम हिंदू विरोधी, हिंदू इतिहास विरोधी थी। गांधीजी यह सोचने, समझने और मानने को तैयार ही नहीं थे कि घुसपैठिए मुसलिमों ने हिंदुस्तान को 'दारुल-हरब' बनाने की झोंक में हिंदुओं पर कितना अत्याचार किया है, 'हिंदुत्व' पर कितना प्रहार किया है और अब भी वे पृथक् कौम के नाम पर हिंदुओं से लड़ने-भिड़ने तथा उन पर हावी होने से बाज नहीं आ रहे हैं। हिंदू-संस्कृति, धर्म-दर्शन के जानी दुश्मन बने हुए हैं। ऐसे में भी गांधीजी मुसलिमों के रहनुमा बने हुए हैं। गांधी की यह मुसलिमपरस्ती गोडसे के गले के नीचे उतर नहीं रही थी। "गांधी तो एकदम पूरी तरह मुसलमानों को खुश करने के लिए तमाम नाजायज तौर-तरीकों पर उतर आए हैं, अपनी जिद्द के आगे किसी को कुछ समझ ही नहीं रहे हैं। ऐसे में मुझे ही कुछ सोचना पड़ेगा, कि मैं क्या करूँ? देश को, 'हिंदुत्व' को, गांधीजी की कारस्तानी से कैसे बचाऊँ और इसके लिए मुझे किसी से मदद लेने की जरूरत नहीं है। मुझे किसी से कोई सलाह-मशवरा नहीं करना है, कोई विचार-विमर्श नहीं। आखिर मैं भी अपना दिमाग रखता हूँ, मेरे पास भी समझ है, मैं कोई गँवार और मतिभ्रष्ट व्यक्ति नहीं हूँ। गांधीजी की पूरी रीति-नीति नए-नए स्वतंत्र भारत के लिए अत्यंत खतरनाक होती जा रही है। गांधी पूरी तरह हिंदू विरोधी कार्यों में मुसलमानों का साथ देने के लिए निपट निर्लज्जता के साथ संलिप्त हो गए हैं। हिंदू कट रहे हैं, मर रहे हैं, नव-स्वाधीन देश पर हमले हो रहे हैं। लेकिन गांधीजी हैं, जो देश के चिरस्मरणीय महान् देशभक्त इतिहास पुरुषों की निंदा कर रहे हैं। गांधी को राणाप्रताप, गुरुगोविंद

सिंह, शिवाजी से चिढ़ है, उन्हें भले लग रहे हैं अकबर, औरंगजेब, अली-बंधु, खिलाफत के पहरुए, मोपला कांड के जमादार। गांधी की निगाह में तमाम हिंदू केवल भटके हुए देशभक्त हैं, जबकि सभी मुसलिमों को वे मादरे वतन के सच्चे पहरुए, सच्चे हकदार सिद्ध करने पर उतारू हैं। यह सब नहीं चलेगा। मैं ऐसा नहीं होने दूँगा। गांधी को तो सबक सिखाना ही होगा। गांधीजी को बताना ही होगा कि हिंदुस्तान हिंदुओं का है, किसी बाहरी विधर्मियों का नहीं, म्लेच्छ आक्रांताओं का नहीं। हिंदुस्तान हिंदुओं का नहीं होगा तो किसका होगा?" इस तरह गोडसे ने गांधी की रीति-नीति तथा सांप्रदायिक मुसलिमपरस्ती को लेकर अपना अभिमत जाहिर कर दिया और प्रकारांतर से यह भी बता दिया कि उसने गांधी को गोलियाँ क्यों मारीं? उसने यह भी साफ कर दिया कि उसने यह कार्य केवल अपने ही बलबूते पर किया है, किसी के कहने या उकसाने पर नहीं।

आरंभ में तो नाथूराम को यह लगा था कि शायद 'हिंदू-महासभा' एक राष्ट्रव्यापी संगठन-शक्ति के बल पर गांधीजी की मुसलिमपरस्ती तथा मुसलमानों की हमलावर प्रवृत्ति और 'दारुल-हरब' को 'दारुल-इसलाम' बना देने की रणनीति का कोई समुचित प्रत्युत्तर दे, लेकिन शीघ्र ही उसने यह भी भाँप लिया कि ऐसा कुछ भी होनेवाला नहीं है। हिंदू महासभा भी गांधी को रोकने में असमर्थ है। अपने इस वैचारिक निष्कर्ष के लिए गोडसे ने कई उदाहरण दिए। उदाहरणार्थ—

पहली घटना तो यही थी कि दिल्ली की बंगाली कॉलोनी में स्थित एक हिंदू मंदिर में गांधीजी ने कुरआन का पाठ किया था। गांधीजी किसी मसजिद में 'गीतापाठ' की कल्पना का साहस तो अपने स्वप्नों में भी नहीं कर सकते थे। इस पर बंगाली कॉलोनी के मंदिर में गांधीजी द्वारा किए गए 'कुरआन पाठ' को लेकर नाथूराम गोडसे तथा आप्टे ने एक विरोध जुलूस भी निकाला था। उसे लगा था कि इस विरोध जुलूस को संगठन का समर्थन मिलेगा। उसकी उम्मीदों के बिल्कुल उलट सावरकर ने इस प्रदर्शन का प्रतिवाद किया। गोडसे तथा आप्टे को बहुत बुरा-भला कहा। गोडसे कहता है कि इस बात पर सावरकर ने मुझे अलग से निजी तौर पर अपने निजी कक्ष में बुलाया और इस अराजकतापूर्ण जुलूस पर मुझे कड़ी फटकार लगाई, जबकि यह जुलूस पूरी तरह शांतिपूर्ण था, कहीं कोई तोड़-फोड़, गाली-गलौज, मार-पीट नहीं की गई थी, कहीं कोई पथराव नहीं किया

गया था, कोई आगजनी, कोई बम-विस्फोट, कोई लट्ठबाजी आदि-आदि, फिर भी मुझे सावरकर ने जबरदस्त फटकार लगाई थी। यही कहा गया था कि गांधीजी को इस तरह से नीचा दिखाना उन्हें पसंद नहीं आया। सावरकर ने रुष्ट होते हुए कहा था—"जब कांग्रेस के लोग/हड़ताली-उपद्रवी कांग्रेसजन हम हिंदुत्वादी स्वतंत्रता सेनानियों की सभाओं में उपद्रव करते हैं, तोड़-फोड़ करते हैं और हमें बुरा लगता है तथा मतदान केंद्रों पर कांग्रेसियों के अवैध तथा असंगत प्रदर्शनों को लेकर हम प्रसन्न नहीं होते, तो भला हम और हमारे हिंदू संगठन भी ऐसा ही कैसे कर सकते हैं? अगर मंदिर में बैठकर गांधीजी ने कुरआन पढ़ भी लिया तो इससे मंदिर-मसजिद नहीं बन गया। अत: इस बात को लेकर इतना चिल्ल-पौं मचाने की कोई जरूरत नहीं है।"

यह निर्विवाद सत्य है कि सावरकर का उपरोक्त तर्क नाथूराम गोडसे के गले के नीचे नहीं उतरा। सावरकर की निगाहों में गोडसे की प्रतिक्रिया अभिव्यक्ति के अधिकार पर चोट करती थी, इसीलिए सावरकर को गोडसे का प्रदर्शन करना अनुचित लगा था। "अगर गांधीजी ने कोई गलत काम किया था, तो होना यह चाहिए था कि हिंदू संगठन की सभा/बैठक बुलाई जाती, उसमें गांधीजी के कुरआन पाठ की खुलकर भर्त्सना की जाती, गांधीजी की विचारधारा और उनकी करनी पर तंज कसा जाता। हमारा फर्ज है कि हमारे तमाम संगठन, समस्त हिंदुत्ववादी दल एकदम संवैधानिक तरीके से ही अर्थात् जनतांत्रिक औचित्यानौचित्य का ध्यान रखते हुए सही तौर-तरीके अपनाकर ही अपना विरोध-प्रदर्शन करें, अपने-अपने मत का प्रचार/प्रसार करें न कि उस तरह, जैसा कि तुमने (गोडसे) किया है।" स्वाभाविक था कि गोडसे को सावरकर की यह युक्ति रुचि नहीं। वह सावरकर से इस मुद्दे पर असहमत ही रहा।

सावरकर, गोडसे के बीच उभरते मतभेदों को लेकर दूसरी घटना तब की है, जब सावरकर के दल ने देश में कांग्रेस पार्टी द्वारा सरकार गठन के प्रश्न पर अपना एक अलग विचार प्रस्तुत किया था। तब सावरकर ने जो रुख अपनाया था, गोडसे को वह अच्छा नहीं लगा था और वह सावरकर से सहमत नहीं था। हुआ यह था कि देश के आजाद हो जाने के बाद जब कांग्रेस ने सरकार का गठन किया तो वीर सावरकर तथा हिंदू महासभा के तमाम उच्चपदस्थ नेताओं ने तुरंत

प्रभावी तरीके से यह बात सामने रखी कि "स्वतंत्र भारत की कोई भी सरकार बने, ऐसा नहीं लगना चाहिए कि वह सरकार किसी एक विशिष्ट राजनीतिक दल की ही सरकार है—अर्थात् वह केवल 'अखिल भारतीय कांग्रेस' की ही सरकार है, अपितु ऐसा लगना चाहिए कि वह एक 'राष्ट्रीय सरकार' है अर्थात् एक अखिल भारत की स्वतंत्र/संप्रभुता संपन्न सरकार है, जिसमें सभी दलों के प्रतिनिधि स्वतंत्र भारत के सर्वतोमुखी विकास के प्रति लक्ष्यनिष्ठ भाव से वचनबद्ध हों। सरकार दल विशेष की न होकर भारत राष्ट्र की सरकार हो। भले ही पाकिस्तान के गठन का कितना ही विरोध क्यों न किया गया हो, पाकिस्तान के निर्माण में बरती गई लापरवाही की कितनी ही भर्त्सना क्यों न की गई हो, अब सबका एक ही लक्ष्य होना चाहिए कि सब मिलकर एक नवोदित स्वतंत्र/संप्रभु भारत सरकार का समवेत् स्वर से समर्थन करें और उसे हर तरह का रचनात्मक सहयोग प्रदान करें तथा राष्ट्र के प्रति एकनिष्ठ होकर राष्ट्रोत्थान के पुनीत कार्य में लग जाएँ। तभी हम सब मिलकर नवोदित स्वतंत्रता एवं संप्रभुता को अक्षुण्ण रख पाएँगे।" सावरकर का यह दृष्टिकोण नाथूराम गोडसे को रास नहीं आया और बस तभी से उसने सावरकर से किनारा कर लिया। **अर्थात् नाथूराम गोडसे सावरकर से गांधीजी की हत्या से लगभग चार-पाँच महीने पहले ही छिटक कर दूर हो गया था, क्योंकि वह स्वतंत्र भारत की पहली सरकार गठन के मुद्दे पर सावरकर से सहमत नहीं था।** गोडसे ने कहा था—"अब हम यह महसूस कर रहे हैं कि अब वक्त आ गया है, जब हम सावरकर को अलविदा कर दें। सावरकर के नेतृत्व से अपने को पृथक् कर लें तथा अपनी भावी नीतियों/रीतियों तथा योजनाओं के लिए उनसे सलाह-मशवरा करना/उनकी राय लेना बंद कर दें, न ही हम उन्हें अपनी भावी योजनाओं की हवा लगने दें।" इस तरह गोडसे ने सावरकर से पूरी तरह पल्ला झाड़ लिया था।

इसके अतिरिक्त दो घटनाएँ और हुई, जिनके कारण गोडसे का सावरकर से बिल्कुल अलग हटकर अपने रंग-ढंग से कार्य करने का निश्चय और दृढ़ हो गया। उसने हिंदू महासभा एवं उसके तमाम वरिष्ठ नेताओं की नीतियों से अलग हटकर एकदम अपने स्वतंत्र तौर-तरीके से अपना काम करना शुरू कर दिया। गोडसे ने अपने बयानों में साफ-साफ कहा है—"हमने निश्चय कर लिया है कि

हम सावरकर को या हिंदू-महासभा के किसी भी सदस्य को/किसी भी नेता को अपनी योजनाओं के बारे में कुछ नहीं बताएँगे। हम तो इस बात की भनक भी नहीं लगने देंगे कि हम करने क्या जा रहे हैं? हम जो कुछ भी करेंगे, निहायत ही गुपचुप तरीके से अपने ऊपर पूरी जिम्मेदारी लेते हुए करेंगे, जिससे हमारे हिसाब से स्वतंत्र-भारत में सारा विकासात्मक कार्य संभव हो सके।" हम दो बातों से खुश नहीं है—(1) जब सावरकर ने अपने मकान पर सन् 1947 में आजादी के दिन राष्ट्र ध्वज 'तिरंगा' अपनी पार्टी के 'भगवा-ध्वज' के साथ मिलाकर फहराया। और (2) जब उन्होंने कांग्रेस द्वारा राष्ट्रीय सरकार गठित करने के उपक्रम में सावरकर को सहयोग देने के लिए कहा और सावरकर ने भी उन्हें बधाई देते हुए उनके इस समझौतावादी दृष्टिकोण की प्रशंसा की तथा डॉ. श्यामाप्रसाद मुखर्जी को अपनी ओर से राष्ट्रीय सरकार में काबीना मंत्री का पद ग्रहण करने के लिए अनुमति प्रदान कर दी।

अत: उक्त तथ्यों के प्रकाश में सरकारी वकील का सावरकर पर गांधी-वध में लिप्त होने का आरोप पूर्णतया निराधार है। कारण, जिस समय यह त्रासद-कांड हुआ था, उस समय तक तो सावरकर और गोडसे के बीच जमीन-आसमान की दूरी हो चुकी थी। नाथूराम गोडसे अपने वैचारिक ऊहापोह की स्थिति में यह महसूस कर रहा था कि गांधी देश के लिए बहुत बड़ा खतरा बन गया है और अगर अब गांधी को टपकाया न गया तो नवोदित भारत रसातल में चला जाएगा। देश फिर से मुसलमानों का गुलाम बन जाएगा या देश टुकड़े-टुकड़े होकर बिखर जाएगा। अत: गांधी को लेकर उसने जो कुछ सोचा तथा जो कुछ किया, वह अपनी मर्जी से अपने तक हर बात को गुप्त रखते हुए किया। उसमें किसी और की तरफ इशारा करने की कोई जरूरत नहीं है।

गोडसे की इस तहरीर को देखते हुए यह बात शीशे की तरह साफ हो जाती है कि सरकारी वकील केवल सरकारी गवाह दिगम्बर बाडगे के बयान पर ही टिका था। बाडगे का इकबालिया बयान ही उसके दोषारोपण का एकमात्र आधार बना हुआ था और वह बयान भी उससे जबरन तथा प्रलोभन देकर अदालत में दिलवाया गया था, जिससे सावरकर को नेहरू-कांग्रेस की सरकार अपने तरीके से फांस सके। गोडसे ने अपना बयान देते समय विस्तारपूर्वक इतना ही नहीं बताया

कि उसमें तथा सावरकर के बीच किसी हद तक, क्योंकर दूरियाँ बढ़ती चली गईं और वह सावरकर के हाथों का खिलौना भर नहीं रह गया था—सावरकर के हाथों की कठपुतली—जैसा कि सरकारी वकील कह रहा है, अपितु न्यायालय में दी गई बाडगे की गवाही का तीव्र प्रतिवाद किया। गोडसे ने कहा कि हम कभी भी बाडगे को अपने साथ सावरकर सदन ले गए तथा ऐसी किसी भी योजना पर अमल करने से पहले हमने सावरकर की शुभकामनाएँ प्राप्त कीं या सावरकर के अंतिम दर्शन किए या सावरकर ने यह कहा, "जाओ, अपने मिशन में कामयाब रहो तथा सफल होकर वापस आओ।"—'यशस्वी भव:', **सावरकर ने ऐसा कुछ कहा, यह सब कोरी बकवास है, केवल एक गढ़ा हुआ असत्य बयान-सफेद झूठ।**

गोडसे के इस कथन का समर्थन विष्णु करकरे ने भी किया, जब उसने कहा, "बाडगे महाझूठा आदमी है। वह कतई भी भरोसे लायक नहीं है। उसकी आदत है 'झूठ-मूठ की' कहानियाँ गढ़ना तथा आधारहीन गप्पबाजी करना···।"

चूँकि 'हिंदू-महासभा' तथा 'आर.एस.एस.' के साथ नाथूराम गोडसे के संबंध सर्वविदित थे, गांधी-वध का समाचार दावानल की तरह फैलते ही गुस्साए लोगों ने भारी तादाद में इकट्ठे होकर इन दोनों संगठनों के दफ्तरों तथा आवासीय परिसरों पर हमला कर दिया तथा 'हिंदू-महासभा' एवं 'आर.एस.एस.' से जुड़े लोगों के घरों तथा दुकानों आदि पर काफी तोड़-फोड़, आगजनी एवं गुंडागर्दी की गई। 31 जनवरी, सन् 1948 को मुंबई स्थित 'सावरकर-सदन' पर भी हमला कर दिया गया, लेकिन सावरकर सदन के दो रक्षकों बाल सावरकर तथा भास्कर शिंदे ने उपद्रवी भीड़ को उस समय तक मकान में घुसने से रोके रखा, जब तक मुंबई पुलिस की कुमुक वहाँ हालात को काबू करने के लिए पहुँच नहीं गई। सावरकर के अंगरक्षकों तथा निजी सचिव को 'सावरकर-सदन' पर पुलिस के छापे से पूर्व ही गांधी-वध के उपरांत कुछेक घंटों के भीतर-ही-भीतर हिरासत में ले लिया गया था। सावरकर के जीवनी लेखक धनंजय कीर ने लिखा है—"**सावरकर ने स्वयं 31 जनवरी, सन् 1948 को एक वक्तव्य जारी करते हुए कहा था कि महात्मा गांधीजी के वध की सूचना से मुझे जबरदस्त धक्का लगा है तथा इस भयानक वैश्विक-महात्रासदी के अत्यंत दारुण एवं कारुणिक**

क्षणों में मैं जनता से अपील करता हूँ कि स्वतंत्र-भारत की केंद्रीय सरकार के साथ सहयोग कर शोक की इन घड़ियों में देश की कानून-व्यवस्था को भंग न करें तथा धैर्य से काम लें और विश्व की इस महान् हस्ती के महाप्रयाण पर पूरी संजीदगी के साथ राष्ट्रीय एवं सामाजिक अमन चैन को बिगड़ने न दें। गांधी-वध की प्रतिक्रिया में अशांत-भावेन तोड़-फोड़ आगजनी तथा राह चलते निर्दोष भाई-बंधुओं पर हमला कर देना या उन्हें उत्पीड़ित करना या किसी की जान-माल को नुकसान पहुँचाना ठीक नहीं है। इससे महात्माजी की दिवंगत आत्मा भी दुःखी होगी। ऐसे में धैर्य और मानसिक संतुलन बनाए रखने की जरूरत है। मैं भी गांधीजी के चले जाने से अत्यधिक शोकग्रस्त हूँ।"

उसी दिन 'सावरकर सदन' पर मुंबई पुलिस ने छापा मारा। सावरकर के तमाम निजी कागज-पत्रों की 143 फाइलें, जिनमें दस हजार से भी ज्यादा पत्रादि थे, अपने कब्जे में ले लिए और उन्हें ले गई।

गांधी-वध के संदर्भ में केवल संदेह के आधार पर हजारों लोगों को गिरफ्तार कर लिया गया। 5 फरवरी, सन् 1948 को सावरकर को भी उनके ही घर में नजरबंद कर दिया गया। इसके बाद उन्हें भी बाकायदा गिरफ्तार करके मुंबई की आर्थर रोड जेल में बंद कर दिया गया, जबकि इसके पहले ही सावरकर एक और विज्ञप्ति जारी करके महात्मा गांधी की जघन्य हत्या पर दुःख प्रकट कर चुके थे तथा अपनी शोक-संवेदना व्यक्त करते हुए चेतावनी भरे शब्दों में यह अपील भी कर चुके थे कि हर देशभक्त नागरिक और भारत-भू के बाशिंदे को यह भी समझ लेना चाहिए कि वे इतिहास से सबक लेते हुए यह भी समझने का प्रयास करें कि कोई भी सफल राष्ट्रीय क्रांति तथा नवोदित गृह-युद्ध के मध्य छिड़ जानेवाले घात-प्रतिघात जैसे शत्रु का सामना करके अपनी अखंड स्वतंत्रता/संप्रभुता की रक्षा नहीं कर सकता है। (सावरकर का इशारा कश्मीर मुद्दे को लेकर पाकिस्तान के ताजा हमले तथा हैदराबाद, जामनगर, पुर्तगीज, गोवा (गोमांतक) तथा पांडिचेरी की पृथक्तावादी प्रतिरोधात्मक गतिविधियों एवं उन्हें मिलने वाले बाहरी देशों के समर्थन एवं उनके शत्रुतापूर्ण आचार-व्यवहार की ओर था)। इस तरह गांधी-वध त्रासदी को सावरकर नव-स्वतंत्रता प्राप्त भारत देश के लिए चहुँ

ओर से थोपे गए खतरे के रूप में देख रहे थे और देशवासियों से—देश के हर समुदाय से—अपील कर रहे थे कि इस महात्रासदी की जटिल घड़ी में वे आपस में ही एक-दूसरे पर संदेह करके अपनी एकता को, राष्ट्र की बंधुता को नष्ट न होने दें, समझदारी से काम लें तथा धैर्यपूर्वक देश पर मँडराते भीतरी एवं बाहरी संकटों का सामने करें। सनद रहे, दुश्मन बहुत चालाक है तथा देश के भीतर छिपे हुए गद्दारों और नासमझ पृथक्तावादियों की देश में कोई कमी नहीं है। सावरकर की इस चेतावनी को भी नेहरू-कांग्रेसी सरकार ने कोई महत्त्व नहीं दिया और इतनी बड़ी भूल कर बैठे कि आज तक भारत राष्ट्र नेहरू-कांग्रेस की उस भूल का दुष्परिणाम झेल रहा है।

निर्दोष सावरकर को बिना दोषारोपण लगाए ही जबरन जेल में कैद रखा गया था, लेकिन 11 मार्च, सन् 1948 को दिल्ली के प्रेजीडेंसी-मजिस्ट्रेट से वारंट प्राप्त कर दिल्ली पुलिस ने उन्हें अपनी हिरासत में ले लिया। उन पर आरोप लगाया गया था कि गांधी-वध मामले में षड्यंत्र रचने वालों में वे भी षड्यंत्रकारी अभियुक्त हैं। अत: उन्हें गिरफ्तार किया जाता है और फिर उन्हें मुंबई के सदर प्रेजीडेंसी-मजिस्ट्रेट के सामने पुन: गिरफ्त में लेने के लिए पेश कर दिया गया। इस पर सावरकर के एक हितैषी तथा समर्थक वकील श्री एस.बी. देवधर ने सावरकर की जमानत के लिए एक अर्जी दाखिल की, जो अविलंब खारिज कर दी गई, यहाँ तक कि सावरकर की संपत्ति जो ब्रिटिश-भारत राज के दिनों में ब्रिटिश-भारत सरकार द्वारा जब्त कर ली गई थी और देश के स्वतंत्र हो जाने के बाद (8/10 महीने गुजर जाने के बाद) भी सावरकर को वापस नहीं की गई थी, अब जबकि देश में अपनों की सरकार कायम हो चुकी थी—इस मुद्दे को लेकर भी मुंबई की विधानसभा में सवाल पूछा गया, लेकिन (कांग्रेस के बहुमत वाले शासन) ने इसका कोई समुचित उत्तर नहीं दिया और यह मामला ज्यों-का-त्यों अनसुलझा पड़ा रहा। इससे साफ पता चलता है कि नेहरू कांग्रेस का सावरकर के प्रति रवैया क्या और कैसा था? वे किस हद तक सावरकर से नफरत करते थे?

गांधी-वध की त्रासद घटना के लगभग साढ़े तीन महीने बाद 15 मई, 1948 को सावरकर को गांधी हत्याकांड में कानूनी तौर पर लपेट लिया गया। इस कांड में सभी आरोपी, जो उस समय तक बंबई में थे, पुलिस के पहरे में 24 मई तक

दिल्ली ले जाए गए और उन सबको लालकिले के बंदीगृह में बंद कर दिया गया। लालकिले के ही एक भाग में विशेष न्यायालय स्थापित कर दिया गया तथा 27 मई, सन् 1948 से मुकदमे की सुनवाई शुरू कर दी गई। सावरकर पर आई.पी.सी. की धारा 120 के तहत तथा धारा 115 और धारा 302 तथा अनुभाग 109 (आई.पी.सी.) के अंतर्गत आरोप लगाए गए थे। वकील एल.बी. भोपटकर की अगुवाई में अनेक जाने-माने वकील सावरकर के बचाव में खड़े हो गए।

सरकारी वकील के बयानात 24 जून से रिकॉर्ड किए जाने लगे तथा 6 नवंबर तक यह सिलसिला जारी रहा। सरकारी वकील ने अपने आरोपों के पक्ष में कुल मिलाकर 149 गवाह अदालत में पेश किए। 404 दस्तावेजी प्रमाण-पत्र तथा 80 सामग्री निष्पादक प्रमाण-पत्र भी सरकारी वकील की ओर से अदालत को दिए गए। 1 दिसंबर, सन् 1948 से मामले पर बहस शुरू हो गई। 30 दिसंबर तक सवाल-जवाब/तर्क-वितर्क पेश किए जाते रहे, धमाकेदार सुनवाई और बहसा-बहसी होती रही।

10 फरवरी, 1949 को अदालत ने फैसला सुना दिया। सावरकर के अतिरिक्त तमाम दूसरे दोषारोपी किसी-न-किसी बिना पर अभियुक्त करार दे दिए गए। उनसे कह दिया गया कि वे अपने खिलाफ दिए गए दंडात्मक दोषीकरण तथा गिरफ्तारी अथवा सजा के विरुद्ध 15 दिनों के भीतर अपील भी कर सकते हैं।

हम पहले ही बतला चुके हैं कि नाथूराम गोडसे अपने बयानों में बराबर यह कहता रहा कि वह किस तरह से सावरकर से मनसा-वाचा-कर्मणा दूर होता चला गया था और किस तरह बाडगे बराबर झूठ का सहारा लेते हुए सावरकर को गांधी हत्याकांड में खींचने की कोशिश करता रहा था, **लेकिन हमें लगता है कि सावरकर को जिस तरह एकदम दोषमुक्त माना गया और उन्हें ससम्मान सभी आरोपों से मुक्त कर दिया गया, उसका कारण मात्र गोडसे का बयान ही नहीं था, अपितु उसके पीछे और भी बहुत से कारण थे।**

सावरकर को अपने बचाव में 52 पृष्ठों में एक लंबा बयान भी देना पड़ा था और हमारा प्रयास है कि उस बयान की पूरी-पूरी जानकारी पाठकों को होनी चाहिए, क्योंकि तुषार गांधी जैसे परवर्ती लेखकों ने तमाम सबूतों के बावजूद भी

सावरकर को दोषी ठहराने से परहेज नहीं किया है और अभी भी गांधी हत्याकांड में सावरकर की संलिप्तता का राग आलाप रहे हैं। सावरकर को आधुनिक भारत के स्वातंत्र्य-संग्राम के योद्धाओं में वह स्थान नहीं मिल पा रहा है, जो उनको मिलना चाहिए।

यहाँ हम उन कतिपय बिंदुओं पर भी प्रकाश डालेंगे, जो सावरकर ने लालकिले में हुई बहस के दौरान भरी अदालत में अपने बयान में कहे थे। किस तरह सावरकर के प्रति कांग्रेसजन परत-दर-परत, लगातार विद्वेष पालते या जहर उगलते आए हैं, इसका खुलासा भी हम करेंगे। और यह सब कांग्रेस ने उनके 'व्यंक्तित्व' से चिढ़कर किया है, न कि गांधी-वध में उनकी प्रत्यक्ष या परोक्ष सहभागिता को लेकर। सावरकर के व्यक्तित्व पर किया गया, किया जा रहा कांग्रेसजनों का यह दोषारोपण कानून की भाषा में व्यक्तिगत आघात (Ad hominem) की श्रेणी में आता है, जो एकदम अमान्य, अनैतिक एवम् दंडनीय अपराध है। वैयक्तिक चरित्र हनन के खिलाफ कानून हर व्यक्ति को सुरक्षा/संरक्षण प्रदान करता है, कानून की भाषा में यह Defamation का केस बनता है। तुषार गांधी और मणिशंकर अय्यर जैसे कांग्रेसियों को समझना चाहिए कि वे कर क्या रहे हैं?

सावरकर ने अपना बयान अपने ऊपर लगाए गए तमाम आक्षेपों को निरस्त करते हुए शुरू किया। उन्होंने अपने पेशे, अपनी आजीविका का सविस्तार विवेचन किया; 'हिंदू-महासभा' के साथ अपने संबंधों का अथ से इति तक खुलासा किया तथा उन परिस्थितियों का जिक्र किया, जिनके कारण वह गोडसे से कभी दूर हुए थे और यह भी बताया कि नाथूराम गोडसे तथा आप्टे के समाचार-पत्र चलाने में उन्होंने केवल इसीलिए थोड़ी-बहुत आर्थिक मदद शुरू-शुरू में कर दी थी, क्योंकि वह पत्र हिंदू महासभा का पत्र था। सावरकर ने जोर देकर यह बात भी कही कि उन्होंने केवल 'अग्रणी' नामक पत्र की ही आर्थिक एवं नैतिक दृष्टि से अनुशंसा नहीं की थी, अपितु 'विक्रम', 'फ्री-हिंदुस्तान' जैसे समाचार-पत्रों सहित अनेक पत्रों को अनुदान भी दिया था और उन्हें नैतिक समर्थन भी। सावरकर ने साफ कर दिया कि कभी भी और किसी भी परिस्थिति में उन्होंने स्वयं को 'अग्रणी' के संपादन, उसकी प्रकाशन नीति अथवा उसके नियंत्रण आदि से

उत्तरदायित्वपूर्ण स्तर पर संपृक्त नहीं किया अर्थात् 'अग्रणी' समाचार-पत्र के संपादन, प्रकाशन, प्रबंधन तथा रख-रखाव एवं वितरण आदि से दूर-दूर तक उनका कुछ भी लेना-देना नहीं था। बस, वे तो केवल इतना ही चाहते थे कि इस समाचार-पत्र में प्रकाशनार्थ अपने लेख भेजते रहें, जिन्हें वे स्वेच्छा से प्रकाशित कर सकें। सावरकर ने जोर देकर कहा, "मुझे पक्षपात करनेवाला समझ लिया जाता अगर मैं कुछ पत्रों के लिए तो संपादकीय लिख भेजता तथा कुछ पत्रों के लिए नहीं।" इसीलिए मैंने 'अग्रणी' के लिए संपादकीय लिख भेजने से साफ इनकार कर दिया। इस तथ्य का स्पष्टीकरण आप गोडसे तथा आप्टे के साथ हुए मेरे पत्र-व्यवहार से ले सकते हैं, जो पत्र मुंबई पुलिस द्वारा मेरे घर से उठाकर ले जाए गए हैं, जब्त कर लिये गए हैं और मेरी फाइलों के बंडलों में नत्थी हैं और जो फिलहाल सरकार के कब्जे में हैं। इस तरह गोडसे तथा आप्टे के साथ अपने मेलजोल की प्रकृति स्पष्ट करने के बाद सावरकर ने एक-एक करके बाडगे के उन आरोपों का खंडन करना शुरू कर दिया, जो बाडगे ने सावरकर पर लगाए थे। चूँकि सावरकर स्वयं भी कानून के गहरे जानकार थे, बैरीस्टरी की परीक्षा पास की थी, यह बात और है कि अंग्रेजों की साजिश के कारण कभी स्वतंत्ररूपेण वकालत कर नहीं पाए।

प्रथमतः बाडगे के इस आरोप का कि 17 जनवरी, सन् 1948 को सावरकर गोडसे तथा आप्टे से मिले थे, सावरकर ने तीव्र प्रतिवाद किया। उन्होंने कहा कि वह उस दिन तो क्या किसी भी और दिन, कभी भी गोडसे/आप्टे से नहीं मिले।

दूसरे, बाडगे ने मेरे यहाँ गोडसे तथा आप्टे के आने की जो बात कही है, थोड़ी देर के लिए अगर उस पर यकीन कर भी लिया जाए, तो भी इस बात को लेकर मुझे इस जघन्य कांड में नहीं खींचा जा सकता। कारण बाडगे को तो खुद ही कुछ नहीं पता लग सकता था कि गोडसे तथा आप्टे के बीच हुई उनकी अपनी ही बातचीत (बैठक) में क्या कुछ हुआ है, क्योंकि गोडसे ने स्वयं ही यह कहा है कि वह अपनी मनस्थ योजना को किसी से भी नहीं बाँटता था।

तीसरे, अगर बाडगे की इस बात को मान भी लिया जाए कि जब दोनों (हत्यारे) सावरकर के ऊपरी मंजिल पर बने कक्ष से बाहर आकर उसके (बाडगे) साथ नीचे उतरे तथा उन शब्दों को दोहराया, जो बाडगे ने अपने बयान में दिए

हैं—उनसे यह तो साबित नहीं हो जाता है कि सावरकर ने गांधीजी का वध कर देने के लिए कहा था। इस तरह के शब्द तो किसी भी दूसरे कार्य, दूसरी स्थिति, अन्याय, मुद्दे अथवा किसी भी समस्या के निदान में किए जा रहे कार्य की सफलता के लिए कामनाकलित उच्चार के रूप में कहे जा सकते हैं और जरूरी नहीं कि इस तरह की मंगलकामना गांधीजी के आसन्न-वध के लिए ही की गई हो। चूँकि बाडगे वार्त्ता-स्थल से काफी दूरी पर था तो वह कैसे दावा कर सकता है कि इन तथाकथित शब्दों का उच्चार सावरकर द्वारा किस संदर्भ में किया गया। अत: गांधी-वध को संदर्भ में रखकर इन शब्दों के आधार पर सावरकर को दोषी मान लेना एकदम भ्रांतिपूर्ण तथा मिथ्या एवं असंगत होगा।

चौथे, बाडगे का यह कहना कि वह जब वह गाड़ी चला रहा था, तो आप्टे ने उसे सावरकर कथित उक्त वाक्य के बारे में बताया, उसके आधार पर भी सावरकर को दोषी करार नहीं दिया जा सकता। कारण, बाडगे ने स्वयं प्रत्यक्षत: सावरकर कथित वाक्य नहीं सुने थे, अपितु उसका कहना है कि उसे यह बात आप्टे ने बताई थी। अत: इस बात को केवल एक अनुश्रुति/अफवाह ही कहा जा सकता है। इसे सावरकर के विरुद्ध कोई ठोस सबूत नहीं माना जा सकता।

पाँचवें, दोनों (गोडसे तथा आप्टे) ने निर्भ्रांत शब्दों में इस बात को मानने से साफ इनकार कर दिया है कि उन्होंने (गाड़ी में, या कभी भी, कहीं भी, किसी भी ठौर पर) बाडगे से इन वाक्यों (शब्दों) में कुछ कहा। सच्चाई तो यही है कि दोनों ने ही अपने बयानात में यह साफ कर दिया है कि वे गांधी-वध से पूर्व सावरकर से मिले ही नहीं/सावरकर का कोई साक्षात्कार लिया ही नहीं, फिर सावरकर से मिलने तथा उक्त वाक्य/उच्चार की बात कैसे सामने आ गई, जिसका बाडगे बढ़-चढ़कर दावा कर रहा है।

छठे, बाडगे ने अपने बयानों में यह भी कहा है कि वह गोडसे तथा आप्टे के साथ एक किराए की टैक्सी में सावरकर के घर तक गया था, लेकिन जब उस टैक्सी ड्राइवर को अदालत में बाडगे की गवाही की संपुष्टि के लिए लाया गया, तो वह 'सावरकर-सदन' के बारे में कुछ भी न बता सका। उसे 'सावरकर-सदन' का अता-पता ही मालूम नहीं था। वह बता ही नहीं पाया कि सावरकर का सदन कहाँ है, किस गली में है, और कौन सा रास्ता उस घर तक किधर से होकर जाता है?

इस तरह सावरकर ने निष्कर्षत: यही कहा कि **बाडगे का बयान 'एकदम मनगढ़ंत, झूठ और जालसाजी' से भरा हुआ है और "मेरे प्रति दी गई एकदम झूठी और निराधार गवाही का लक्ष्य साफ तौर पर मुझे इस त्रासदी में फँसाना है।"** सावरकर ने पूरे मामले में पुलिस की भूमिका पर तंज कसते हुए अपने बयानों में कहा, "पुलिस भी केवल छल-छद्मपूर्ण तरीके से आभासित एवं कपोल-कल्पित संदेहों तथा शक-ओ-शुबहे के आधार पर मुझे किसी-न-किसी तरह से येन-केन-प्रकारेण इस त्रासद कांड में फाँसने तथा अभियुक्त सिद्ध करने के लिए जी-जान से लगी हुई है ताकि मुझे फँसाकर पुलिस अपने आकाओं (सरकारी नेताओं) की निगाहों में अपना कद ऊँचा कर सके। उधर बाडगे, भी इस जुगत में था कि सावरकर को गांधी-वध प्रकरण में फँसाकर वह अपनी खाल बचा सके, अपने छूटने का रास्ता साफ कर सके और अपने सरकारी गवाह बन जाने का ईनाम पा सके।

सावरकर ने बाडगे की गवाही के कई दाँव-पेंचों का विश्लेषण करते हुए यह सिद्ध किया कि वह किस हद तक, बेशर्म तथा बेईमान प्रकृति का आदमी है। किस तरह अपने को बचाने के लिए एक-के-बाद एक झूठ उछाले जा रहा है। हकीकत यही है कि यह वही शख्स है, जो छुपते-छुपाते बिना लाइसेंस के बम बनवाने तथा उनकी खरीद-फरोख्त का धंधा करता रहा है। इसी ने ड्राइवर को बताए बिना उसकी टैक्सी में एक रिवॉल्वर छिपा दिया था। कारण, अगर एक मामले में दाँव उलटा पड़ भी जाता और बात उस पर आने लगती तो वह सारी तोहमत ड्राइवर के मत्थे मढ़कर अपने को अपराधी साबित होने से बचा सकता था। बाडगे बगैर टिकट के बसों/रेलों आदि में सफर किया करता था और टोके जाने पर टिकट चेकरों को रिश्वत देकर छूट जाता था। पैसा पाने की गरज से वह किराए पर मुखबिरी/दलाली का धंधा भी किया करता था अर्थात् बाडगे पुलिस का/सरकारी वकीलों का खरीदा हुआ मुखबिर और दलाल है। पैसों की खातिर झूठी गवाहियाँ देने से उसे कतई एतराज नहीं है।

अपने इसी तार्किक अंदाज में सावरकर ने सरकारी वकील द्वारा अदालत में खड़े किए गए दूसरे गवाहों की बयानबाजी के परखच्चे उड़ा दिए। उदाहरणार्थ—सरकारी वकील ने अदालत में तीन खत पेश किए थे, इनमें से दो खत मदनलाल

द्वारा सावरकर को लिखकर भेजे गए थे तथा तीसरा एक रसीद थी, जो बाडगे ने सावरकर के सचिव को भेजी थी। सावरकर ने साबित कर दिया कि इन तहरीरों का गांधी-वध से कुछ लेना-देना नहीं है। सावरकर ने अत्यंत व्यंग्यपूर्ण शैली में सरकारी वकील की इस मूर्खतापूर्ण पेशकश पर तंज कसा तथा साबित कर दिया कि किस तरह सरकार असंगत तरीके से दस्तावेजों को पेश करते हुए उन्हें फँसाने का कुचक्र रच रही है। यही बात बाडगे द्वारा भेजी गई रसीद पर भी लागू होती थी। सावरकर की इस प्रतिक्रिया को अदालत के माननीय जजों ने बड़े गौर से नोट किया।

इसी तरह कुमारी मोडक नामक एक अन्य सरकारी गवाह ने अदालत में जो तहरीर पेश की थी, उसमें दो-तीन वाक्य ऐसे कहे गए थे, जो हास्यास्पद रूप से झूठ का पुलिंदा साबित हुए। अपनी तहरीर में उस महिला ने दावा किया था कि उसने 14 जनवरी को आप्टे तथा गोडसे को यह कहते सुना था कि वे 'सावरकर-सदन' जाएँगे। उसकी यह तहरीर भी अदालत में कोई रंग न ला सकी, क्योंकि उसने अपने बयान देते समय खुद ही यह भी कुबूल कर लिया कि उसने गोडसे आप्टे को केवल बात करते सुना था, लेकिन दोनों को वाकई 'सावरकर-सदन' में प्रविष्ट होते हुए नहीं देखा था।

इसी तरह सावरकर ने मदनलाल नामक एक अन्य सरकारी गवाह की गवाही को बिंदु-दर-बिंदु खारिज करते हुए अपनी तकरीर में जवाब दिया कि डॉ. जैन को रहस्योद्‌घाटित करते हुए, उसका यह दावा एकदम गलत है कि वह सावरकर से मिलने खुद उन तक गया था और सावरकर ने अहमदनगर में उसके द्वारा दिए गए कामों को सफलता के साथ सर-अंजाम देने के ऐवज में उसकी पीठ भी ठोंकी थी और कहा था—"लगे रहो/खुश रहो।" सावरकर ने कहा कि मदनलाल के साथ उनकी ऐसी कोई मुलाकात कभी हुई ही नहीं। अहमदनगर में अपना कांड कर लेने के बाद मदनलाल ने डॉ. जैन से यह भी कहा था कि अब उसका दल किसी और बड़े नेता के जीवन को भी समाप्त करने के लिए तैयार है। इस तरह अहमदनगर में अपने कृत्यों का बखान करने के साथ किसी अन्य नेता हत्या करने की बात जोड़कर मदनलाल डॉ. जैन को यह बता रहा था कि किसी अन्य बड़े नेता की हत्या की योजना सावरकर द्वारा तैयार की गई है और

उसके दल का नेता सावरकर है। लेकिन डॉ. जैन ने अपने बयानों में स्वीकार किया कि मदनलाल से उसे कुछ भी ऐसा पता नहीं लग सका था कि उसके दल के सदस्य कौन-कौन हैं। उनके नाम ठिकाने पते क्या हैं। न ही अन्यान्य लोगों के बारे में कोई मुकम्मल जानकारी मिल सकी थी और वह इस मामले में कतई, कुछ भी नहीं जानता था। इसके अलावा डॉ. जैन ने अदालत में जितनी भी बातें कही थीं, वे सब उसने अपनी स्मृति के आधार पर कही थीं", कोई दस्तावेजी सबूत वह अपनी बातों के संदर्भ में पुख्ता तौर पर पेश नहीं कर पाया था, इसीलिए डॉ. जैन की तमाम तहरीर भरोसे लायक नहीं थी। सावरकर ने अपना निष्कर्ष देते हुए कहा डॉ. जैन द्वारा दी गई गवाही एकदम आधारहीन है, मेरे के विरुद्ध प्रमाण में देय नहीं है, क्योंकि वह गांधी की हत्या के लिए रची गई साजिश में मेरी किसी भूमिका को जोड़ पाने में एकदम असिद्ध साबि.त हो जाती है।"

सावरकर ने इस संदर्भ में अंगद सिंह तथा गृहमंत्री मोरारजी देसाई के तर्कों का हवाला भी दिया और स्पष्ट किया कि इन दोनों महानुभावों ने अदालत में जो कुछ भी कहा है, वह केवल अनुश्रुतियों पर निर्भर है तथा 'इंडियन ऐवीडेंस ऐक्ट' की धारा 157 के मुताबिक अदालत में बतौर गवाही उनकी कोई अहमियत नहीं है।

सावरकर ने सरकारी वकील के इस दावे को भी एकदम से नकार दिया और कहा कि सारा दावा एकदम खोखला है। सरकारी वकील दावा कर रहा था कि सावरकर के खिलाफ उसके पास भारी तादाद में सैकड़ों दस्तावेजी सबूत हैं, जो इशारा कर रहे हैं कि गांधी की हत्या में सावरकर ने अहम भूमिका निभाई है, लेकिन सावरकर ने इस बात को असिद्ध साबित करके दिखा दिया।

सरकारी वकील दावा कर रहा था कि सावरकर-सदन से बतौर सबूत 143 फाइलें पकड़ी गई हैं, जिनमें लगभग 10,000 पत्र हैं। ये सारे पत्र उन्हें उनके घर से गिरफ्तार करते समय पुलिस के हत्थे लगे हैं तथा ये सब सी.आई.डी., बंबई के संरक्षण में सुरक्षित रखे हुए हैं। पुलिस इंस्पेक्टर ए.आर. प्रधान ने दावा किया कि वह पिछले तीन महीने से पूरे-पूरे दिन इन फाइलों की जाँच-पड़ताल कर रहा है तथा उन फाइलों में रखे गए सभी पत्रों को उसने बड़े ध्यान से पढ़ा है, पर इतना कुछ करने पर भी पत्रों में उसे कुछ ऐसा नहीं मिला है, जो सावरकर के विरुद्ध दोषारोपण को सिद्ध कर सके। वह तो बस केवल 100-150 दस्तावेज ही

ढूँढ़ पाया है, जो मात्र गोडसे तथा आप्टे से उनके सामान्य पत्र-व्यवहार से संबद्ध हैं। इनमें से भी केवल 20 दस्तावेज ही ऐसे निकले हैं, जिन्हें सरकारी वकील ने केवल इसी बात को अदालत में सिद्ध करने के लिए प्रस्तुत किया है कि गोडसे तथा आप्टे, दोनों सावरकर को जानते थे और यदा-कदा पत्र के प्रकाशन, संपादन एवं वितरण के कार्य में सावरकर से कभी-कभी व्यावसायिक राय लेते रहते थे। इन दस्तावेजों का गांधी-वध से कुछ लेना देना नहीं है।

सावरकर ने स्वयं इन पत्रों/दस्तावेजों से अनेकानेक उद्धरण लेते हुए भरी अदालत में यह बताया था कि इनमें से केवल दो पत्र ऐसे हैं, जो गोडसे/आप्टे से उनकी थोड़ी-बहुत जान-पहचान को इसी कारण पुख्ता कर पाते हैं, क्योंकि वे हिंदू महासभा से संगठनात्मक स्तर पर सभा की उन गतिविधियों से जुड़े हुए थे, जो विधिसंगत, पूर्णत: वैध तथा सार्वजनिक एवं राष्ट्र कल्याणमूलक/सर्वोत्थानमूलक थीं। अत: इन दो पत्रों से उनके विरुद्ध ऐसा कुछ भी प्रमाणित नहीं होता कि वह कोई विधि विरुद्ध काम कर रहे थे या उन्होंने गांधी-वध में किसी भूमिका का निर्वाह किया है। सावरकर ने अपने बचाव की वक्तृता में **'भारतीय साक्ष्य अधिनियम' की धारा 10, पृष्ठ संख्या 98 को उद्धृत करते हुए कहा, "किसी भी दोषारोपित व्यक्ति द्वारा दिया गया सबूत, जो किसी भी व्यक्ति को केवल उसी आधार पर अभियुक्त ठहराने का आधार नहीं माना जा सकता, जो उसे साजिश में भागीदार बनाने के लिए बकौल बयान अदालत में दे दिया जाए।" अर्थात् अदालत में पेश कर दिए गए, अभियुक्त के बयान को पर्याप्त सबूत नहीं माना जा सकता। 'भारतीय साक्ष्य अधिनियम' अपेक्षाकृत अधिक ठोस प्रमाणों की अपेक्षा रखता है।**

सावरकर ने अपने बयान को पूरा करते हुए इस बात को खासकर रेखांकित किया कि "सरकारी वकील का बार-बार इस बात पर जोर डालना कि मेरा गोडसे तथा आप्टे के साथ पुराना संबंध रहा है तथा दोनों ने गांधी-वध की साजिश रचने से पहले मुझसे इस बारे में पूर्व चर्चा की थी और मेरी स्वीकृति के बिना गांधी-वध को अंजाम नहीं दिया गया है। यह बात अपने आप में निहायत भद्दी, असंगत और अनर्गल है।" वास्तविकता यही है कि बस दोनों के मन में सावरकर के प्रति अपनेपन तथा प्रशंसा का भाव उतना ही था, जितना कि दूसरे हजारों/लाखों अन्य

देशवासियों के मन में है।" अत: केवल लोकप्रियता के आधार पर सावरकर को गांधी-वध में भागीदार ठहराने का सरकारी प्रयास केवल एक सरकारी षड्यंत्र के अतिरिक्त और कुछ नहीं था।

अपने विरुद्ध सभी मिथ्या आरोपों का विधिक आधार पर भंडाफोड़ करने के अतिरिक्त, जिसे सावरकर ने—अपने बचाव का नकारात्मक पक्ष कहकर संबोधित किया था, सावरकर ने गांधी के साथ अपने संपर्क की प्रकृति का खुलासा करते हुए अपने इस दृष्टिकोण को—अपने बचाव का सकारात्मक पक्ष कहकर भी प्रबोधित किया। सावरकर के द्वारा की गई बहस का यह सकारात्मक पक्ष हमारे देश के वर्तमान नेताओं, राजनीति-विशारदों तथा कांग्रेसी कठमुल्लाओं की आँखें खोल देने के लिए काफी है, जो पहले से भी अधिक वर्तमान में प्रासंगिक है।

सावरकर ने अदालत में भाषण देते हुए विस्तारपूर्वक बताया कि किस तरह, किन हालात में वह लंदन में गांधीजी से मिले थे और किस तरह दोनों के बीच एक-दूसरे के प्रति मित्रता का भाव जाग्रत् हुआ। किस तरह महात्मा गांधी ने अपने पत्र 'यंग-इंडिया' में मेरे लिए सहृदय होकर सद्भावनापरक टिप्पणियाँ भी लिखी थीं। इन सभी तथ्यों को उजागर करने का उद्देश्य यही बताना था कि हम दोनों के मध्य बहुत से राष्ट्रीय मुद्दों को लेकर पर्याप्त मतभेद होने पर भी हमारे बीच मनभेद नहीं था। हम दोनों की अपनी-अपनी अलग विचारधाराएँ थीं। हम दोनों बहुत-सी बातों पर एक-दूसरे से सहमत नहीं थे, हो भी नहीं सकते थे, लेकिन कुछेक बातों में हम दोनों के लक्ष्य एक थे, उद्देश्य एक थे और हम दोनों में एक-दूसरे के प्रति सद्भावनापूर्ण मैत्री भाव उत्तरोत्तर दृढ़ ही होता चला गया था। हम एक-दूसरे के विरोधी भले ही रहे हों, पर एक-दूसरे के दुश्मन तो नहीं थे। दोनों के मन में एक-दूसरे के प्रति सम्मान-भाव था। अत: यह कैसे सोचा जा सकता है कि मुझ जैसा व्यक्ति महात्मा गांधी जैसे राष्ट्रपुरुष की मृत्यु की कामना करता, मेरे ऊपर इस तरह का आरोप लगाना मेरा अपमान तो है हाँ, महात्मा गांधी की आत्मा का भी अपमान है। इतना ही नहीं, सावरकर ने अनेक बार प्रेस को जारी किए गए अपने लिखित वक्तव्यों को भी उद्धृत करते हुए स्पष्ट किया कि उन्होंने अनेक बार हिंदुस्तान की आजादी के लिए किए जा रहे नेहरू तथा गांधी के प्रयत्नों की सराहना भी की थी तथा गांधीजी ने कई बार अपने प्राणों को खतरे

में डालकर जो दीर्घावधि उपवास रखे थे, उन्हें लेकर गांधीजी के स्वास्थ्य एवं जीवन के प्रति अपनी चिंता भी व्यक्त की थी और इस नाजुक घड़ी में (जब देश पर पड़ोसी नवोदित पाकिस्तान ने हमला कर दिया है)—"गांधीजी जैसी मूल्यवान धरोहर को खो बैठना भारत राष्ट्र के लिए एक अपूरणीय क्षति है। गांधीजी का जीवन देश के लिए अमूल्य था। देश इस अमूल्य रत्न को खोकर संकट की इस घड़ी में एकदम कंगाल हो गया है।"

अदालत में प्रस्तुत सावरकर के बयान का यह सकारात्मक पक्ष इस बात को प्रमाणित कर देता है कि यद्यपि सावरकर एक ऐसे क्रांतिकारी स्वतंत्रता सेनानी थे, जिन्होंने देश को स्वतंत्र कराने के लिए विदेशी आक्रांताओं से लड़ने और उन्हें भारत-भू से खदेड़ देने के लिए तथा स्वतंत्रता प्राप्त कर लेने के लिए वैदिकी हिंसा का मार्ग अपनाने हेतु शस्त्र-संधान को नैतिक, वैधानिक एवं व्यावहारिक स्तर पर उचित ठहराया था, फिर भी उन्होंने एक जनतंत्रोन्मुखी-प्रणाली में हिंसा को कोई स्थान न देने तथा विचार-स्वातंत्र्य एवं तर्क-वितर्क पर आधृत वैधानिक, सर्वसम्मत वैचारिकता और मानवाधिकार को सम्मान देने का अपना विचार-दर्शन प्रस्तुत किया था।

इस बिंदु पर सावरकर ने भरी अदालत में कहा "हम दोनों की क्रांतिकारी-मति, जो निस्संदेह गुलाम भारत को अंग्रेजों की दासता से मुक्त कराने के लिए गतिशील थी, हर कोण से न्याय-संगत तथा तर्कसंगत थी, और जब हम दोनों ही एक विदेशी विधर्मी तथा घातक आतंकी सत्ता के विरुद्ध लड़ रहे थे, तो भी मैं इसी बात पर बल देना चाहूँगा कि यदि हम अपने देश को दलीय अराजकता तथा व्यर्थ के गृह-युद्धों की संभावना से बचाना चाहते हैं, तब स्वतंत्र भारत में हमारा समग्र सत्ता-विरोधी संघर्ष एक सर्वस्वीकृत, सुविचारित, संवैधानिक व्यवस्था में परिवर्तित हो जाना चाहिए। कहने का अभिप्राय यह है कि सावरकर संविधान तथा विधि के शासन (Rule of Law) की वकालत कर रहे थे, जिसमें देश के प्रत्येक नागरिक, प्रत्येक राजनीतिक दल, प्रत्येक सामाजिक एवं कौमी संगठन की विधिवत् भागीदारी हो। सावरकर का यह कथन उनके राष्ट्रोन्मुख, प्रजातांत्रिक संविधानवादी दृष्टिकोण की व्यापकता को प्रमाणित करता है।

सावरकर की इसी सकारात्मक सोच से यह भी सिद्ध हो जाता है कि वह

हर बात से ऊपर राष्ट्र को रखते थे तथा उनका राष्ट्रप्रेम अंकुचित एवं सर्वोपरि था। वह चाहते थे कि राष्ट्र का प्रत्येक नागरिक राष्ट्र–प्रेम को अपनी भावधारा में सर्वोच्च स्थान दे। सरकार चाहे किसी भी दल की बने, शासनाध्यक्ष चाहे किसी भी विचारधारा का हो, महत्त्वपूर्ण यह है कि प्रत्येक व्यक्ति, प्रत्येक दल केवल भारत–राष्ट्र के प्रति तन–मन–धन से समर्पित हो। सावरकर के इस राष्ट्रोन्मुखी दृष्टिकोण से पता चलता है कि वह देश में किस तरह के राजनीतिक चरित्र की उपस्थापना चाहते थे। खेद का विषय है कि पिछले कई वर्षों से हम इसी राजनीतिक चरित्र को, इसी राष्ट्रीय भावना को पतनोन्मुख होते देख रहे हैं। हम भारत के एक बड़े समूह में तथा कतिपय राजनीतिक दलों में राष्ट्रभक्ति का अभाव देख रहे हैं, जो चिंता की बात है। इसका कारण यह है कि देश के वर्तमान राजनेता सत्ता हथियाने के लिए एकदम क्षुद्र, स्वार्थी, संकीर्ण, क्षेत्रवादी, धनलोलुप लुटेरे हो गए हैं। वे येन–केन–प्रकारेण सत्ता तथा शासन के तमाम ऊँचे–ऊँचे पदों को हथिया लेने की जुगत में बहुधा राष्ट्र की जनता के हक को भूल रहे हैं। वे अपने सार्वजनिक भाषणों में, संसद् में, विधानसभाओं में, प्रशासनिक बैठकों में, न्यायालयों में, सड़कों पर, मीडिया में सिर्फ गाली–गलौज करते नजर आते हैं। किसी को न किसी दूसरे की फिक्र है, न ही इस बात की कि दूसरे को भी सुना और समझा जाए। सावरकर ने यह कहकर भरी अदालत में अपना आक्रोश प्रकट किया था और इसके लिए कांग्रेसी सुराजियों को उत्तरदायी बताया था।

अपने बयानों में सावरकर ने इस बात का भी खुलासा किया कि सन् 1947 में उन्होंने किस तरह समस्त हिंदुत्ववादी नेताओं का आह्वान करते हुए उन्हें अपने सारे मतभेद भुलाकर एकजुट हो जाने का आग्रह किया था, क्योंकि भारत अब स्वतंत्र था। अंग्रेज सत्ताधीश भारत छोड़कर जा चुके थे, ऐसे में होना यह चाहिए था कि सभी राजनीतिक दल अपना विद्वेष–भाव भुलाकर एक हो जाएँ तथा मिलकर भारत राज्य को पुनर्गठित होने तथा उत्तरोत्तर शक्तिशाली होने की दिशा में कार्य करें। सावरकर के इसी आह्वान से हिंदू महासभा के ही कुछेक युवक सदस्य रुष्ट हो गए। उन्होंने पुराने, बूढ़े हो गए लोगों के नेतृत्व पर उँगली उठाई। रुष्ट होकर गोडसे तथा आप्टे जैसे नवयुवकों ने अपना स्वतंत्र समाचार–पत्र निकालना शुरू किया था, जिसमें हिंदू महासभा पर आरोप लगाया जाता था कि '**हिंदू महासभा**

हिंदुत्व की विचारधारा की रक्षा नहीं कर पा रही है।' अपने हिंदुत्व के दर्शन से स्खलित होकर 'हिंदू-भारत' के गठन का (राजकीय गठन का) सपना साकार नहीं कर पा रही है।

गोडसे तथा आप्टे के अपने बचाव पक्ष में की गई अदालती बहस से यह बात साफ हो जाती है कि गांधी-वध की योजना में सावरकर का कहीं कोई हाथ नहीं था। पूरे षड्यंत्र में कहीं भी, कभी भी सावरकर की लेशमात्र भी भूमिका नहीं रही। फिर भी, तत्कालीन कांग्रेसी शासन ने अपनी धूर्त्तता के शिकंजे में सर्वमान्य लोकप्रिय राष्ट्रपुरुष को 65-66 वर्ष की वृद्धावस्था में एक कैदी की जिंदगी गुजारने पर मजबूर कर दिया। सात महीने की लंबी अवधि में न्यायालय की चौरासी बैठकें केवल इस मुकदमे को, जिस पर न केवल भारत, अपितु संपूर्ण विश्व की निगाहें लगी हुई थीं, अंतिम फैसले तक पहुँचाने में संपन्न हुईं। अंततः 10 फरवरी, 1949 को 11:00 बजे निर्णय का क्षण आ ही गया। **न्यायालय के विशेष न्यायाधीश श्री आत्माराम ने निर्णय सुनाते हुए कहा कि "विनायक दामोदर सावरकर ने अपने वक्तव्य से सिद्ध कर दिया है कि इस पूरे षड्यंत्र में सावरकर का किंचित् मात्र भी हाथ नहीं है। न ही नाथूराम गोडसे और नारायण आप्टे पर उनका किसी भी प्रकार का कोई नियंत्रण है। सावरकर को अपराधी सिद्ध करने के लिए केवल सरकारी गवाह के साक्ष्य पर निर्भर हुआ जा सकता है। यह पहले ही उल्लेख किया जा चुका है कि सावरकर को दोषी सिद्ध करने के लिए सरकारी गवाह के निराधार तर्कों एवं साक्ष्य से कोई भी निष्कर्ष निकालना भ्रामक ही होगा। अतः दिल्ली में 20 जनवरी, 1948 और 30 जनवरी, 1948 की घटनाओं में सावरकर की किसी भी प्रकार की लिप्तता का होना सिद्ध नहीं होता। अतः विनायक दामोदर सावरकर पर बाद में जो आरोप लगाए गए हैं, उनमें से किसी में भी सावरकर का कोई अपराध सिद्ध नहीं होता। विनायक दामोदर सावरकर को ससम्मान मुक्त किया जाता है।"**

जैसे ही न्यायाधीश निर्णय सुनाकर न्यायालय से जाने के लिए अपने आसन से उठकर खड़े हुए, सभी कैदियों ने सावरकर के चरणों में नतमस्तक होकर प्रणाम किया और नारा बुलंद किया—

"अखंड हिंदुस्तान अमर रहे!
हिंदू-हिंदी-हिंदुस्तान!!
कभी न होगा पाकिस्तान!!!

यद्यपि इस निर्णय का हिंदू संगठनों तथा सावरकरवादियों ने आह्लादकारी निर्णय के रूप में स्वागत किया था, परंतु सावरकर के बेदाग छूटने पर उनसे द्वेष रखनेवाले कांग्रेसियों के लिए यह एक असहनीय वज्रपात था। संपूर्ण भारत और विदेशों से भी सावरकर के शुभचिंतकों के टेलीग्राम और शुभकामना-पत्रों की वर्षा हुई। निष्पक्ष समाचार-पत्रों ने मुख्य पृष्ठों पर बड़े-बड़े शब्दों में इस शुभ-समाचार के शीर्षक छापे।

परंतु दूसरी ओर सावरकर को लालकिले के परिसर के बाहर खड़ी लाखों की भीड़ का स्वागत स्वीकार करने पर पाबंदी लगा दी गई। दिल्ली से चुपचाप पुलिस के संरक्षण में कार से 12 फरवरी, 1949 को बंबई स्थित 'सावरकर-सदन' पहुँचा दिया गया। दिल्ली क्षेत्र में उनके प्रवेश हेतु अगले तीन माह तक के लिए निषेध कर दिया गया। दादर (बंबई) में 'सावरकर-सदन' में उनकी धर्मपत्नी तथा कुछ अन्य महिलाओं ने विशुद्ध हिंदू-पद्धति से उनकी आरती उतारकर उनका स्वागत किया और इस प्रकार लालकिले की अग्निपरीक्षाओं में सावरकर निर्दोष सिद्ध हुए।

□

परिशिष्ट-एक

कुछ खरी-खरी

भारत को आजादी मिल जाने के बाद महात्मा गांधी-वध की दुर्भाग्यवश जो त्रासदी हुई थी, उस समय देश के तत्कालीन कांग्रेसी रहनुमाओं द्वारा नेहरूजी की अगुवाई में कांग्रेस सरकार ने बड़े साजिशाना तरीके से स्वातंत्र्यवीर विनायक दामोदर को फँसाने, गिरफ्तार कर लेने तथा उन पर अभियोग लगाने का भयानक षड्यंत्र रचा था तथा स्वतंत्र भारत की कांग्रेसी सरकार ने हर तरह से यह सिद्ध करने का असफल प्रयास किया था कि गांधी-वध में सावरकर का हाथ है, जबकि हकीकत यह है कि इस त्रासद घटना से सावरकर का दूर-दूर तक कुछ भी लेना-देना नहीं था। भले ही सावरकर, गांधीजी के कितना ही विरोधी क्यों न रहे हों, पर वह इतने संकीर्णमना नहीं थे कि गांधी-वध जैसी किसी अवधारणा को समर्थन देते। सावरकर का हृदय बहुत विशाल था। वे सच्चे मायनों में एक विराट् हृदयी हिंदू हुतात्मा थे। यह तो उन लोगों की, उनके आदर्शों एवं उनकी विचारधारा के प्रति पनप रही घोर नफरत थी, जो सावरकर को गांधी-वध मामले में फँसाना चाहते थे। जो लोग उन दिनों उच्च सरकारी पदों पर प्रतिष्ठित थे और अवाम में जिनकी तूती बोलती थी तथा जो सावरकर के राष्ट्रवादी विचार-दर्शन से सहमत नहीं थे और गांधी/नेहरू के स्वर में स्वर मिलाकर देश के अवाम को बहका रहे थे, उन्होंने ही यह साजिश रची थी कि गांधी-वध की दुर्घटना के तदन्तर इस त्रासदी का ठीकरा सावरकर के सिर फोड़कर उनको हमेशा-हमेशा के लिए उसी तरह खामोश कर दिया जाए, जिस तरह आजादी से पूर्व ब्रिटिश-भारत सरकार ने सावरकर पर तमाम गैर-वाजिब प्रतिबंध लगाकर, उन्हें भरी युवावस्था में काला-पानी की सजा देकर निष्क्रियता की आग में झोंककर रख दिया था।

कहना न होगा यह सब ब्यूरोक्रेसी का करा-धरा था। कांग्रेस सरकार की कारस्तानी का पर्दाफाश उस वक्त जल्दी ही हो गया कि गांधी-वध में सावरकर की कोई भूमिका नहीं है। उस दौर के तमाम लेखकों/मीडिया/कवियों/बुद्धिजीवियों/ विद्वानों ने विस्तार से गांधी-वध प्रकरण का आकलन किया। अदालती कार्रवाई का गहन विश्लेषण किया। तत्कालीन समाचार-पत्रों/पत्रिकाओं में अपने निष्कर्ष लिखे तथा उन तमाम परिस्थितियों का आकलन किया गया, जिनके कारण गांधीजी मारे गए थे तथा अंततः एक साल बाद अदालत ने भी सावरकर पर लगाए गए तमाम आरोपों को खारिज कर दिया और उन्हें बाइज्जत गांधी-वध आरोप से बरी कर दिया, लेकिन खेद इसी बात का है कि दूध का दूध और पानी का पानी हो जाने पर भी कांग्रेसियों तथा सावरकर विरोधी जिद्दी लेखकों की सावरकर-दर्शन के खिलाफ अंतःस्थल तक जम गई घृणा और विरोध-प्रतिरोध की भावना आज तक कम नहीं हुई है और उनके पश्चातवर्ती लेखकों तथा इतिहासविदों ने गांधी-वध प्रकरण में बराबर यह झूठा-प्रचार करते रहना जारी रखा है, कि हो-न-हो, गांधी-वध में सावरकर का ही हाथ था, इसीलिए सावरकर दोषी थे तथा सावरकर अपने ऊपर लगे अभियोग से प्रदुष्ट होने से केवल इसीलिए बच गए, क्योंकि जिस तरह से सरकारी वकील ने अदालत में आडंबरपूर्ण भावशून्य तरीके से सावरकर के विरुद्ध मुकदमा लड़ा, उससे सावरकर को बच जाने का मौका मिल गया। यह तथ्य कम ही प्रचारित है कि गांधी-वध में सावरकर का कोई रोल था ही नहीं। कांग्रेस ने तथा उसके नक्शे-कदम पर चलने वाले उसके तमाम छुटभैए लेखकों ने गांधी-वध का उत्तरदायी सावरकर को ही ठहराने से अभी तक परहेज नहीं किया है, जबकि न्यायालय तक ठोस सबूतों तथा वाजिब-तर्कों के अभाव में सावरकर पर लगाए गए, इस तरह के साजिशाना आरोपों को सिरे से नकार चुका है। यह कांग्रेसियों की हठधर्मिता, राजनीतिक संकीर्णता से भरी जलालत नहीं तो और क्या है ? कांग्रेस अभी भी देश के अवाम को गुमराह करने से बाज नहीं आ रही है, देश के इतिहास को झुठलाने से पीछे नहीं हट रही है, जबकि गांधी-वध के पश्चात् अब तक गंगा में बहुत पानी बह चुका है। वैचारिक धरातल पर देश का अवाम उस मोड़ को छोड़कर बहुत आगे आ चुका है और एक नए भारत का निर्माण हो रहा है।

गांधी-वध के मामले में जब सावरकर संलिप्त थे ही नहीं और अंततः न्यायालय ने भी अपने निर्णय में उनको पूर्णतया निर्दोष ही घोषित किया, तब लाख टके का यह प्रश्न उभर कर सामने आ जाता है कि फिर सावरकर को गिरफ्तार क्यों किया गया? उन पर (मिथ्या) आरोप क्यों मढ़ा गया? 65 वर्ष की अवस्था में उन्हें दिल्ली लाकर लालकिले के बंदीगृह में कैद क्यों किया गया? और हमारा यह भी उत्तर होगा कि यह सब नेहरू कांग्रेस की सोची-समझी रणनीति की वजह से हुआ।

हम पहले ही दो कारण तो स्पष्ट कर चुके हैं, जिनकी वजह से सावरकर को पहले भी गिरफ्तार किया गया था, लेकिन सवाल यह उठता है कि पुलिस को ऐसा करने की जरूरत क्यों पड़ी थी?

बात यह है कि पुलिस ने अत्यधिक अनुपयुक्त तरीके से सावरकर को गिरफ्तार किया था। ऐसा करते समय पुलिस एकदम अमानवीय हो उठी थी। मदनलाल पाहवा को जब 20 जनवरी, 1948 को ही दिल्ली में गिरफ्तार कर लिया गया था और गांधीजी की हत्या 30 जनवरी, 1948 को हुई, उसी बीच, अर्थात् उन 10 दिनों के बीच की अवधि में दिल्ली तथा मुंबई की पुलिस एक साथ मिलकर संयुक्त रूप से अपनी कार्रवाई नहीं कर पाई थी। उस दौरान पुलिस पूरी तरह बदहवास थी। उसे समझ में नहीं आ रहा था कि वह क्या करे? कैसे करे? किस पर हाथ डाले किस पर नहीं? अगर दोनों जगहों (दिल्ली तथा मुंबई) में उस दौर में हो रही पुलिस कार्रवाई की गहमागहमी को गहराई से जाँचा-परखा जाए तो हम पाते हैं कि पुलिस के पास ऐसी कोई सुविचारित संयुक्त योजना थी ही नहीं, जिसके तहत वह तुरंत कार्रवाई करे। हालाँकि मदनलाल पाहवा ने पुलिस को जता दिया था कि उसके साथ के तमाम लोग जो एकदम गायब हो गए हैं, वे पूरी तैयारी के साथ जल्दी ही दुबारा लौटेंगे और अपने मिशन को परिणाम तक पहुँचाएँगे।

उधर, मुंबई पुलिस का मुख्य आयुक्त मिस्टर नागरवाला एक अलग ही भ्रम पाले बैठा था कि किसी बड़ी साजिश के तहत गांधीजी को मारा नहीं जाएगा, बस उनका अपहरण ही किया जाएगा अर्थात् कुछ खाड़कू आएँगे और गांधीजी को उठाकर ले जाएँगे, जिससे वे गांधीजी की मुसलिम-परस्ती/पाकिस्तान-परस्ती पर लगाम लगा सकें। इसीलिए जब गांधीजी का वध कर दिया गया, तब मुंबई

पुलिस बौखला कर एकदम हरकत में आ गई और बगैर सोचे-समझे छोटे-से-छोटे व्यक्ति पर भी संदेह करते हुए हर किसी पर हाथ डालने लगी, हर किसी की धर-पकड़कर उन्हें डराने/धमकाने, बहकाने, फुसलाने लगी, उन्हें हर तरह से झूठी गवाही देने के लिए उकसाने लगी, जिससे वह किसी बड़ी हस्ती पर हाथ डाल सके और कहना न होगा कि यह सब कांग्रेस सरकार के महान् नेता तथा देश के तत्कालीन सर्वेसर्वा नेहरू के इशारे पर किया जा रहा था। पुलिस की बहदवासी का जायजा तो तभी मिलने लगा था, जब 20 जनवरी को मदनलाल पाहवा ने एक असफल कार्रवाई में गांधीजी के प्रार्थना स्थल पर बम फोड़ दिया था। जिस दिन अर्थात् 20 तारीख को गांधीजी की हत्या करने का असफल प्रयास किया गया था, उस दिन गोडसे तथा आप्टे नई दिल्ली (बिड़ला मंदिर रोड) स्थित 'हिंदू महासभा भवन' कार्यालय में देखने/जाँचने परखने के लिए गए थे कि क्या 19 जनवरी की शाम को उनके कतिपय संगी साथी दिल्ली (हिंदू महासभा भवन में) पहुँच चुके हैं या नहीं। वे सभा के सचिव आशुतोष लाहिड़ी से भी मिले, जिसके कार्यालय से सुबह 9 बजकर 20 मिनट पर एक ट्रंक-कॉल भी बुक कराया गया तथा जिसका दूरभाष नंबर सावरकर गृह का दूरभाष नंबर था। कोई नहीं जानता कि यह ट्रंक-कॉल किसने बुक कराया था और इस ट्रंक-कॉल का उद्देश्य क्या था, लेकिन पुलिस ने अपनी जाँच में यह आरोप लगाया कि यह ट्रंक-कॉल (गोपाल गोडसे) ने यह जानने के लिए मुंबई के लिए बुक कराया था कि क्या नाथूराम गोडसे मुंबई शहर से बाहर दिल्ली के लिए रवाना हो चुका है या नहीं।

पुलिस की इस कहानी पर मुलगाँवकर ने तंज कसते हुए लिखा है कि "यह सब पुलिस की उस बदगुमानी और खोखली खोज का हिस्सा है, जिसमें पुलिस संभवत: नेहरू के कहने पर बराबर यह साबित करने की जुगत भिड़ा रही थी कि गांधी-वध में शामिल सभी षड्यंत्रकारियों को तमाम संदेश/आदेश-सलाह-मशविरा एवं उनकी सफलता का कामना युक्त आशीर्वाद सावरकर से ही मिल रहे थे और इसके बाद ही वे मुंबई से दिल्ली की ओर अपने कार्य को अंजाम देने के लिए चले थे। गोपाल गोडसे ने अत्यंत प्रांजल शब्दों में जोरदार तरीके से मुलगाँवकर को साक्षात्कार देते समय बताया था कि वह तो जानता तक नहीं था कि सावरकर का घर कहाँ है। उसे तो यह भी नहीं पता था कि सावरकर रत्नागिरी

में रहते हैं या मुंबई में। मुलगाँवकर ने कहा है कि पुलिस जान-बूझकर अपने केस को पुख्ता करने के लिए एक मनगढ़ंत कहानी तैयार कर रही थी, जबकि ट्रंक-कॉल आया ही नहीं, अर्थात् दिल्ली से फोन पर किसी ने कोई बात की ही नहीं तथा दो घंटे बाद वह ट्रंक-कॉल निरस्त (कैंसिल) भी करा दिया गया। इससे साफ जाहिर होता है कि चूँकि पुलिस यह साबित करना चाहती थी कि उनकी सोच तथा उनकी कार्रवाई की दिशा सही है, वे षड्यंत्रकारियों में से किसी एक के बयान, अपनी थ्योरी के पक्ष में मोड़ना चाहते थे, इसीलिए उन्होंने गांधी-वध के षड्यंत्रकर्ताओं के समूह में से सबसे कमजोर कड़ी अर्थात् दिगंबर बाडगे को अपने पक्ष में फोड़कर सरकारी गवाह बना लिया तथा उससे सावरकर के खिलाफ अदालत में बयान दिलवा दिया। हम पहले ही स्पष्ट कर चुके हैं कि किस तरह बाडगे के अदालती बयान को दोनों व्यक्तियों-ने—गोडसे तथा सावरकर ने—एकदम खारिज कर दिया था, क्योंकि बाडगे का पूरा वक्तव्य असत्य पर आधारित था। सच्चाई तो उसमें रंचमात्र भी नहीं थी। पुलिस ने अपनी अतिशय आतुरता में बाडगे से ऐसा बयान दिलवा दिया, जो बाद में उनके अपने ही गले की फाँस बन गया, जो पुलिस की अपनी ही कार्रवाई के लिए अप्रामाणिक एवं अविश्वसनीय सिद्ध हुआ। इसीलिए मुलगाँवकर ने तंज कसते हुए लिखा है—"बाडगे का अद्भुत तरीके से दावा करना, अपनी याददाशत मात्र के आधार पर अपनी बात को कुछ इस तरह से रखना कि वह परत-दर-परत, हर बात को बता सकता है, कि उसके संज्ञान में घटित हुई प्रत्येक घटना एकदम हू-ब-हू-सच्ची है। बाडगे का यह सारा दावा संदेहास्पद है तथा तमाम शक-ओ-शुबह एवं सवालों को जन्म देता है।" भरी अदालत में उसने जिस तरह एकदम धाराप्रवाह भाषा में त्रुटिहीन होकर अपनी गवाही दी, एकदम सपाट बयानी की, उससे लगता है कि वह एक ऐसे अभिनेता की तरह अदालत में बोल रहा था मानो अपना नाटकीय पाठ वह पूरी तरह पहले से ही रटकर आया हो। शंकर (एक अन्य अभियुक्त) पुलिस की पकड़ में था तो उस पर भी पुलिस ने बाडगे के माध्यम से ही विशेष अंदाज में विशिष्ट बयान देने के लिए दबाव बनाते हुए उसे प्रशिक्षण दिया था। बाकायदा तोते की तरह पढ़ाने/पटाने की कोशिश की थी। शंकर ने कुछ ऐसे प्रसंगानुकूल तथा एकदम सटीक रहस्योद्घाटन किए हैं, जो इस बात को संपुष्ट करते हैं कि

बाडगे अदालत में अपनी गवाही देने से पूर्व किस तरह अपनी उस तहरीर को कड़ी मेहनत के साथ ध्यान लगाकर रट रहा था, जो उसे रटने तथा अदालत में उगल देने के लिए पुलिस द्वारा दी गई थी।

हम यहाँ 16 फरवरी, सन् 1989 को 'सावरकर मेमोरियल कमेटी' द्वारा प्रकाशित पुस्तक के एक खंड का हवाला देते हुए सावरकर के वकील मिस्टर भोपटकर के द्वारा न्यायालय में की गई बहस के उस अंश का खुलासा करना चाहते हैं, जो गांधी-वध मामले में सावरकर की तथाकथित भूमिका को लेकर उठने वाले कांग्रेसियों द्वारा राजनीतिक बवंडर (प्रवाह) के रूप में एक देशव्यापी सावरकर विरोधी मुहिम को खाद-पानी देने के लिए कांग्रेस सरकार ने तैयार किया था। भोपटकर का यह रहस्योद्घाटन गांधी-वध के उपरांत कांग्रेस की प्रतिक्रिया के दोहरे चारित्रिकपन को प्रकट करता है। सनद रहे, नेहरू-कांग्रेस आजादी के अंतिम दिनों में गांधी से प्रसन्न नहीं थी तथा सन् 1946 से ही नेहरू-कांग्रेस के कद्दावर नेताओं ने गांधी को हाशिए में बिठा दिया था और ब्रिटिश सरकार तथा मुसलिम लीगी जिन्ना से समझौता करने तथा देश की बागडोर अपने हाथों में थाम लेने की सत्ता-लोभी लगाम अपने हाथों में ले ली थी। गांधी को कांग्रेस ने एकदम अप्रासंगिक बना दिया था।

भोपटकर ने खुलासा किया है कि जब वह गांधी-वध मुकदमे में सावरकर की पैरवी करने के लिए दिल्ली में 'हिंदू-महासभा' भवन में ठहरे थे, तब अचानक अंबेडकर का एक टेलीफोन आया, जिसमें उनसे एक सुनसान जगह मिलने के लिए कहा गया। भोपटकर पूर्व-निर्दिष्ट स्थान पर डॉ. अंबेडकर से मिले। अंबेडकर ने उन्हें अपनी कार में बिठा लिया, जिसे अंबेडकर साहब स्वयं चला रहे थे। एक सुनसान-सी जगह पर अचानक कार रोक दी गई और बड़ी संजीदगी से डॉ. अंबेडकर ने सावरकर के वकील मिस्टर भोपटकर को बताया—"वकील साहब, आपके मुवक्किल सावरकर के विरुद्ध कोई सच्चा ठोस आरोप है ही नहीं। उसके विरुद्ध एकदम खोखला एवं तर्कहीन साक्ष्य बड़े साजिशाना तरीके से सरकार द्वारा गढ़ा गया है। मैं आपको बता देना चाहता हूँ कि नेहरू की जिद्द के सामने प्रशासनिक अधिकारी कुछ नहीं कर सके। सब-के-सब पस्त हो गए। यहाँ तक कि सरदार पटेल भी नेहरू को ऐसा करने से नहीं रोक पाए, लेकिन मेरी तरफ से

जान लीजिए, असल में सावरकर के खिलाफ ऐसा कोई मामला बनता ही नहीं है। गांधी-वध से सावरकर का दूर-दूर तक कुछ लेना-देना नहीं है। मुझे लगता है, अदालत में तुम्हारी ही जीत होगी।" इस पर भोपटकर ने अंबेडकर से पूछा, यह सब सरकारी स्तर पर किसने किया है? अंबेडकर का जवाब था—"और कौन? वही नेहरू!! बस, नेहरू ही वह व्यक्ति है, जो सावरकर तथा हिंदू महासभा की देशव्यापी लोकप्रियता से अंदर तक डरा हुआ है।" "लेकिन ऐसा क्यों?" इस पर अंबेडकर का संक्षिप्त-सा उत्तर था—"कुछ नहीं!! बस एक राजनीतिक प्रतिहिंसा"—कांग्रेस तथा नेहरू आज से नहीं बीसियों वर्षों से सावरकर और सभा के घोर प्रतिद्वंद्वी रहे हैं।

□

परिशिष्ट-दो

अंधघृणा और विद्वेष की पराकाष्ठा

अब रही सावरकर के प्रति विद्वेष की बात्!! द्वेष या जलन एक ऐसा भाव है, जो व्यक्ति अपने विरोधी को हर तरह से नष्ट कर देने के लिए करता है और सावरकर के मामले में हम पाते हैं कि सावरकर-दर्शन के घोर विरोधी सावरकर के विरुद्ध घृणा का भाव बीसियों वर्षों से पाल रहे थे। एक ओर वह सावरकर के प्रति अंधघृणा से भरे हुए थे, दूसरी ओर सावरकर को नीचा दिखाने के लिए हर तरह के हथकंडे अपना रहे थे और यह सिलसिला 1906 से ही चल रहा था, जो 1948-49 में अपने चरम पर था और 1966 में सावरकर की मृत्यु के तदंतर आज तक भी जारी है। पहली तरह के सावरकर विरोधी नागरवाला की श्रेणी के लोग हैं। जब अदालत ने भी गांधी-वध प्रकरण से सावरकर को एकदम बाइज्जत बरी कर दिया, क्योंकि सावरकर के विरुद्ध कोई मामला बनता ही नहीं था, तब भी नागरवाला अपनी इसी बात पर अड़ा रहा और इसी का प्रचार करता रहा तथा मुलगाँवकर से यही कहता रहा, "मैं अपनी मौत के आखिरी क्षण तक बराबर यही कहता रहूँगा कि यह सावरकर ही था, जिसने गांधी-वध का षड्यंत्र रचा था।"

दूसरी किस्म के लोग तुषार गांधी जैसे अल्प बुद्धिजीवी हैं, जो गांधी-वध में सावरकर की लिप्तता को लेकर अदालती फैसले के बावजूद भी तर्क-वितर्क का एवं कल्पना आधारित चिंतन का जाल बुनते रहते हैं। बराबर यह सिद्ध करने का निष्फल प्रयत्न करते रहते हैं कि गांधी-वध के षड्यंत्र का सूत्र-संचालन सावरकर द्वारा ही किया गया था।

तुषार गांधी सावरकर को दोषी ठहराने के लिए मिथ्या तर्कों के आधार

पर सावरकर को एक नकारात्मक व्यक्तित्व के रूप में पेश करता है और उन्हें अभियुक्त ठहराने का हरसंभव उपाय करता है। अपनी पुस्तक की भूमिका में तुषार पहला तर्क तो यही रखता है कि गांधीजी की हत्या वस्तुत: उन पर किए गए इस प्रकार के पहले के अनेक असफल आघातों का प्रतिफलन थी—"क्या कोई जानता है कि 30 जनवरी, सन् 1948 को गांधीजी पर किए गए प्राणलेवा हमले से पहले उनकी जान लेने के लिए चार बार हमले किए जा चुके थे, जो बाकायदा दस्तावेजों में दर्ज हैं तथा आखिरी दो हमले 20 जनवरी और 30 जनवरी, 1948 को किए गए थे। इन 5 हमलों में से 4 असफल आक्रमण गांधीजी पर उस समय किए गए थे, जब मुसलिम लीग के राजनीतिक एजेंडे पर 'पाकिस्तान' की कोई चर्चा तक नहीं थी। गांधीजी पर चारों असफल आक्रमण पूना के अतिवादी उच्चजातीय (सवर्ण) दक्षिणपंथी हिंदुओं द्वारा किए गए थे। गांधीजी पर किए गए इन चार हमलों में से तीन हमले नारायण आप्टे-गोडसे गिरोह द्वारा किए गए थे तथा इन हमलों में से दो हमलों में नाथूराम गोडसे दो बार पकड़ा भी गया था।" इतना ही नहीं, वह यह भी लिखता है कि "कांग्रेसजन ही नहीं, अपितु नेहरू कैबिनेट के कुछेक काबीना मंत्रीगण भी गांधीजी जैसे बूढ़े व्यक्ति की बात-बात पर दखलंदाजी, हठधर्मिता करने तथा आमरण अनशन कर देने की धमकियों की आदतों से तंग आ चुके थे। कांग्रेसी सरकार के पहले गृहमंत्री/उप-प्रधानमंत्री सरदार पटेल को जो गुप्त सूचनाएँ सौंपी गई थीं, उनमें गुप्तरूपेण बताया गया था कि तत्कालीन पुलिस तथा नौकरशाही में 'आर.एस.एस.' तथा 'हिंदू महासभा' की विचारधारा से सहानुभूति रखनेवाले बहुत से लोग हैं। ये लोग चुपके-चुपके हिंदुओं की उक्त दोनों अतिवादी राजनीतिक संस्थाओं/संगठनों की विचारधारा का समर्थन भी कर रहे हैं और उस विचारधारा को पूरे देश में प्रचारित भी कर रहे हैं।" कहने का अभिप्राय यह कि अगर इस वक्त बुड्ढे गांधी को टपका दिया जाए तो इस कांड का ठीकरा बड़ी आसानी से अतिवादी हिंदू संगठनों के किसी भी कद्दावर नेता पर फोड़ा जा सकता है और उसे गांधी-वध का दोषी ठहराकर कड़ी-से-कड़ी सजा देकर अतिवादी संगठनों की वैचारिक क्षमता के घात-प्रतिघात से कांग्रेस अपने को बचाकर देश की सत्ता पर लंबे समय तक के लिए टिकी रह सकती है।

कारण, गांधीजी काफी लोकप्रिय नेता हैं, गांधीजी की शहादत को देश की

जनता सस्ते में बरदाश्त नहीं कर सकेगी। गांधी हत्या के लिए जिम्मेदार लोगों को वह आसानी से जीने नहीं देगी। देश की जनता गांधी-वध के उत्तरदायी लोगों की संगठनात्मक विचारधारा से मुँह मोड़ लेगी और इससे कांग्रेस की सियासत को चार चाँद लग जाएँगे। इससे सिद्ध होता है कि गांधी-वध से लाभ किसको होना था? कांग्रेस को या किसी दूसरे हिंदुत्ववादी संगठन को? किसी की भी हत्या होने पर न्यायालय में यह भी देखा जाता है कि इस तरह के जघन्य कृत्य का लाभ किसे मिलता है, मिलने वाला है, या मिलेगा और फिर न्यायालय इस बिंदु को लेकर भी विचार करता है तथा फैसला देता है। गांधी-वध के मामले में भी कानून ने अपनी यही भूमिका निभाई थी तथा सबूतों के अभाव में तो सावरकर को बाइज्जत गांधी-वध से बरी किया। हाँ, साथ ही यह भी देख लिया गया कि गांधीजी की हत्या से सावरकर या किसी भी दूसरे राजनीतिक दल को कोई लाभ मिलने वाला नहीं था।

अत: साफ तौर पर कहा जा सकता है कि तत्कालीन कांग्रेस सरकार और नौकरशाही पर हिंदुत्व का दबाव बहुत ज्यादा था। अतिवादी हिंदू राष्ट्रधर्मी सब जगह छाए हुए थे और चूँकि सावरकर उनके अप्रशासनिक नेता थे, अत: उन्हें बचाना बहुत जरूरी था। इसीलिए गांधी-वध अभियोग केवल एक तमाशा भर बनकर रह गया।

गोडसे तथा सावरकर के बीच मिलीभगत होने की अपनी धारणा को पुख्ता करते हुए तुषार गांधी लिखता है—"सावरकर ने अंदमान की सेल्युलर जेल में 14 साल तक काला पानी की बेहद कष्टप्रद प्राणघाती सजा भुगतने के बाद ब्रिटिश क्राउन से/ब्रिटेन के राजा से क्षमा-याचना की थी/मुआफी की भीख माँगी थी। और इस क्षमा-याचना के ऐवज में इंग्लैंड के राजा ने ब्रिटिश-भारत सरकार के प्रति भक्तिभाव तथा हर राजाज्ञा के पालन-अनुपालन का आश्वासन लेकर तथा साफ-सुथरे आचरण का वायदा लेकर सावरकर को सेल्युलर जेल से मुक्त करके अंदमान से रत्नागिरी स्थानांतरित कर दिया था"...लेकिन तुषार का यह कथन सत्य नहीं है। इसके ठीक विपरीत धनंजय कीर ने लगभग 6/7 पृष्ठों में सप्रमाण लिखा है कि किस तरह खिलाफत-आंदोलन के दौरान उस वक्त के अनेक देशी-विदेशी गण्यमान्य व्यक्तियों ने तथा राष्ट्रीय/स्थानीय स्तर के अनेक

राजनीतिक दलों एवं मानवाधिकारवादी सांस्कृतिक/सामाजिक संगठनों ने ब्रिटिश-क्राउन पर दबाव बनाया था कि प्रथम विश्वयुद्ध समाप्त हो जाने के बाद भारतीयों की ब्रिटेन समर्थक भूमिका को देखते हुए ब्रिटिश-क्राउन का कर्तव्य हो जाता है कि वह भारत के प्रति अगाध राष्ट्रभक्ति से ओत-प्रोत विचारधारा के सिरमौर तथा भारत के सर्वाधिक लोकप्रिय नेता स्वातंत्र्यवीर विनायक दामोदर सावरकर को काला पानी की सजा से मुक्त करके हिंदुओं के/हिंदुस्तान के कद्दावर नेता का उत्पीड़न बंद करे। अतः तुषार का यह कहना कि सावरकर ने अपने स्तर पर ब्रिटिश-क्राउन से कोई चिरौरी की थी, मुक्ति की भिक्षा माँगी थी—एकदम सफेद झूठ है तथा लेखकीय दुर्भावना का एकदम कपोल-कल्पित कथन मात्र है। सावरकर जैसा व्यक्तित्व न घुटने टेक सकता था, न सिर झुका सकता था। वह तो अंगद की तरह पाँव जमा कर अंदमान की धरती तक पर खड़ा हो गया था। उसका तो बस एक ही बोल था—

"मिटाएँ तो मिटाएँ पर मुझे मिटाएँगे कैसे,
कि नक्श-ए-वफा नक्श-ए-फानी नहीं है।"

सावरकर फौलाद था, फौलाद। वह किसी और ही धातु का बना हुआ था। सावरकर हिंदुस्तान का '**दधीचि**' था। यह बात तुषार गांधी जैसे लेखक नहीं समझ सकेंगे।

और तो और, तुषार गांधी की लेखकीय अक्ल तो देखिए। तुषार लिखते हैं—"जब द्वितीय विश्वयुद्ध के समय सावरकर ने हिंदुस्तान के युवाओं का आह्वान करते हुए उन्हें भारी तादाद में ब्रिटिश-भारत की फौज में भर्ती हो जाने तथा युद्ध-नीति को समझने, जानने, पारंगत/प्रशिक्षित हो युद्ध के मैदान में अंग्रेजों की तरफ से लड़ने तथा ब्रिटेन का साथ देने के लिए उत्प्रेरित किया तो यह सब उन्होंने इसलिए किया था कि इस तरह दोस्ताना दृष्टि का प्रदर्शन कर सावरकर अंग्रेजों का दिल जीतने तथा उनमें अपने प्रति सहानुभूति/सद्भावना का भाव उद्बुद्ध करने का अवसर प्राप्त कर सकें और इस तरह ब्रिटिश सत्ता के निकट पहुँचकर संभावित लाभ उठा सकें तथा सुखोपभोग करते हुए एक आराम-तलब जिंदगी जी सकें।" खुद ही सोच लीजिए कि तुषार गांधी का यह निष्कर्ष कितना बचकाना और हास्यास्पद तथा अविश्वसनीय है। जो व्यक्ति 'माँ भवानी' की शपथ लेकर

प्राणार्पण से जीवन भर ब्रिटिश सत्ता से जूझता रहा, जिसने शेरों (अंग्रेजों) की माँद में घुसकर शेरों को चुनौती दी थी, जिसकी कलम अंग्रेजों की तोपों/बंदूकों, गोलों तथा बारूद को प्रभावहीन कर रही थी, वह व्यक्ति अंग्रेजों को खुश करने की नीयत से पाँचवाँ सवार बनेगा, सोचकर भी हँसी आती है। तुषार गांधी जैसे लेखक ही इस तरह की निहायत घटिया बातें लिख सकते हैं। सब जानते हैं कि सावरकर हमेशा अंग्रेजों के खिलाफ रहा, उनकी साम्राज्य-लिप्सा का विरोध करता रहा। हिंदू संस्कृति/हिंदू इतिहास पर होनेवाली हर चोट का करारा प्रत्युत्तर देता रहा। उसने स्वेच्छा से बंदी जीवन का वरण किया था। अपने देश के युवकों को द्वितीय विश्वयुद्ध में भाग लेने के लिए उन्होंने केवल इसीलिए प्रोत्साहित किया था, ताकि हिंदू युवक भारी तादाद में सैन्य प्रशिक्षण प्राप्त कर सकें। फौजियों के आधुनिक तौर-तरीकों को समझ सकें। अधुनातन सैनिक उपकरणों का तकनीकी ज्ञान प्राप्त कर सकें, क्योंकि सावरकर जानते थे कि शीघ्र ही निकट भविष्य में मुसलिमों के बरक्स मुसलिम लीग की कारगुजारियों के प्रत्युत्तर स्वरूप हिंदू युवा सैन्यवाहिनी की जरूरत पड़ेगी। सावरकर किसी के प्रति वैयक्तिक द्वेष-भाव नहीं पालते थे। इस मुद्दे पर सावरकर के दृष्टिकोण का खुलासा हम इस पुस्तक के पहले अध्याय में कर चुके हैं, जहाँ सुभाषचंद्र बोस तक ने सावरकर के इस आह्वान का अनुमोदन किया था।

वस्तुत: सच यह कि सावरकर तथा हिंदू महासभा, दोनों ही भारत विभाजन के पक्ष में नहीं थे तथा उन्होंने प्रत्येक स्थान पर प्रत्येक समय केवल 'अखंड-भारत' का नारा ही बुलंद किया था। इसके अतिरिक्त गोडसे ने गांधी-वध के कारकों पर प्रकाश डालते हुए अपने बयानों में यह भी कहा था कि गांधीजी को टपकाकर उसने गांधीजी की अंतिम इच्छा को ही पूरा किया था। गांधीजी ने स्वयं ही घोषणा की थी कि पाकिस्तान उनकी लाश पर ही बन सकेगा क्योंकि पाकिस्तान तो उनके जीवित रहते ही बन गया, अत: उसने सोचा कि अब गांधीजी की अपनी ही इच्छा, उनके अपने ही कथन को पूरा कर दिया जाए, इसीलिए उसने इस अधूरे कार्य को पूरा कर दिया, जिससे गांधी जैसा महान् व्यक्ति इतिहास के पन्नों में झूठा सिद्ध न हो। उसे तो गांधी की उस इच्छापूर्ति पर पुरस्कार मिलना चाहिए न कि दंड।

निष्कर्षत: यही कहा जा सकता है कि 65 वर्षीय स्वातंत्र्यवीर सावरकर

को हथकड़ियों में गिरफ्तार करके तथा उन पर गांधी-वध का मिथ्या अभियोग लगाकर कांग्रेस तथा कांग्रेसी सरकार ने लोकप्रिय जननायक की छवि को तार-तार करने के लिए जो कुछ भी किया, उससे कांग्रेस का इतिहास कभी भी कांग्रेस को अपराधमुक्त नहीं कर सकेगा। सावरकर ने इस देश के लिए बहुत कुछ दिया है, कांग्रेस की कोशिश इसी अवदान को झुठलाने तथा निराकृत कर देने की रही है। गांधी-वध को लेकर सावरकर पर चलाया गया अभियोग केवल उन्हें परेशान करने तथा उनकी राष्ट्र छवि को धूमिल करने की बदनीयत से युक्त नेहरू-कांग्रेस-सरकार की एक निहायत कुटिल चाल थी। इस पूरे तामझाम का खेदजनक पक्ष यही है कि जिस देश के लिए, जिन देशवासियों के लिए उसने स्वेच्छा से अपना सर्वस्व न्योछावर कर दिया, ताउम्र खून के घूँट पीता रहा, ताउम्र काँटों का ताज पहनता रहा, बार-बार सलीब पर चढ़ता-उतरता रहा (सनद रहे, ईसा को तो एक बार ही काँटों का ताज पहनाया गया था, एक बार ही सलीब पर चढ़ाया गया था, पर सावरकर को तो बार-बार सन् 1906 से लेकर 1966 तक लगातार 60 वर्षों तक कभी अंग्रेज सरकार, बाद में स्वतंत्र-भारत की नेहरू-कांग्रेस-सरकार सलीब पर लटकाती रही, कंटकाकीर्ण मार्ग पर चलते रहने के लिए मजबूर करती रही) और जो सावरकर जिंदगी भर उत्पीड़न, अवमानना/अपमान झेलता रहा—ऐसे मातृभूमि-भक्त/देशप्रेमी-राष्ट्रप्रेमी हिंदुत्ववादी/राष्ट्रवादी सावरकर को उसके ही राष्ट्रजनों के कृतघ्न तथाकथित बंधुजनों ने उसके साथ दुश्मनों से भी बदतर बर्ताव किया। आज भी सावरकर की आत्मा के साथ देश के तमाम बंधुजन, सत्ता के कंगूरों पर बैठे तमाम श्रीमंत/बुद्धिजीवी ठीक बर्ताव नहीं कर रहे हैं। भारत के इस सपूत को 'रत्नकिरीट' पहनाने को तैयार नहीं हैं। अरे भाई, जीते-जी तो सावरकर के सिर पर भारत-माता के आशीर्वचनों से दैदीप्यमान एवं पूत-पावन 'रत्नमुकुट' नहीं धर सके तो अब कम-से-कम मरणोपरांत ही सही, सावरकर के शीर्ष पर 'रत्नकिरीट' रखकर अपने पापों का प्रक्षालन कर लो। अपनी कृतघ्नता को धो-पोंछकर कुछ तो कृतज्ञताज्ञापन का पुण्य कमा लो। हम तो यही आग्रह कर सकते हैं।

सावरकर पर समय-समय पर लगाए गए दोषारोपण एवं उन पर थोपे गए मुकदमों का सविस्तार विश्लेषण विवेचन करते हुए इस पुस्तक में हमने अनेक

स्थानों पर दर्शाया है कि देश की राजनीति तथा साम्राज्यवादी यूरोपीय ताकतों को लेकर सावरकर के विचार अपने समकालीन शासकों/राजनेताओं, विचारकों, बौद्धिकों तथा आम लोगों एवं इतिहासविदों से किस तरह भिन्न थे। पढ़े-लिखे शिक्षित लोगों तथा दूसरे अनपढ़ लोगों के देशधर्मी/राष्ट्रधर्मी विचारों से आज भी सावरकर-दर्शन कितना भिन्न दिखता है और किस तहर बुद्धिजीवी लोग सावरकर के राष्ट्रीय अवदान को लेकर आज भी उनका कद छोटा करने में लगे हुए हैं। सच्चाई यह है कि गांधीजी से सावरकर का मतभेद मूलतः इस बात को लेकर था कि गांधीजी की तमाम रीतियाँ-नीतियाँ देशतोड़क, देश-विभाजक थीं, जबकि सावरकर एक अविच्छिन्न अखंड भारत चाहते थे। गांधीजी भी भले हाँ, दिल से खंडित भारत न चाहते हों, पर वे मुसलिम-लीग तथा जिन्ना एवं अली बंधु प्रणीत द्विराष्ट्रवाद के कौमी सिद्धांत के पचड़े में फँसकर अपने हथियार डाल बैठे और धोखा खा गए, बुरी तरह मात खा गए, जिसके कारण ही उनका नारा 'अंग्रेजों, भारत छोड़ो' (सन् 1942) 'अंग्रेजों भारत तोड़ो' में बदल गया और फिर देश दुनिया ने देखा भारत-विभाजन का वह त्रासद घटना-चक्र, जिसका पूरा वैश्विक इतिहास में दूसरा उदाहरण नहीं मिलता। पूरा देश लहूलुहान हो गया। करोड़ों की तादाद में आबाल वृद्ध नर-नारी अपने हजारों वर्ष पुराने आवास स्थलों से उखड़ गए या उखाड़कर फेंक दिए गए और यह राष्ट्रीय त्रासदी, इतिहास का यह क्रूरतम मजाक गांधी-नेहरू की कांग्रेस के कारण हुआ था। सावरकर तो पूरे भारत को अखंड सर्वसमावेशी, सर्वकल्याणकारी, सर्वसंप्रभुता संपन्न, जनतांत्रिक, एकल गणराज्य के रूप में ही देखना चाहते थे तथा एक सुदृढ़ और जाज्वल्यमान नक्षत्र के रूप में ब्रह्मांड के फलक पर आलोकित होते हुए देखना चाहते थे। सन् 1937 में कर्णावती के हिंदू महासभा के सम्मेलन में अपने मंचीय संबोधन में सावरकर ने कहा था—"**भारत आदिकाल से एक अखंड भौगोलिक इकाई रहा है, हिंदू उस पर बसने वाला अत्यंत प्राचीन राष्ट्रजन है। यही भारत हिंदुओं की पुण्यभूमि है। ऐसे भारत में जातीय, कौमी, सामुदायिक या वैयक्तिक आधार पर किसी भी प्रकार का भेदभाव या वैशिष्ट्य संपादन करना राष्ट्रहित में कदापि उचित नहीं हो सकता। स्पष्ट तथ्य है कि जो हिंदुस्तान में रहता आया है, हिंदुस्तान में रहता है, हिंदुस्तान की भूमि को अपनी**

पितृ-भू/मातृ-भू मानता है, जिसने हिंदुस्तान का 'आब-ए-हयात' पिया है, वह राष्ट्रीय दृष्टि से केवल 'हिंदू' है। हिंदुस्तान में नस्लवाद के लिए कोई जगह नहीं है।'' खेद है, स्वतंत्र-भारत में सावरकर की इस दृष्टि को सही ढंग से कभी आंका ही नहीं गया।

स्वातंत्र्योत्तर भारत में स्वतंत्रता के पश्चात् सत्तासीन राजनीतिक दल ने सावरकर के उक्त आदर्श को एक सिरे से नकार दिया। उसने समाज में, प्रतिनिधि संस्थाओं में, शासन में, प्रशासन में, अधिकारों के उपभोग में, कर्तव्यों के निर्वहन में, नीतियों के निर्धारण आदि में सभी स्तरों पर छोटे-बड़े विभेदक द्वीप खड़े कर दिए। विशिष्टाधिकारों के आधार पर लोगों को अलग-अलग वर्गों में बाँटकर 'समान आचार संहिता' के आदर्श-विचार की धज्जियाँ उड़ा दीं और ये अलगाववादी, पृथकतावादी विचार तथा आचरण उत्तरोत्तर बढ़ते ही चले गए।

नींव पहले ही गलत रखी गई बुनियाद में।
द्वार सब टेढ़े बने, आँगन तिकोने हो गए॥

सबसे बड़ी विडंबना यह है कि सत्ताहीन रह चुके कांग्रेस दल ने अनेकानेक राजनेताओं के द्वारा फैलाए गए इस भ्रम को अक्षरश: स्वीकार कर लिया कि सावरकर का विचार-दर्शन गणतंत्र-विरोधी और विभेद उत्पन्न करनेवाला था, जबकि सावरकर 'हिंदुत्व' को धर्म की संकुचित परिभाषा से बिल्कुल भिन्न भारत की समत्ववादी अस्मिता से जोड़कर परिभाषित करते रहे। डॉ. इकबाल और जिन्ना के मस्तिष्क की उपज को, कांग्रेस ने खाद-पानी दिया और अंग्रेजों ने 'बाँटों और राज्य करो' की नीति के कारण 'द्विराष्ट्र-सिद्धांत' को सुदृढ़ किया। सावरकर आदि से अंत तक अखंड भारत की बात करते रहे, परंतु स्वतंत्रता अपने साथ भारत-विभाजन की विभीषिका लेकर आई। भारत के तत्कालीन शीर्षस्थ राजनेताओं ने धर्म, जाति, वर्ण और संप्रदायों के आधार पर संपूर्ण भारत में विभाजक रेखाएँ खींच दीं और दशकों तक उनको पुष्ट होने का अवसर प्रदान करते रहे। लोक (जनता) में समावेशिता और समरसता का भाव न्यूनातिन्यून होता गया। यह दलित है, यह पिछड़ा है, वह अगड़ा है, वह हिंदू, वह मुसलमान जैसी तुच्छ धारणाओं से सारा समाज बँध गया। प्रश्न यह है कि सावरकर द्वारा प्रस्तुत समत्ववादी सोच के अभाव में एक उदारचेता लोकतंत्र की कामना कैसे फलीभूत हो सकती है ?

बसंत साठे और वी.एन. गाडगिल जैसे कांग्रेस के दिग्गज, जो प्राय: सावरकर के लिए '**भारत-रत्न**' उपाधि की वकालत करते थे, भी सावरकर की समत्ववादी विचारधारा को ही राष्ट्र में व्याप्त विभेदों के निराकरण हेतु सर्वोत्तम मानते थे। इस चिंतन का बीच-वपन करनेवाले '**राष्ट्र-पुत्र**' को तो अविलंब '**भारत-रत्न**' की उपाधि (भले ही मरणोपरांत) मिलनी ही चाहिए, ताकि उस चिंतन का पृष्ठ-पोषण नई पीढ़ी कर सके और भारत में नए युग का पदार्पण हो। □

परिशिष्ट-तीन

तुषार गांधी से चार प्रश्न

जहाँ तक तुषार गांधी के आरोपों (शिकायतों) का प्रश्न है, उन पर बिना कुछ कहे बेसाख्ता जेहन में एक शेर कौंधता है—

दीया सोचता था उजाला हूँ मैं,
अभी उसने सूरज को देखा न था

मुझे तो उसके विषय में दो शब्द लिखते हुए भी यह सोचना पड़ रहा है कि तुम किसकी की तुलना किससे करने जा रहे हो? एक ओर टिमटिमाता हुआ दीपक और दूसरी ओर प्रचंड तेजधारी सूर्य्य। इससे पहले कि वह सावरकर पर उँगली भी उठाए, पहले यह तो बताए कि तुमने यह दुःसाहस, यह धृष्टता की कैसे है? तुम्हें यह अधिकार दिया किसने है कि तुम स्वयं को उस आग उगलते हुए सूर्य के समकक्ष रख सको। खैर! तुमने जो सावरकर को लेकर कई प्रश्न उठाए हैं और सचमुच वे तुम्हारे प्रकांड पांडित्य के अनुरूप भी हैं, पर मैं तुमसे बहुत छोटे-छोटे चार प्रश्न कर रहा हूँ। समय/सुविधा और लेशमात्र भी आत्मसम्मान बचा हो तो इनके उत्तर अवश्य देना। मैं उनको सभी राष्ट्रीय पत्र-पत्रिकाओं में सधन्यवाद प्रकाशित कराने का प्रयास करूँगा।

1. ब्रिटिश साम्राज्यवाद को उखाड़ फेंकने के विरुद्ध जिस वीर सावरकर को पचास वर्ष अर्थात् दो आजीवन कारावासों का अभूतपूर्व अमानवीय दंड मिला था, उसकी तुलना में तुमने और तुम्हारे समस्त पूर्वजों ने कितने वर्ष अंदमान की काल कोठरी में वैसी ही यातनाएँ भोगते हुए बिताएँ हैं?
2. उन्हीं यातनाओं के बीच कितने पौंड तेल रोज निकालने के बाद कितने

कोड़े नंगी पीठ पर खाते समय, हर बार 'वंदे मातरम्' का उद्‌घोष किया है ?

3. सात गुणा आठ फीट (7' × 8') की उस घुप्प अँधेरी, सीलन, बद्‌बूदार, कीट-पतंगों और मच्छरों से भरी कोठरी में चारों दीवारों पर साहित्य की कितनी अमर रचनाएँ कीलों, पत्थरों तथा नाखूनों से उकेरी हैं। उन्हें कंठस्थ किया है, जो आज महाकाव्यात्मक स्तर की साहित्यिक रचनाएँ मानी जाती हैं ?

बस, एक प्रश्न और—

4. इस तरह की नारकीय यातनाओं के बीच तुम आज भी, जब प्रकाश और वायु की व्यवस्था भी मुकम्मल कर दी गई है, सावरकर की तरह 11 वर्षों के प्रत्युत्तर में क्या 11 दिन भी एकांत कैद में काल-कोठरी में बिता सकते हो ? चलो 11 दिन भी नहीं, बस एक दिन के 11 घंटे ही काल-कोठरी में कैद होकर दिखा दो। मैं तुम्हारी इस यात्रा का सारा व्यय स्वयं वहन करने को तैयार हूँ। उत्तर तुरंत दो, ताकि मैं दुनिया को बता सकूँ कि सावरकर अभी भी जीवित है ! और उस जैसा शौर्य प्रदर्शित करनेवाले तुम जैसे शूरवीर अभी भी हिंदुस्तान में हैं ! ! तुम्हारे उत्तर की अधीरता से प्रतीक्षा रहेगी।

□

परिशिष्ट-चार

एम.के. गांधी का भोग विलासी यौवन

गुजरात राज्य में पोरबंदर रियासत के दीवान करमंचंद गांधी के पुत्र मोहनदास पढ़ने में बहुत कुशाग्र बुद्धि के नहीं थे। हाईस्कूल की परीक्षा भी 18 वर्ष की अवस्था में पास की थी। भावनगर के कॉलिज में पढ़ाई में मन नहीं लगा। धनाढ्य परिवार में होने के कारण आगे की पढ़ाई के लिए इंग्लैंड भेजा गया। राजसी ठाट-बाट से लालन-पालन होने के कारण अय्याशी का जीवन व्यतीत करने का व्यसन लगा हुआ था। 'इनर टैंपल' में प्रवेश लिया। प्रवेश के फार्म में वैवाहिक-स्थिति भी लिखनी थी। फैशन की दुनिया में डूबे हुए गांधी माँ की प्रतिज्ञा को भी भूल गए कि वहाँ उन्हें निरामिष रहना है तथा कुसंगति में नहीं पड़ना है। विवाहित लोग वहाँ नियमानुसार अविवाहित लड़कियों से मिल-जुल नहीं सकते थे; अत: प्रवेश का फार्म भरते समय उन्होंने यह तथ्य छिपाया कि वह विवाहित हैं, अपितु वैवाहिक-स्थिति के कॉलम में उन्होंने 'अविवाहित' शब्द लिखा।

बैरिस्टरी पास करने के बाद 1891 में भारत लौटे। राजकोट में वकालत शुरू की। लेकिन असफल वकील रहे। एक अभियोग के सिलसिले में दक्षिण अफ्रीका जाना हुआ। प्रथम श्रेणी का टिकट होने के बाद भी ट्रेन में बदसलूकी हुई और नीचे उतार दिया गया। रंगभेद-नीति का विरोध करने की ठानी और नेटाल में रुक गए। वे भारतीयों को संगठित करने का लगातार प्रयास करते रहे। उन्होंने 'इंडियन ओपीनियन' नामक एक अखबार निकालना प्रारंभ किया। विलासिता की जीवन-पद्धति व्यतीत करने के कारण सामान्यजन का नेतृत्व करने में वह असफल रहे।

गांधी के जीवनी-लेखक जेम्स डी. हंट ने अपनी पुस्तक 'गांधी इन लंडन' में सन् 1906 में उनके द्वारा की गई समुद्री-यात्रा और इंग्लैंड में गुजारे पाँच-छह

सप्ताह का बड़े रोचक शब्दों में वृत्तांत लिखा है। उन्होंने समुद्री यात्रा के लिए सबसे महँगा टिकट खरीदा, जो प्राय: बहुत धनाढ्य लोगों के द्वारा खरीदना भी कठिन होता था। पूरी यात्रा के दौरान सबसे महँगा भोजन मँगाते थे। लंदन में 'इंडिया हाउस' में अतिथि-गृह में उनको ठहराया गया। परंतु सावरकर और उनके मित्रों के साथ वह तालमेल नहीं बैठा सके। सावरकर सामिष थे। उन्होंने बड़े शौक से झींगा-मछली का व्यंजन तैयार किया और गांधी के सम्मुख ससम्मान प्रस्तुत किया। गांधी ने यह कहकर मना किया कि वह निरामिष हैं। सावरकर ने व्यंग्य किया यदि आप यह तक नहीं खा सकते तो अंग्रेजों के साथ क्या और कैसे टक्कर लेंगे—"हमें तो अभी गोरे मगरमच्छों को कच्चा चबाना है।" गांधी को इंडिया-हाउस के क्रांतिकारियों के मध्य व्याप्त ज्वलंत जलवायु रास नहीं आई। अंतत: तीन दिन बीतने से पहले ही वह 'इंडिया-हाउस' छोड़कर चले गए। उसके बाद पाँच सप्ताह यानी पैंतीस दिन उन्होंने लंदन के बहुत महँगे पाँच-सितारा होटल में बिताए। विलासिता की कोई कमी नहीं थी। होटल का किराया चुकाने में कोई संकोच नहीं। अपनी लटें सँवारने के लिए पाँच-सितारा होटल के सैलून में जाते थे। बाल काटने वाली लड़की ने लटें सुधारने के लिए एक तेल, जो प्राय: बहुत महँगा होता था, मँगवाने का सुझाव दिया। उन्होंने मँगवाया, भले ही उसकी दुर्गंध के कारण उसका प्रयोग नहीं कर पाए। इसी प्रकार के अनेक किस्से 'गांधी इन लंदन' नामक पुस्तक में जेम्स डी. हंट ने दिए हैं। सावरकर और गांधी का यौवनकाल जमीन-आसमान के अंतर से युक्त है। कहाँ देशभक्ति का धधकता ज्वालामुखी ओर कहाँ सरिया-रंगीला, छैल-छबीला, मनमौजी, जिस पर उपाधि 'महात्मा' की धन्य है भाई! धन्य है!!!

□

परिशिष्ट-पाँच

गांधी-नेहरु और सावरकर के बंदी जीवन की तुलना

सन् 1942 में जब 'भारत छोड़ो' आंदोलन के तहत महात्मा गांधी और उनकी पत्नी कस्तूरबा गांधी को गिरफ्तार कर पुणे में आगाखाँ-पैलेस में नजरबंद कर दिया गया, तब इस मुहिम में गांधीजी के जीवनी लेखक महादेव देसाई को भी वहीं नजरबंदी का दंड दिया गया था। आगा खाँ महल में बंदीजीवन की दशा में भी तमाम तरह की शाही/राजकीय सुविधाएँ उन्हें प्राप्त करा दी गई थीं। खान-पान/रहन-सहन की ये तमाम सुविधाएँ इतनी बढ़िया व विलासितापूर्ण थीं कि इनका उपयोग करने से गांधीजी को अतिसार हो गया (अर्थात् दस्त लग गए) तथा इसी वजह से ब्रिटिश सरकार ने उन्हें कैद से छोड़ दिया। फिर भी सामान्य जन गांधीजी को एक आत्मनिग्रही/ सर्वस्वत्यागी संत (महात्मा) मानते हैं। यह अपने आप में मजाक नहीं तो और क्या है ?

इस तरह जब नेहरू को इलाहाबाद की नैनी जेल में भेजा गया था, तब उन्हें भी 'आनंद-भवन' (नेहरू का आवास) से शेरवानी तथा चुड़ीदार पायजामे का एक नया जोड़ा रोज पहुँचाया जाता था ओर नित्य-प्रति 'आनंद-भवन' से नेहरू परिवार के खानदानी खानसभा बाबू खाँ के द्वारा बनाए गए स्वादिष्ट भोजन यथा ब्रियानी बाकरखानी जैसे खासमखास पकवान तैयार करके भिजवाए जाते थे। सुना यहाँ तक है कि नेहरू के लिए जेल में भी हर प्रकार की सुविधा मुहैया कराई गई।

लेकिन इन दोनों उपरोक्त महानुभावों के कैदी-जीवन के ठीक विपरीत सावरकर के साथ बंदी जीवन में कैसा सुलूक किया गया था, वह भी जानने योग्य

है। जब 25-25 साल के दो आजीवन कारावास की सजा सुनाकर सावरकर को 3 जुलाई, सन् 1911 को अंदमान द्वीप की 'सेल्युलर जेल' में बंदी बनाकर लाया गया तो उन्हें सख्त पहरेदारों के बीच हथकड़ियों और बेड़ियों में जकड़कर लाया गया था और बेरहमी से गरियाते हुए 7'×8' की एक अँधेरी, सीलन भरी, बदबूदार कोठरी में धकेल दिया गया था, जिस पर दोहरे किबाड़ चढ़े हुए थे। पूरे दिन में उन्हें केवल एक सेर भर पानी मुहैया कराया जाता था (जिसमें नहाना और शौच-प्रक्षालन, दोनों शामिल थे) तथा दिनभर में केवल एक बार ही (अधपेट) खाना दिया जाता था। सावरकर को सोने के लिए एक भद्दा-सा गाढ़ेनुमा कंबल (बिछावन) दे दिया गया था। इतना ही नहीं, उन्हें तेल पेरने के कोल्हू में बैल की जगह जोत दिया जाता था तथा उन्हें बाध्य किया जाता था कि वह हर दिन तीस पौंड तेल (अर्थात् 15 सेर तेल/यानि कि एक पीपा) पेरकर निकालें और अगर तेल निकालने के परिमाण में कुछ कमी हो तो हर एक सेर या उसके हिस्से के बराबर कमी होने पर अपने नंगे बदन (नितंब) पर प्रति सेर के हिसाब से एक-एक कोड़े की जबरदस्त मार झेलें, जो खाल को उधेड़ कर रख दे। इतना ही नहीं, पूरे एक साल में केवल एकबारगी ही एक ही खत लिखने की इजाजत थी। इसे भी मात्र एक घंटे में ही लिखकर पूरा करना होता था तथा इस खत के मजमून को भी सेंसर कर दिया जाता था। सन् 1911 से 1921 तक सावरकर अंदमान के अपने बंदी जीवन काल में कुल मात्र ग्यारह पत्र ही लिख पाए, लेकिन यह अपने आप में आश्चर्य का विषय है कि अपने बंदी-जीवन के उन्हीं दस वर्षों में सावरकर ने अपने नाखूनों तथा पत्थरों से अपनी कैद-कोठरी की दीवारों पर खुरच-खुरचकर लगभग 12,000 पंक्तियों में पद्यात्मक एवं गद्यात्मक लेख (कविताएँ) आदि लिखे। वे उन्हें कंठस्थ कर लेते थे, जो बाद में स्मृति-तंत्र के रास्ते पुनः प्रकाशित हुए। उनमें लगभग 10,000 पंक्तियाँ मातृभूमि प्रेम/देशभक्ति एवं राष्ट्र के स्वतंत्र/जुझारू 'हिंदू-इतिहास' को लेकर लिखी गई थीं। सदन रहे, दिल्ली के प्रभात प्रकाशन से उन्हें 'सावरकर-समग्र' के रूप प्रकाशित किया जा चुका है, जो कि उस खंड़ों में हिंदी में उपलब्ध है।

□

प्रधान मन्त्री भारत

PRIME MINISTER,
INDIA

No.836-PMO/80

New Delhi,
May 20, 1980

Dear Shri Bakhle,

I have received your letter of the 8th May 1980.

Veer Savarkar's daring defiance of the British Government has its own important place in the annals of our freedom movement. I wish success to the plans to celebrate the birth centenary of this remarkable son of India.

Yours sincerely,

Indira Gandhi

(Indira Gandhi)

Shri Pandit Bakhle,
Secretary,
Swatantrayaveer Savarkar
Rashtriya Smarak,
252, Swatantrayaveer Savarkar Marg,
Shivaji Park, Dadar, Bombay - 40002

PRIME MINISTER

MESSAGE

It is heartening to note that the Swatantryaveer Savarkar Rashtriya Smarak, Bombay is bringing out a special Commemorative volume on the occasion of Veer Savarkar's 110th Birth Anniversary on May 28, 1993. Veer Savarkar was a great patriot who imparted a revolutionary fervour to our freedom movement. His writings reveal an abiding commitment to social reform. Such constructive chanelling of the energies of the youth is what our nation needs today for strength and prosperity.

I hope that the articles in this Commemorative volume will bring about a better understanding of Veer Savarkar's philosophy.

New Delhi
December 18, 1992

[P.V. Narasimha Rao]

सावरकर के 'आत्मार्पण' पर श्रद्धांजलि सुमन

सावरकर मेरे जीवन के प्रथम क्रांतिकारी आदर्श थे, जिन्होंने हमें भरपूर प्रेरित और प्रोत्साहित किया था।

—श्री राजगोपालाचारी

श्री सावरकर एक पुरानी पीढ़ी के महान् क्रांतिकारी थे। उन्होंने परतंत्र की शासन-व्यवस्था से मुक्ति के लिए विस्मयजनक मार्गों का अवलंबन किया था। राष्ट्र स्वतंत्रता के लिए उन्होंने अनंत यातनाएँ झेली थीं। उनका जीवन-चरित्र नई पीढ़ी के लिए आदर्श है।

—डॉ. राधाकृष्णन

सावरकर समकालीन भारत की एक महान् विभूति थे और उनका नाम साहस और देशभक्ति का पर्याय है। वे एक आदर्श क्रांतिकारी के साँचे में ढले थे और अनगिनत लोगों ने उनके जीवन से प्रेरणा ली।

—इंदिरा गांधी

वीर सावरकर के निधन से राष्ट्र एक महान् स्वातंत्र्य वीर को खो चुका है। उन्होंने ब्रिटिश शासन को कभी मान्यता नहीं दी। उन्होंने राष्ट्र-स्वतंत्रता के लिए अनंत यातनाओं को सहा और मेरे जीवन को बहुत प्रेरित किया।

—यशवंतराव चव्हाण

(जो अपने नगर सांगली से अंदमान तक पैदल चलकर सावरकर दर्शन को गए थे।)

स्व. सावरकरजी के योग्य मार्गदर्शन के कारण मैं दो बार फाँसी पर झूलते से बच निकला। 1906 के अगस्त में मैं पहली बार सावरकर से लंदन में मिला। पं. श्यामजी कृष्ण वर्माजी के इंडिया हाउस में प्रत्येक रविवार को वे भाषण देते थे। उन सभाओं में मैं जाता था। उनके आत्मार्पण से अत्यंत दु:ख हुआ है।

—सेनापति बापट

सावरकर उन दूरदर्शी राजनीतिज्ञों में से थे, जो समय के प्रवाह को बहुत पहले से आँक लेते थे। विभाजन की विभीषिका से बहुत पूर्व ही उन्होंने देश को सावधान कर दिया था। सौ वर्ष बाद का भारत सावरकर को पहचानेगा।

—राममनोहर लोहिया

सावरकर एक महान् देशभक्त और भारतमाता के यशस्वी पुत्र थे। यदि भारत के लोग सावरकर को भारतीय इतिहास में एक महत्त्वपूर्ण स्थान नहीं देते तो यह देश के प्रति उनकी कृतघ्नता होगी। जो भी इस राष्ट्र की सांस्कृतिक धरोहर से प्रेम करता है और राष्ट्र के प्रति वफादार है, वह हिंदू है, और मैं भी।

—मोहम्मद करीम छागला

जिनको स्वतंत्र भारत का प्रधानमंत्री या राष्ट्रपति बनना चाहिए था, वे स्वतंत्र भारत में भी कारागृह में बंदी बन गए।

—बलराज मधोक

वीर सावरकरजी के कार्य और उपदेशों का महत्त्व शायद 50 या 100 वर्ष बाद इस देश को समझ में आएगा।

—प्रकाशवीर शास्त्री

वीर बहुत हुए, होंगे भी बहुत, लेकिन इनके समान नहीं, इस उक्ति को यथार्थ से सिद्ध करनेवाले थे नर शार्दूल अर्थात् वीर सावरकर।

—बालासाहब देवरस

वीर सावरकरजी में वे गुण भी थे, जो छत्रपति शिवाजी महाराज में थे और वे गुण भी थे, जो स्वामी दयानंदजी में थे। इस तरह वीर सावरकरजी छत्रपति शिवाजी और स्वामी दयानंदजी का संगम थे।

—रामसिंह

विशेष—

(अ) वास्तव में सावरकर मात्र एक व्यक्ति विशेष का नाम नहीं है। वह एक तप है, तेज है, तलवार है, त्याग है, तपस्यां है और है साहस, संकल्प, संघर्ष, संगठन, साधना तथा साथ ही सहनशीलता एवं सृजन।

—अटल बिहारी वाजपेयी

(30 मई, 1989 को हिंदू महासभा भवन, नई दिल्ली में लेखक की हिंदी पुस्तक 'उदित मार्तंड' के विमोचन पर।)

(ब) मैं नौजवानों से हमेशा कहता हूँ कि धार्मिक यात्रियों के लिए भले ही केदारनाथ, बदरीनाथ, काशी, रामेश्वरम् तीर्थस्थान होंगे, पर देशभक्तों के लिए यदि कोई तीर्थस्थान है तो वह है—अंदमान। अंदमान में भी पोर्ट ब्लेयर और उसमें भी सेल्युलर जेल तथा सेल्युलर जेल में भी वह कक्ष, जहाँ सावरकरजी ने सजा काटी थी। छत्रपति शिवाजी के बाद यदि मुझे किसी के जीवन ने सबसे अधिक प्रभावित किया तो वीर सावरकर के।

—लालकृष्ण आडवाणी

'अफसोस इस बात का है कि लोग पढ़ते नहीं हैं और सुनी-सुनाई बातों पर बहस करना शुरू कर देते हैं। सावरकर बहुत बड़े स्वतंत्रतासेनानी थे। वर्षों तक उन्होंने अंदमान में कालापानी की सजा काटी। उन्हें कोल्हू का बैल बनाया गया;

कोई एक दिन भी वैसी सजा काटकर दिखाए तो फिर मैं उसे मानूँ।'

—वसंत साठे

(अभी कुछ समय पूर्व श्री वसंत साठे ने सावरकर को 'भारत-रत्न' से सम्मानित करने की पुरजोर माँग की थी।)

(25 अगस्त, 1993 को कॉन्स्टीट्यूशन क्लब, नई दिल्ली में लेखक की पी-एच.डी. पर आधारित अंग्रेजी पुस्तक 'The Epic Sweep of V.D. Savarkar' के लोकार्पण पर, जिसमें श्री वी.एन. गाडगिल और श्री वसंत साठे भी मंचासीन थे। **मणिशंकर अय्यर द्वारा सावरकर पर मिथ्यालांछन लगाए जाने पर कुछ विशेषज्ञों एवं विद्वानों की तीखी प्रतिक्रिया—**

'मणिशंकर अय्यर बहुपठित और जानकार व्यक्ति हैं। वे यह जरूर जानते होंगे कि स्वयं इंदिरा गांधी ने वीर सावरकर राष्ट्रीय समिति के सचिव को पत्र लिखकर टिप्पणी की थी कि 'ब्रिटिश सरकार के खिलाफ दुस्साहसी विद्रोह के कारण वीर सावरकर का स्वतंत्रता संग्राम के इतिहास में अपना एक महत्त्वपूर्ण स्थान है। मैं भारत के इस विलक्षण सपूत की जन्म-शताब्दी के समारोह की सफलता की कामना करती हूँ।'

यह दुर्भाग्यपूर्ण है कि ऐसे महान् स्वतंत्रतासेनानी के प्रति कृतज्ञ होने के बजाय अय्यर जैसे नेता कृतघ्नता भरी टिप्पणियाँ करते रहते हैं। वीर सावरकर का निरादर अक्षम्य अपराध है।

—दीनानाथ मिश्र

'अय्यर को सबसे ज्यादा तकलीफ इस बात से है कि अंदमान हवाई अड्डे का नामकरण सावरकरजी के नाम पर क्यों किया गया? हवाई अड्डे पर एक संवाददाता से उन्होंने कहा, 'हिंदू महासभा के नेता, महात्मा गांधी की हत्या में उनकी भूमिका आदि को देखते हुए एक भारतीय होने के नाते मुझे यह महसूस होता है कि सावरकर के नाम पर हवाई अड्डे का नामकरण गलत है।' लगता है कि कांग्रेसियों का इतिहास ज्ञान नगण्य है। 1937 में मुंबई में कांग्रेस के नेतृत्व में निर्वाचित सरकार बनी तो उसने पहला काम यह किया कि रत्नागिरि में कैद सावरकर की नजरबंदी पूरी तरह से खत्म कर दी। इससे पूर्व 1923 में काकीनाड़ा कांग्रेस अधिवेशन में भी

सर्वसम्मति से सावरकर की रिहाई की माँग का प्रस्ताव पारित किया गया था। अय्यर ने यह भी ध्यान नहीं रखा कि सावरकर के देहावसान के बाद इंदिराजी ने सावरकर को भारत की महान् विभूति बताते हुए कहा था कि '**साहस और देशभक्ति के पर्याय सावरकर आदर्श क्रांतिकारी के साँचे में ढले थे।**'

—बलबीर पुंज

'पहली बार कांग्रेस अध्यक्ष सोनिया गांधी ने संसद् में सावरकर का तैल-चित्र लगाने का विरोध किया था और अब मणि ने सेल्युलर बंदीगृह से सावरकर की पट्टिका हटवा दी है। इस प्रकार दोनों ने ही अपने इन कृत्यों से अपना ओछापन प्रकट किया है।'

—एस. गुरुमूर्ति

'सावरकर ने जब लंदन में अपनी पढ़ाई समाप्त की तो उनको उपाधि देते समय यह प्रतिज्ञा लेने को कहा गया कि वे ब्रिटिश सम्राट् के प्रति निष्ठावान् रहेंगे। वीर सावरकर ने यह प्रतिज्ञा लेना अस्वीकार कर दिया। परिणामस्वरूप परीक्षा में उत्तीर्ण होने पर भी उन्हें उपाधि से वंचित कर दिया गया। जबकि नेहरू और गांधी आदि अनेक भारतीयों ने इस प्रतिज्ञा को दोहराया और उपाधि प्राप्त की। इससे ही स्पष्ट है कि वास्तविक देशभक्त कौन है?'

—अशोक कौशिक

! इतिश्री !

□□□